零售业职业经理人（店长）资质认证培训教材

现代零售实务

黄国雄　总编
肖　怡　主编

中国物资出版社

图书在版编目（CIP）数据

现代零售实务/肖怡主编．—北京：中国物资出版社，2007．1
（2017．2 重印）
零售业职业经理人（店长）资质认证培训教材
ISBN 978－7－5047－2600－1

Ⅰ．现…　Ⅱ．肖…　Ⅲ．零售商业—商业管理—教材　Ⅳ．F713．32

中国版本图书馆 CIP 数据核字（2006）第 156571 号

策划编辑　葛晓雯
责任编辑　寇俊玲
责任印制　何崇杭
责任校对　孙会香

中国物资出版社出版发行
网址：http://www.cfpress.com.cn
社址：北京市西城区月坛北街 25 号
电话：（010）68589540　邮政编码：100834
全国新华书店经销
北京京都六环印刷厂印刷

开本：710×1000mm　1/16　印张：18．25　字数：333 千字
2007 年 1 月第 1 版　2017 年 2 月第 4 次印刷
书号：ISBN 978－7－5047－2600－1/F·1061
印数：9001—10000 册
定价：29．00 元

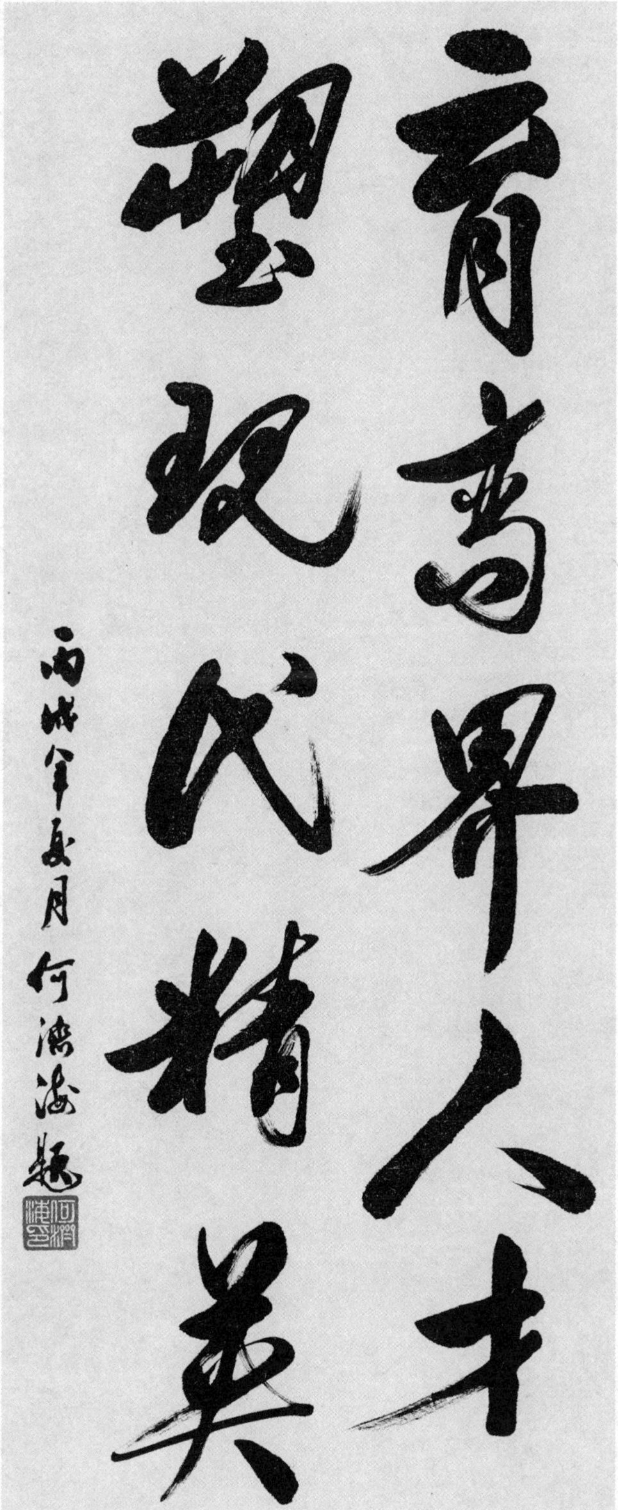
育高界人才
塑现代精英
丙戌年夏月 何鸿海题

序　言

中国商业联合会把零售业职业经理人（店长）资质认证作为一项中心任务来抓，资格认证，持证上岗，人才入库，统一交流，既体现了行业协会的基本职能，又适应当前零售业发展对人才的迫切需要。他们组织了全国著名的零售专家和学者，编写了“现代零售概论”、“现代零售实务”、“现代零售战略与管理”和“现代零售业法律法规汇编”一套丛书，不仅作为零售业职业经理人（店长）资质认证培训的教材，也成为所有从事零售工作者的重要参考书籍。

“商道即人道，商业即人业”，零售业直接关系群众的生活，营造消费环境，提供生活内容，促进消费观念的改变，推动生活质量的提高。在现代经济生活中，特别是我们社会主义市场经济国家，不仅应该把零售经营看作一种买卖形式，而且应该把它看成一种生活方式，把它作为一项“民生工程”，它直接关系宜居环境的建立和和谐社会的建设。因此，提高全体从业人员的素质，特别是管理者的素质，不仅仅关系到流通产业的生存和发展，同时也直接关系到广大消费者的利益，甚至也影响到生产的正常进行。

同时，我们还必须看到，第一，随着市场的全面开放，外资进入流通领域的步伐加快，市场竞争将全面展开。国内竞争国际化、国际竞争国内化。如何培育适应两个市场发展需要的复合型管理人才就更为迫切；第二，零售市场的竞争，是单体企业在同一商圈的较量，是在同一区域争夺消费者的抗争，首先不取决于它的总体规模，而取决于单体的竞争力，取决于每一个零售业企业管理者的水平和经营者的素质；第三，决定未来零售业胜败的三个要素，科技、信息和服务，归根结底还是个人的问题，是人才之间的竞争，“得人才者得天下”；第四，中国连锁商业急速扩张，人才已成为它发展的瓶颈，“十个杯子八个盖”，无法满足连锁发展对管理人才的需要。人才短缺，不仅导致连锁有规模无效益，而且也潜伏着发展的危机；第五，零售业的利润，主要来自管理利润，包括充分利用市场信息的机会利润，有效组织人、财、物、产、供、销有机运行的集聚效益，以及坚持勤俭办企业的成本节约，这三者都必须通过有效管理才能实现，其实质都是人的问题。

再者，我国市场经济处于发展初期，当前经理人培训市场不成熟、不规范、不系统，甚至处于混乱状态，多方卖弄插手，“证出多门”、“交钱发证”，导致证件贬值，直接影响到职业培训的健康发展。这次职业经理人（店长）资质认证培训由中国商业联合会统一组织、统一领导，一、这是行业协会职责所在，名正言顺，是世界的惯例。行业协会的根本任务在于自律，通过多种形式的培训，推动行业整体素质的提高；二、这是行业发展的客观需要。不管是深度开拓还是广度扩展，其核心问题在于人，特别是我国已进入连锁商业大发展时期，成也人才败也人才；三、这是专业性强，有一批职业性、专业性强的专家和教师队伍，可以针对实际需要，实施专业人才的培训计划；四、这是系统性教育。针对零售业实际需要，组织编写系统教材，从理论到实践、从历史到现实、从管理到经营，内容系统全面，考核重点，教师力量雄厚，既有教学、考评的权威性，又有全国商业联合会认证、发证的权威性。

人才的培育，特别是店长、公司经理一级人才的培训是当务之急，是全国推进整个零售产业经营和管理水平的关键，我愿意和业界同仁，从事零售业研究的专家、学者，以及企业界的老总共同努力，抓好零售业职业经理人（店长）资质认证这一工作，促进中国零售业健康、稳步、有序地发展。

注：黄国雄系中国商业经济学会副会长、中国市场学会顾问、商务部特聘专家

前　言

近十几年来，中国零售业发生了天翻地覆的变化，各种新兴零售业态如超级市场、专卖店、折扣商店、仓储式商店、便利店、购物中心、邮购商店及网络商店等纷纷涌现，加上原有的传统零售业态如百货商店、专业店，西方发达国家已出现的零售业态几乎都可以在中国找到模型。而零售组织也一改过去散、小、差、乱的局面，借着连锁经营方式以令人振奋的速度快速成长，焕发勃勃生机。

然而，进入21世纪以来，随着中国加入WTO和跨国零售集团的进入，经济全球化浪潮正在改写中国零售格局，从而使中国零售市场竞争呈现出前所未有的激烈化程度。刚刚成长起来的本土新型零售企业，一方面要在这场零售变革的大潮中摸索着前行，另一方面又要面临与国际一流零售巨头正面竞争，形成的巨大压力有目共睹。在这场竞争中，企业最感沉重的是零售人才的奇缺，尤其是优秀零售店店长人才的奇缺，这种短缺已经严重制约了企业发展，成为中国零售业连锁化、现代化进程的一大“瓶颈”。

为了推动国内零售业健康有序发展，也为了缓解零售业人才短缺的矛盾，中国商业联合会大力推动并积极组织零售业职业经理人（店长）资质认证及培训工作，可谓适逢其时。承蒙中国商业联合会的信任，委托本人担任零售店长培训教材之一的《现代零售实务》编写工作，深感责任重大。

本书内容共分为十章。第一章主要介绍选址中商圈分析内容、商店位置选择应考虑的因素和店址评估方法；第二章主要介绍商品分类与组合、商品结构优化、品类管理及单品管理；第三章主要介绍卖场商品布局和通道设计，卖场氛围营造和商品陈列；第四章主要介绍商品采购制度，采购组织与采购方法，供应商选择与考核；第五章主要介绍库存补货管理，仓库作业管理和商品配送管理；第六章主要介绍影响商品定价的因素，商店价格政策和定价方法，价格竞争策略；第七章主要介绍促销组合要素与促销流程管理，促销具体方式及其实施；第八章主要介绍零售服务设计，服务质量的提升，顾客投诉与商品退换的处理；第九章主要介绍商店防损重点，商店防盗，商品鲜度管理及突发事件的防范与处理；第十章主要介绍店长的管理工作，收银员、理货员、导购员的工作规范和员工培训。

本书注重理论性与实践性的高度结合，内容严谨，形式灵活，文字精练。每一章均有本章提要，中间用“案例”、“专论”、“资料”形式穿插了较多具有针对性和实用性的内容，极富启发意义，同时注重运用图表加以说明。每一章最后部分安排了思考题和案例分析，这些案例均经过精心挑选，供学员在学习过程中进行自我检验和提高，以帮助学员更好地掌握本章理论知识和经营管理技巧。

在撰写本书的过程中，黄国雄老师从一开始的内容安排到最后的定稿都倾注了极大的心血，多位同行和朋友也提供了许多珍贵资料并提出了宝贵意见，书中借鉴了大量学者的研究成果，在此表示衷心的感谢。尽管本人希望在读者面前呈现一本比较完美的教材，但由于学识所限，时间仓促，错误和缺点仍然在所难免，恳请读者提出宝贵意见。

肖　怡

2007 年 1 月

目 录

第一章 商店选址

本章提要

任何一家零售商店的经营活动都会受到商圈条件的制约，许多人把商店经营成功的首要因素归结为：“Place，Place，Place”（选址，选址，最后还是选址），可见商店选址的举足轻重。由于店址一旦确定便很难改动，对于新开设的商店，详细规划商店的地理位置显得十分重要。本章主要介绍：商圈构成及影响因素，商圈资料的来源，商圈总体分析要点，商店位置选址的原则和考虑因素，确定备选店址的方法、备选店址的评估方法、选址分析报告的内容。

第一节 选址中的商圈分析

一、商圈构成及影响因素

(一) 商圈构成

商圈（Trading Area）也称交易区域，是指以零售商店所在地为中心，沿着一定的方向和距离扩展，吸引顾客的辐射范围。简言之，就是零售商店吸引其顾客的地理区域，也就是来店购买商品和服务的顾客所居住的地理范围。商圈可分为成熟商圈和未成熟商圈，成熟商圈是指早已形成的比较固定的商业区域，一般不受个别商店开设的影响；未成熟商圈是指尚未成型的商圈，某一商店的进入会对其范围大小产生一定影响。

零售商店的商圈一般由三部分组成：

1. 主要商圈（Primary Trading Area），这是最接近商店并拥有高密度顾客群的区域，通常商店的55%~70%的顾客来自主要商圈；

2. 次要商圈（Secondary Trading Area），位于主要商圈之外、顾客密度较稀的区域，约包括门店15%~25%的顾客；

3. 边际商圈（Fringe Trading Area），指位于次要商圈以外的区域，在此商圈内顾客分布最稀，商店吸引力较弱，规模较小的商店在此区域内几乎没有顾客。

商圈的形状可以用图1-1表示如下：

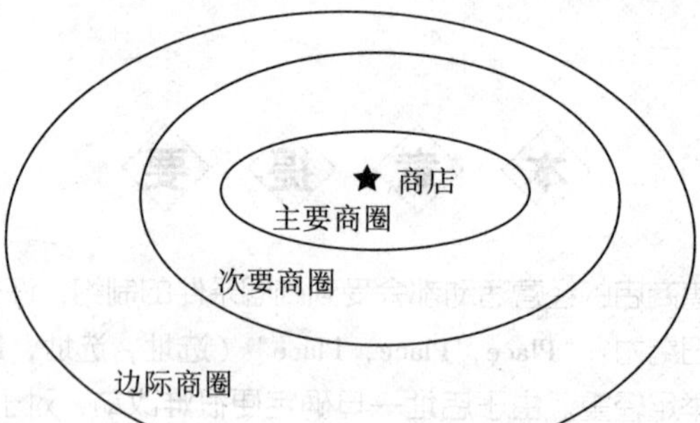

图1-1　商圈形状图

（二）影响商圈构成的因素

影响商圈形成的因素是多方面的，可以归纳为企业外部环境因素和内部因素。主要有：

1. 商店规模

商店规模越大，其市场吸引力强，从而有利于扩大其销售商圈。这是因为商店规模大，可以为顾客提供品种更齐全的选择性商品，服务项目也将随之增多，吸引顾客的范围也就越大。当然，商店的规模与其商圈的范围并不一定成比例增长，因为吸引商圈范围的大小还有许多其他因素。

2. 经营商品的种类

对于经营居民日常生活所需的食品和日用品的商店，一般商圈较小，这些商品购买频率高，顾客为购买此类商品，常为求方便而就近购买。而经营选择性强、技术性强，需提供售后服务的商品以及满足特殊需要的商品，如服装、珠宝、家具、电器等，由于顾客购买此类商品时需要精心比较，因而零售商店的商圈范围相对大些。

3. 商店经营水平及信誉

一个经营水平高、信誉好的商店，由于具有颇高的知名度和信誉度，吸引许多慕名而来的顾客，因而可以扩大自己的商圈。即使两家规模相同，又坐落在同一个地区、街道的商店，因其经营水平不一样，其吸引力也可能相差较大。

4. 促销策略

商圈规模可通过广告宣传、推销方法、服务方式、公共关系等各种促销手段赢得顾客，如优惠酬宾、有奖销售、礼品券，以及各种顾客俱乐部等方式都可能扩大商圈的边际范围。

5. 家庭与人口因素

商店所处外部环境的人口密度、收入水平、职业构成、性别、年龄结构、家庭构成、生活习惯、消费水平，以及流动人口数量与构成等，对于商店商圈的形成具有决定性意义。

6. 竞争对手的位置

竞争对手的位置对商圈大小也有影响。如果两家竞争的商店相距有一段路程，而潜在顾客又居于其间，则两家商店的商圈都会缩小；相反，如果同业商店相邻而设，由于零售业的“群体竞争效应”，顾客会因有更多的选择机会而被吸引前来，则商圈可能因竞争而扩大。

7. 交通状况

交通地理条件也影响着商圈的大小，交通条件便利，会扩大商圈范围，反之则会缩小商圈范围。很多地理上的障碍如收费桥梁、隧道、河流、铁路，以及城市交通管理设施等，通常都会影响商圈的规模。

二、商圈资料的来源

商圈分析的第一步就是搜集有关商圈资料，这是进行商圈分析的前提，无论是区域的选择还是具体店址的选择，其决策都必须建立在掌握详细资料的基础上。事实上，选址分析的内容几乎人人所知，但对管理者或专业选址员而言，更重要的是如何准确得到这些数据和资料，或者采取什么方式可以低成本地得到这些资料。

（一）公开信息渠道

零售商店可以从一些已经公开的文献中收集有用的第二手信息。使用第二手信息可以节约大量时间和经费，而且对问题的研究可以提供一些有效的解释。有很多渠道可以收集二手数据，如我国每10年进行的一次人口普查，普查结果以各种形式发行。上面除了对每个家庭进行基本的人口统计外，还对一定比例的家庭进行深入的问卷调查。但人口普查每10年才进行一次，而且不能及时公布，因而很难满足商圈分析的需要。零售商店还可以从各地的统计年报中得到一些相关信息，这类信息比较及时，并具有权威性，但信息量小。此外，一些学者的有关研究报告有时也会公开发表在各种媒体上，这类信息虽然并非针对本项目的研究，但由于其对某些问题的深入探讨，会给人更多的启示，因此也常常成为商店选址员所搜集信息的对象。

（二）市场调研公司

零售商店可以请专门的市场调研公司帮助收集相关信息，这是目前常用的一种方法。事实上，各种市场调研公司依然是基本数据信息的主源，其较高的专业性有助于获得本项目所需的准确资料。问题是，大型市调公司信誉高，组织能力也较强，拥有自己的信息库，但他们的费用也较高；当地的小公司费用较低，但他们的信息搜集能力又值得怀疑。如何甄别这些公司的能力，这要求选址人员有相当丰富的经验。在选择市调公司中，还包括各个城市统计局下属的城市调查队。他们对商圈的调查方法很普通，但很有效。城市调查队的有利之处是与统计局的关系，这使他们可以得到本城市的长时段的基本面数据，而且可以具体到区、城乡结合部，甚至街道。当然要获得对于本街区或社区居民状况的细致而生动的描述，可去街道办事处和社区服务中心进行付酬访谈。

（三）政府部门和有关专家

政府部门也是信息的一大来源，例如城市规划部门。事实证明，如果选址人员对该城市的5年或10年建设规划不熟悉的话，将导致灾难性的后果。选址人员最好能经常接触到政府有关部门的负责人，可以及时得到最新的有关规划或政策动向。此外，选址人员在获取政府信息时最便捷的方式是去接触各行业的专家，他们与相应的政府部门总是保持着密切的关系，而且与专家的交流有时会达到意想不到的效果，他们对某些市场信息的分析可能给人一种顿开茅塞的感觉。

（四）房地产等相关行业

选址人员也常常可以从房地产商、制造商、代理商等相关领域获得有价值的信息。零售业与房地产业密切相关，有些连锁商店没有足够的选址人员，干脆就委托房地产中介人员代为选址。针对不同消费群体的零售商店应该将店址选在有相应租/售价格阶层的房屋集中区，这已是选址成功的秘诀之一。许多人都不理解家乐福当初为什么会将两家店都开在北京南城，这里在人们印象中是贫困的地区，但随着北京旧城区的危房改造工程拉开，这里却成为最后一块市区宝地，它原有的大部分居民将被转至四环外的危改赔付低价楼区居住，而即将新迁入的居民阶层从新建物业的高价格上就可看出其身份。家乐福迅速地捕捉到了这一趋势，抢在地价上涨之前进入了。

（五）实地调查

实地调查也是零售商店常用的信息收集方法之一，尤其是在无法搜集到全面的二手信息，商店又无法找到可以信任、费用适宜的市调公司，进行实地调查是唯一可以采用的方法。

1. 试买调查

为了了解当地竞争店的经营动向和消费者购物习惯，选址人员经常要到竞争店进行考察。试买调查，是作为实际的顾客在竞争店买东西，然后调查其店内的陈列状况、店铺布局、商品结构、顾客层、价格水平、接客态度和服务状况等。

2. 观察访问

选址人员可以站在拟选店址前，或站在竞争店的店前，观察拟选店址的特征、顾客人数、促销状况、商品陈列以及推算其主要商品的销售额。也可以访问前往竞争店购买商品的顾客，了解顾客住址及其所购商品，以此推断将来新店的商圈范围。这是唯一的面对面交谈的方法，成功访问的百分比很大，还可借此对商圈内的顾客情况进一步了解分析，但需耗费过多的人力与时间。

3. 小组面谈

这也称作焦点小组法，是将有关人员如潜在目标顾客召集起来，以小组讨论形式听取参与人员意见以收集信息。调查的结果会受到小组的规模、组成、参与人的个性、所担任的角色、会议的具体安排、访谈者与小组或个人的关系等影响。由于这种调查方式需要一定的组织能力，往往由专门的调查员来进行。

4. 电话调查

即通过电话了解顾客住址和购买情况。这种方法获得资料速度快，调查成本低，但易打扰被调查者，可能会造成调查对象的反感而不易获得合作。由于电话调查时间不能太长，所以必须准备一个简明扼要的调查提纲。

5. 邮寄问卷

即通过邮寄方式询问当地潜在顾客，由返回的资料分析拟开设商店的地理区域、顾客特征、顾客需求和对竞争店态度等。这种方法邮费不贵，可广泛了解受询者的分布情况，不受时间和地点的限制，缺点是收回率很低，且花费时间较长。为克服收回的数量及时间难以控制问题，可随之附上赠品来诱导回音。

无论哪一种调查方法，都必须事先准备一份调查表，本章最后附表中的表1-2是一份了解店址特征的调查表，不同类型商店对店址的要求不同，仅作参考。

三、商圈总体分析要点

商圈分析，是指零售商店对商圈的构成情况、特点、范围以及影响商圈规模变化趋势的因素进行实地调查和研究分析。商圈分析有大环境和小环境之分，大环境分析即商圈总体分析，其目的是确定该区域有没有设店价值，小环境分析即商店位置分析，其目的是确定该区域吸引目标顾客的最佳地点。商圈总体分析主要考虑以下几方面因素：

（一）人口统计分析

这是对商圈内人口增长率、人口密度、收入情况、家庭特点、年龄分布、民族、学历及职业构成等方面的现状和发展趋势进行调研，通过这些资料分析，有利于把握商圈内未来人口构成的变动倾向，并为市场细分和商店定位提供有用的第一手信息。需要注意的是，在商圈分析中，要注意分析有没有人口增加的潜在趋势。在一个人口逐渐增加的新区开店较易成功，在一个人口逐渐减少的老区开店较易失败。

（二）经济基础和购买力分析

经济基础反映了一个地区的产业结构以及居民的收入来源，追求稳定经营的零售商店通常偏爱多元化的经济结构（即拥有许多彼此关联不大的产业和金融机构），而不太喜欢过分依赖某一产业的单一经济，后者往往容易受到经济周期及产品需求变动的冲击。在商圈分析时，零售商店应该考察以下因素：各行业或各类行业从业人员的比例、运输网络、银行机构，经济周期波动对地区或行业的影响，以及某些行业或企业的发展前景等。在分析中，一个有关需求的指标尤其应引起重视，这就是购买力指数。比较不同商圈的购买力指数，可为发现潜在的消费市场提供依据。

$$购买力指数 = A*50\% + B*30\% + C*20\%$$

其中：A：是商圈内可支配收入总和（收入中去除各种所得税、偿还的贷款、各种保险费和不动产消费等）；

B：是商圈内零售总额；

C：是具有购买力的人口数量。

（三）竞争状况分析

竞争状况是商圈分析中一个非常重要的因素，除非某个零售商店具有很大的竞争优势，可以忽略现有的竞争，否则，新开的门店不得不面临会被竞争对手拉走销售额的可能。考察一个地区的竞争状况，应着重分析现有商店的数量、规模、新开店的速度、各商店的优势与劣势、近期与长远的发展趋势以及商圈饱和度。这里，着重介绍一下商圈饱和度的分析方法。

商圈饱和度是判断某个地区同类商业竞争激烈程度的一个指标，通过计算或测定某类商品销售的饱和指标，可以了解某个地区同行业是过多还是不足，以决定是否选择在此地开店。通常，位于饱和程度低的地区，门店的成功可能性较高度饱和地区的商店要大，因而分析商圈饱和度对于零售商店选择店址很有帮助。商圈饱和度指数（IRS）计算公式为：

$$IRS = \frac{(C) \times (RE)}{RF}$$

其中：IRS：某地区某类商品商业圈饱和度指数

C：某地区购买某类商品的潜在顾客人数

RE：某地区每一顾客平均购买额

RF：某地区经营同类商品商店营业总面积

例如，一家经营食品和日用品的小型超市需测定所在地区商业圈饱和度，假设该地区购买食品及日用品的潜在顾客是 4 万人，每人每周平均购买额是 50 元，该地区现有经营食品及日用品的营业面积为 50000 平方米，则商业圈饱和度指数计算为：

$$IRS = \frac{40000 \times 50}{50000} = 40$$

该地区商店每周每平方米营业面积的食品及日用品销售额的饱和度指数为 40，用这个数字与其他地区测算的数字比较，指数越高说明商圈饱和度越低，开店成功的可能性越大。商圈饱和度只是从定量角度考虑了某一地区经营某类商品同业竞争程度，而没有考虑原有商店，尤其是信誉好、知名度高的老字号商店对新的竞争对手的影响，且计算资料不易准确获得，因而新设商店为了做出正确的决策，必须根据具体情况进行具体分析。

（四）基础条件分析

区域内的基础条件为商店的正常运作提供了基本保障。零售企业需要相应的物流配送系统，这与区域内交通通信状况密切相关，有效的配送需要良好的道路和顺畅的通信系统。此外，还与区域内软性基础条件有关，包括供应链发达程度、政策和开发程度、相关法律和执法情况等，都需要认真分析。

第二节 商店位置选择

一、位置选择的原则

（一）方便消费者购买

商店地址一般应选择在交通便利的地点，尤其是以食品和日用品为经营内容的普通超级市场应选择在居民区内设点，应以附近稳定的居民或上下班的职工为目标顾客，满足消费者就近购买的要求，且地理位置要方便消费者的进出。

（二）方便商品配送

连锁商店经营要达到规模效应的关键是统一配送，在进行网点设置时要考虑是否有利于商品的合理运送，降低运输成本，既要保证总部配送中心及时配送所需商品，又要能与相邻连锁商店之间相互调剂、平衡。

（三）有利于竞争

商店的网点选择应有利于发挥商店的特色和优势，形成综合服务功能，获取最大的经济效益。大型百货商店可以设在区域性的商业中心，提高市场覆盖率；而小型便利店越接近居民点越佳，避免与大中型超级市场正面竞争。

（四）有利于网点扩充

零售商店做大只有走连锁经营的道路，这就可能不断地在新的区域开拓新的网点，因此在网点布置时要尽量避免商圈重叠，在同一区域重复建设。否则相隔太近，势必造成自己内部相互竞争，影响各自的营业额，最终影响整个企业的发展。

二、商店位置类型设计

（一）孤立店

这是指商店独立开店，不与其他竞争对手比邻相设。

优势：无竞争对手，租金较低，具有灵活性，开店费用低，能见度高，有选择和扩大规模的潜力，有利于顾客一站式购物或便利购物。

劣势：如果商店规模不足够大，不易吸引远方顾客，商圈较小；广告费可能较高；在多数情况下，建筑不能租用而必须新建。通常情况下，顾客更愿意去多功能的商业中心区购物。

(二) 经过规划的购物中心

这是经过仔细规划设计并集中管理的商店群，通常是由房地产公司事先规划设计，兴建完工后再把各铺面出租或出售给零售商等。一个典型的购物中心有一家或一家以上的主力商店，及各种各样较小的商店，还包括餐馆、快餐店、邮局、银行以及一些游乐场所，适合家庭购物及闲游。

优势：协调规划，商品和服务品种组合合理，拥有完善的设施，宽敞的停车场，各具特色又统一规划的购物中心形象，有较大的商圈，适合家庭购物及消闲。

劣势：这些地方通常租金较贵，营业管理易受限制，竞争也较激烈。

(三) 自然形成的商业中心

这是指未经规划自然发展起来的商业中心。这种自然形成的商业中心可以分为中心商业区、次级商业区、邻里商业区和商业街四种类型。

1. 中心商业区（Central Business District，CBD）。是一座城市商业网点最密集的购物区，吸引着来自整个市区的消费者，包括所有阶层的人。

优势：可以借助商店群体效应扩大商圈，交通方便，设施齐全，客流量大，成功性较高。

劣势：开办费用高，交通拥挤，停车困难，新店址难以寻找，且扩展潜力小。

2. 次级商业区（Secondary Business District，SBD）。是分散在一座城市的多个繁华程度较低的购物区域，通常位于两条主要街道的交叉路口，至少有一家百货商店或大买场和几家专业店或专卖店，此外周围还聚集许多小商店，这一商业区主要面向城市的某一区域消费者，以销售家庭用品和日常用品居多。在这里设店，交通比较便利，人员不太拥挤，店址也相对好找，但供应的商品和服务不均衡，难以吸引较远的顾客。

3. 邻里商业区（Neighborhood Business District，NBD）。是为了满足住宅区居民购物和服务方便而自发形成的一个小型商业区，主要由若干小商店组成，如标准超市、便利店、冲印店、快餐店、干洗店、美容院等，在邻里商业区设店竞争程度低，最接近顾客，能保持良好的顾客关系，但商圈小，价格通常也不优惠。

4. 专业一条街（String）。是由若干经营类似商品的商店聚集在一起形成的一条商业街。在许多历史悠久的城市往往会自发形成一条条特色商品街，由于这些商品街形成历史较长，有些商品街甚至享誉国内外，在这里设店，可以与同类商店一起分享“商业聚集效应”带来的大范围商圈，是小型专业店重要的位置选择之一，缺点是竞争程度高，能见度低。

三、位置选择因素分析

(一) 客流规律

客流类型

客流是商店经营成败的关键性因素，一家商店若要获得成功，必须有足够的顾客来源。一家商店的客流一般可分成三类：分享客流、派生客流、本身客流。分享客流是指从邻近其他商店形成的客流中获得的，而不是本身产生的客流，这种客流往往在大型商店与小商店之间，或同类商店之间产生。如邻近大商店的小商店，顾客主要目的不是到小商店来选购商品，而是专程到大商店购买，顺便进入邻近的小商店逛逛，这些客流是小商店的分享客流。派生客流，是指顾客到某地并不是专程购买商品，而是因其他目的，顺路进店所形成的客流，如设在火车站旁的商店，顾客来此地的目的主要是乘坐火车，在候车时间顺便进店看看，还有设在交通枢纽附近及旅游点附近的商店，其大部分客流均是这种派生客流。本身客流，是指专程到此商店来购买商品形成的客流，大中型商店的客流大部分均属本身客流，本身客流的形成和发展是零售企业获得经营成功的重要因素。

1. 潜在固定顾客

所有的人都是消费者，很自然地也是商店的潜在顾客。要了解商店的客流规律，必须分析当地的人口总数、人口密度、人口分布及年龄结构、购买力水平等。人口最多的区域产生最多的潜在顾客，未来人口成长的趋势决定着商店的发展规模，商圈内人口的增长情况、新婚家庭的增加、人口年龄结构等都是开设新商店必须事先了解的。据国外调查资料表明，现代化超级市场几乎有50%的顾客来自距商店半里内的区域。因此，在考虑一家新超级市场的可能地点时，一般都要求在计划地点一里半径范围内，必须有一万人定居。由于我国居民还没有普及现代化交通工具，去超级市场购物主要靠步行，商圈范围在步行二十分钟之内，因而要求商圈内人口居住密度更高。

2. 流动顾客

过往行人也是商店客流来源的一个重要组成部分，其流动规律同样不能忽视。首先要了解行人的年龄结构，因为有些过路者如儿童、青少年不一定是顾客；其次要了解行人来往的尖锋时间和稀薄时间；再次要了解行人来往的目的及停留时间，在商业集中的繁华街道，行人目的一般以购买商品为主或与购买商品有联系的观光浏览，为以后购买做准备，这些行人多表现为速度缓慢，停留时间长，希望获得比较各种商品价格、品质和式样的最大满足，这种行人目的对商店最为有利，也是许多商店愿意设在商业中心的原因。另外，有些地点虽然拥有相当多的行人来往，但行人的目的并不是购物，如车站、码头等交通枢纽，机关、工厂、学校、公园附近、车辆通行干道等，其行人目的不在购物，只是顺便或临时冲动购买一些商品，这类客流一般停留时间短，流动速度快，是商店的派生客流，只有进行一些特殊宣传，才能吸引他们的目光。

(二) 商店特点

上面分析已经将地点类型分为三类：孤立店、经规划的购物中心、自然形成的商业中心。三种位置类型具有不同的优势和劣势，商店管理者要确定适合自己门店的位置类型，关键是要分析自己的业务类型与哪种位置类型相匹配。

1. 独特型商店

独特型商店主要是指销售独特商品的商店，通常拥有与提供的商品和服务相联系的高品质形象和商店声誉。顾客从较远的区域被吸引而至，原因是商品和服务具有独特性和竞争者数量较少。例如工艺品店、高档时装店、汽车专卖店等。由于该类型商店的商品或服务常常具有较高声望，这些商店位置不论设在哪里，都能吸引较远的顾客。

2. 竞争型商店

竞争型商店提供与商圈内竞争对手相同或相似的商品，如便利店、药店、超级市场等，顾客光临这些商店购物主要是出于便利和价格上的考虑，而不会反复挑选，因而竞争型商店不会分享竞争对手的客源，而是彼此争夺顾客，这类商店通常是价格导向型和便利导向型的商店，便利程度便成为商店选址的主要决定因素，因而应该尽量避免靠近直接竞争者。竞争型商店通常设在自然形成的商业中心、一般商业街或消费者居住区。

3. 比较型商店

比较型商店尽管也是提供与商圈内竞争对手相同或相似的商品，但这些商品一般属于挑选性强的商品，常常可以与竞争对手互相分享客源，如化妆品店、鞋店、家装材料店、体育用品店、五金店、计算机专卖店等。比较型商店常常位于购物中心或专业市场中。这种类型的商店选址有两个关键点：靠近竞争者，以便顾客进行比较；向顾客提供有效帮助，解释自己商品或服务的优点和价值。

(三) 零售业聚集状况

一个地区零售业态的聚集可分为四种情况：

1. 异种零售业的聚集

这是经营商品种类完全不同的零售商店的聚集，如超级市场与服装专卖店、电器专卖店的聚集等，这种聚集，商店之间不会产生竞争，反而还会给商店带来更强的市场吸引力。需要注意的是异种零售业的形象也需要有一定的关联，不能过分冲突，如一家服装专卖店与一家鞋店相邻会十分协调，而与一家自行车修理店相邻则形象反差太大。

2. 有竞争关系的零售业的聚集

这是指经营同类商品商店在同一个地区的聚集，这种聚集的结果，使这一商业区商店之间既产生竞争，又产生集聚效应，一方面使消费者能在同类商店进行商品质量、价格、款式及服务的比较，从而加剧了商店之间的竞争性；另一方面，商店的集聚又会产生集聚放大效应，吸引更多的消费者来商业区购物，从而有效地扩大购物商圈。当然，同类型商店在同一地区绝不能集聚过度，否则必然导致商店之间竞争过度，几败俱伤，尤其是以经营食品及日常用品的超级市场，因选择性小，在选址时更应注意避开竞争对手。

3. 有补充关系的零售业聚集

所谓补充关系是指两个以上的商店经营商品互为补充，以满足消费者的连带需求作为目的。如家电产品与家电配件商品的聚集即形成相互补充关系。互为补充的几种零售业态也可以在共同的商业区内布店，如百货商店周围聚集的服装专卖店、饰品专业店、鞋帽专业店、快餐店等，它们提供了互相补充的、更加全面的商品种类，能共同吸引客流，这在国内大城市的传统中心商业街中比比皆是。

4. 多功能聚集

零售业与饮食业、服务业、娱乐业、以及邮电、银行的聚集，这是一种多功能型的聚集，有利于产生放大的聚集效应，从而有效地扩大该地区的购物与服务商圈。

（四）竞争对手分析

商店周围的竞争态势对零售经营的成败产生巨大影响，如果不能有效建立高于对手的竞争优势，就不可能在该区域占住脚，因此对商店开设地点的选择时必须要分析竞争对手，对直接和间接的竞争者了如指掌，如他们为消费者提供商品和服务的种类，其市场占有率和营销策略等。一般来说，在开设地点附近如果竞争对手众多，该商店经营独具特色，将会吸引大量的客流，促进销售增长，增强店誉；否则与竞争对手相邻而设，将难以获得发展。对竞争对手的分析主要包括以下内容：

1. 竞争店与所开设新店的距离，以及在地理位置上的优劣势；

2. 竞争店的销售规模与目标定位；

3. 竞争店的目标顾客层次特点；

4. 竞争店商品结构和经营特色；

5. 竞争店的实力和管理水平。

（五）交通地理条件

1. 停车场情况

随着我国城市居民自驾车购物逐渐增多，停车是否便利已成为顾客选择购物场所的一个重要因素，尤其是对于大型商店而言，由于吸引的商圈范围较大，停车场的有无和大小至关重要。

2. 交通便利性

方便的交通要道，如接近公共汽车的停车站、地铁出站口等地，由于来往行人较多，具有设店的价值。交叉路口的街角，由于公路四通八达，能见度高，也是设店的好位置。但是，在有些地方，其道路中间隔了一条很长的中央分向带或栏杆，限制行人、车辆穿越，则会影响设店的价值。

3. 街道特点

由于交通条件、公共场所设施、行走方向习惯、居住区范围及照明条件等影响，一条街道的两侧客流往往并不均衡，或者同一街道也可能因地段不同而客流量不同，因此在选择店址时要分析街道客流的特点，选在客流较多的街道一侧或地段。

4. 地形特点

新商店通常应设在能见度高的地方，如两面或三面临街的路口，公共场所的迎面处等，其能见度较高，还可通过尽量扩充橱窗面积、增开出入口等方法均可提高可见度。

（六）其他因素

1. 城市发展规划

城市建设的长远规划也会对商店将来的经营带来重大影响。有些地点从近期来看，可能是店址的最佳选择，但可能随着城市的改造和发展将会出现新的变化而不适合设店，相反，有些地点近期看可能并不理想，但从规划前景看又可能很有发展前途。例如 1996 年新开张的广州吉之岛百货公司，选择设在广州天河城的负一层，当时看来似乎交通并不便利，但这地点恰巧是广州市规划中的地铁出站口，若将来地铁开通，该地点则十分理想。商店地址选定之后一般不会轻易迁移，即使迁移也必须付出极大代价，这就要求在选择新店址时，一开始就应从长远、发展的角度着眼，因此，要详细了解该区的街道、交通、市政、绿化、公共设施、住宅及其他建设和改造项目的规划，使选定的店址既符合近期环境特点，又符合长远规划，避免造成损失。

2. 周围环境

店址周围的环境如何将对零售经营的成功与否产生巨大影响，任何一家新建商店，即使规模大得足以支配其环境，也必须对店址周围环境诸如建筑、治安、卫生等情况进行仔细分析。如地点附近有许多空建筑，会令人感到颓废衰落而不愿涉足；还有某些地区被传闻治安状况欠佳，无论是否属实，都会妨碍顾客前来；还有其他如发出不良气味、噪音、灰尘多，外貌破旧及走道不良的环境，都会降低设店的价值。此外，当地居民的教育、宗教、经济状况、年龄等都对人们的购买习惯有影响，在选择店址时，必须予以注意。

3. 物业特点及租金

商店的租赁和购买成本，对零售商店具有决定意义。如果物业成本与销售潜力不相上下，就不值得去开发。物业面积和形状也要与零售商店的设计思路相吻合。

第三节　店址评估

一、确定备选店址

寻找合适的店址必须仔细分析一个以上的地点，除非该店址的价值显而易见，否则好的店址都应该在选择中诞生。零售商店选址员一般需要确定几个符合标准的备选店址，以供决策者参考和决定。确定备选店址的方法主要是根据前期搜集的资料做初步判断，剔除不符合标准的店址，从中选出一些可供考虑的地址。

(一) 图上作业

图上作业是零售商店选址常用的方法，绘图技术也显示出一个选址员的专业水平，对人们达成共识很有帮助。好的图示应该将该地区或该商圈内的所有竞争者和可选位置标出来，并显示出这些位置的交通状况，这样有助于判断哪里的条件最具竞争力，发现未充分开发或被现有竞争者忽视的区域。下面举例说明这种选址方法。

一家连锁百货公司准备进入一座城市开店，该公司需要弄清楚这座城市的哪些区域既有较强的购买潜力，又有现成的物业，且区域竞争程度较低。根据过去选址经验，区域购买潜力取决于三个因素，分别是：中等家庭收入超过40000元；每平方公里的住户数超过2000户；最近三年，每年人口平均增长率至少2%。该百货公司拿到这个城市地理图（如图1－2所示），它是由23个户口区组成。这个地区的西部边界是山区，北部和南部有主要的公路，东部是铁路区。根据购买潜力的三个因素，调查分析得出结论：有3个区（6、10、17）符合所有三个条件；有四个区（1、5、11、16）符合三个条件中的两个；有5个区（8、9、14、15、18）只符合其中的一个条件；另外11个区（2、3、4、7、12、13、19、20、21、22、23）一个条件也不符合。

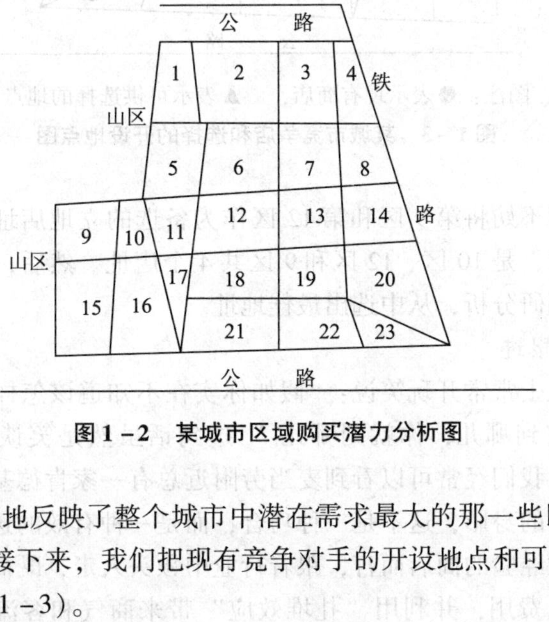

图1－2 某城市区域购买潜力分析图

图1－2清楚地反映了整个城市中潜在需求最大的那一些区域，及满足三个条件的区域。接下来，我们把现有竞争对手的开设地点和可供开店的地点也绘制成图（如图1－3）。

图1－3中我们可以发现，两个户口区（10和17）最具有立地建设的潜力，这两个区需求密度大而无竞争商店。此外，有的户口区的需求密度是相当有吸引力的，在那里，现今还无竞争商店进入（如1区和5区）。但要开设商店，一定要有可用的场所。从图1－3中我们也可以看到在条件最好的7个户口区（按需求潜力划分，有第6、10、17、1、5、11、16区）中，只是第10户口区有可用的场所；除了图中显示的唯一好的潜在的可用场所之外，我们也可以考虑一下其他区。第9户口区临近需求密度高的10户口区，这个区现在没有商店，却有两个场所是可用来开设新商店的。然而，第12区邻接11区和17区，后两个区均有吸引力，但是缺少可用场所，而12区却有一个可用场

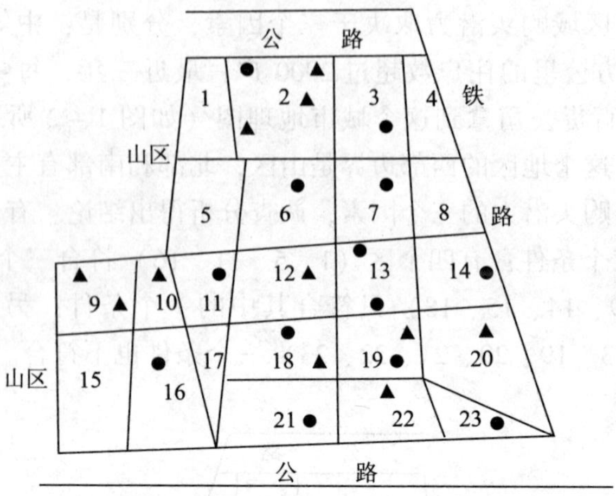

图注：●表示现有商店， ▲表示可供选择的地点

图 1－3 某城市竞争店和选择的开设地点图

所。因此，我们不妨将第 9 区和第 12 区作为备选的立地店址。于是，备选店址基本确定下来，是 10 区、12 区和 9 区共 4 个店址。然后，就是对这几个店址进行详细的调研分析，从中选出最佳地址。

（二）对手跟进

一些业内人士常常开玩笑说："假如你实在不知道该怎样选址，那就学你对手的做法：它到哪儿，你就到哪儿。"这句话虽然是笑谈，但其中不无道理。在现实中，我们经常可以看到麦当劳附近总有一家肯德基，而国美的不远处常会发现苏宁的身影，这不是一种巧合，而是一种有效的选址方法。尤其是对那些缺乏选址经验的商店而言，跟着行业中领头人走，既简便易行，又可以节省自己的选址费用，并利用"扎堆效应"带来商气和客流。当然，这种选址方法有一定的风险，一是租金风险，后进入者比先入者往往要承受租金上涨的风险，因而对先入者可行的地址未必适合后进入者；二是任何对手的选址都没有可能完美，盲目跟进也会与先入者犯同样的错误。

（三）现场考察

选址工作是一个艰苦的工作，绝不能关在房内"运筹帷幄"，即使拥有再多的信息资料，也抵不上一次亲临实地的真实感受。一些人要常常以各种交通工具检验交通状况，设身处地地想象将来顾客的购物经历及预期问题。选址工作的特点给我们确定备选店址提供了一条思路，即现场考察。当然，这种方式的运用并不是纯粹的一时冲动，而是建立在选址员长期的经验积累上的。

资 料

地理信息系统在选址中的运用

今天，越来越多的连锁商店利用地理信息系统（Geographic Information Systems，GIS）软件进行选址。过去，连锁商店进行商圈分析，不得不搬来一叠厚厚的地图，对考察区域以及竞争对手的位置进行手工资料收集和分析，现在，他们可以借助地理信息系统，将人口统计等诸多数据纳入地理数据中的自然地理要素、行政区划和有关的地理位置数据，使人们很直观地对区域内各方面条件做出综合判断和分析比较，大大提高了商店选址的效率。全球最大的连锁商店——沃尔玛就是地理信息系统的最大受益者。

GIS 软件的用途很广。例如，连锁商店可以利用 GIS 软件考察目前哪些分店的商圈内家庭年均收入超过 5 万元；商店在开店前利用该软件预测新店的销售额及其对原有商店销售额的潜在影响；企业还可以通过 GIS 软件确定最佳位置上的顾客特点，据此设计模型，以便在全国范围内找到最好的店址；企业甚至还可以利用 GIS 软件考察市场渗透率，明确其地理位置的优势和劣势。在许多国家，社会统计的结果，是直接向社会公布的，无论收费还是不收费，公众的获取渠道都很畅通；大到城市人口数据，中到街区人口职业分布，小到居民家庭电话号码，这些数据甚至可以与 GIS 同时提供给连锁商店。但在中国，这种数据的收集实在太难了，因而限制了 GIS 在中国连锁企业中的运用。

地理信息系统发展的初期，以土地资源管理为根本目的的信息系统，一般都是由政府出资建造的。这些系统往往需要很高的软、硬件方面的投资，并且还要依赖专业人员的操作。随着电脑软、硬件的技术进步以及地理信息系统技术的日趋成熟，出现了新一代的桌面地理信息系统，例如 MapInfo、ArcView 等。桌面信息系统以个人电脑为平台，配合低价格的软件，加上良好的用户界面，促使了地理信息系统的普及，在许多领域得到了广泛的应用。尤其是以 ArcView 等为代表的桌面地理信息系统还专门发展了专用的商业分析模块，从而为建立商业地理信息系统提供了方便的软件平台。

（资料来源：［美］巴里·伯曼、乔尔·R. 埃文斯：《零售管理》，吕一林等译，北京：中国人民大学出版社，2002. 245）

二、店址评估方法

（一）多因素分析法

这种方法首先确定影响商店位置的各种因素及其重要程度，然后对各个备选店址进行评分，最后确定最佳店址的方法，这实际上是一个优化决策问题。如下例，影响商店位置的因素主要有 14 项，每个备选店址各因素的评分及计算结果如下表 1－1。从各种因素综合考虑，店址 3 计算出来的得分最高，因而可以看作是最优店址。需要说明的是，不同业务类型和业态类型的商店，选址的影响因素及权重是不一样的，这需要根据过去的选址经验进行判断。

表 1－1　　商店选址的多因素分析

选址因素	权重	预选店址得分			权重×预选店址得分		
		店址 1	店址 2	店址 3	店址 1	店址 2	店址 3
商圈内人口多	5	8	7	9	40	35	45
商圈内收入高	5	5	7	6	25	35	30
接近目标顾客	5	6	5	6	30	25	30
机动车流量大	3	7	8	7	21	24	21
非机动车流量大	3	5	5	6	15	15	18
行人流量大	5	5	6	6	25	30	30
与邻店关系融洽	2	－4	3	4	－8	6	8
物业费低	4	6	5	－3	24	20	－12
广告费低	2	5	6	3	10	12	6
商店能见度高	3	3	5	5	9	15	15
营业面积合适	3	4	－2	6	12	－6	18
店面可扩充	2	－6	－2	－2	－12	－4	－4
停车位充足	3	－5	3	6	－15	9	18
与开发商关系融洽	2	7	5	4	14	10	8
合　计					190	226	231

注：每一因素按重要程度分成 5 个等级，每个地址各因素评分分布在－10 到 10 区间内。

（二）效益评估法

这是根据拟开商店的预计经济效益来评估备选店址。通常计算出拟开设商店的营业潜力和投资费用，再通过计算相关指标如投资利润率、投资回收期、销售利润率等确定店址的价值。

1. 拟开商店营业潜力

拟开商店营业潜力可通过预测商店销售额来确定。这种预测可以根据过去在类似环境中的经验，同行业的一般水平，或者经过调查后采用统计分析方法计算出来。有一种测算方式比较简单易行，即根据已知的商店商圈内消费者的户数、离店的远近、月商品购买支出比重及新商店在该区域内市场占有率四个因素来估算。现举例说明商店销售额估计值的计算。

【例】 新开超级市场的商圈有三个层次，第一层次主要商圈内的居民户数为2000户，第二层次即次要商圈内的居民户数为4000户，第三层次边际商圈内的居民户数为6000户。若平均每户居民每月去商店购买食品和日用品为500元，则：

主要商圈居民支出总额：$500 \times 2000 = 100$ 万元

次要商圈居民支出总额：$500 \times 4000 = 200$ 万元

边际商圈居民支出总额：$500 \times 6000 = 300$ 万元

据调查分析，新开超级市场的市场占有率在主要商圈为30%，在次要商圈为10%，在边际商圈为5%，则：

主要商圈购买力为：$100 \times 30\% = 30$ 万元

次要商圈购买力为：$200 \times 10\% = 20$ 万元

边际商圈购买力为：$300 \times 5\% = 15$ 万元

该新店营业潜力可估计为：$30 + 20 + 15 = 65$ 万元

2. 开店投资与经营费用测算

通过商圈调查可以估算新店的营业额，但该店址是否值得经营，还必须与它的投资成本及日后的经营费用联系起来考虑。

(1) 开店前期投资预估

开店投资主要包括：

设备。如冷冻冷藏设备、空调设备、收银系统、水电设备、车辆、后场办公设备、内仓设备、卖场陈列设备等。

工程。如内外招牌、空调工程、水电工程、冷冻冷藏工程、保安工程等。

商业建筑和停车场费用。如果开店物业是自己投资建造，这笔建筑费用也要考虑在前期总投入中。

(2) 开店后经营费用预估

经营费用可分为固定费用和变动费用两类。固定费用是指与销售额的变动没有直接关系的费用支出，如工资、福利费、折旧费、水电费、管理费等；变动费用是指随销售额的变化而变化的费用，如运杂费、保管费、包装费、商品损耗、借款利息、保险费、营业税等。上述各项要控制在多少以内无一定标准，但最基本的前提是毛利率要大于费用率。

（三）比较评估法

这种方法也称类比法，这是将备选商店的各类因素与参考商店进行比较而得出相应结论的评估方法。采用这种方法时，先要确定一个参考标准，这个标准是一家或数家的商店，参考商店必须与拟开设商店的商圈特征类似，因此需要先将备选商店的资料与参考商店一一进行比较，看能否得出与参考商店类似的结论，再根据参考商店的实际数据估算拟开设商店的未来销售业绩和经营成本，从中得出投资回收期的长短。采用比较评估法的步骤如下：

1. 在目前的已开设商店中确定在门店规模、商圈大小、人口统计特点、竞争状况、商品规划和价格水平等方面与拟开设商店比较接近的商店做参考标准；

2. 把参考商店的商圈范围划分成几大区域；

3. 用商店内部数据或客户调查估算各区域的销售额；

4. 用各区域的估算销售额除以其人口数量，算出各区域的人均支出；

5. 用参考商店的人均支出估算值乘以拟开设商店各区域的人口总数，估算拟开设商店的销售额；

6. 考虑拟开设商店的具体因素上调或下调估算销售额；

7. 用调整后的销售额与拟开设商店的投资费用和经营成本进行比较，计算投资回收期。

比较评估法的一个优势是基于实际的商店来估算拟开商店的经营效益，采用起来相对容易，对于连锁企业而言，数据是企业内部的，比较容易找到。但是，这种方法对参考商店的选择非常关键，它直接关系着预测数据的准确性，选择参考商店不可避免地会介入一些主观因素，因而有些企业使用时往往选择不止一家的参考商店并取其平均估算值，虽然这会使工作量大大增加，但可以减少主观性的影响。

（四）关键指标评估法

这是指零售商店采取几个关键性指标，通过计算拟开设商店的指标数据来评估该店址的价值。常用的关键性指标有选址比率和截留率等指标。下面介绍选址比率指标的运用。

选址比率是一个很特殊的指标，与其说该指标具有科学性，不如说该指标更具有经验性特征。其计算公式如下：

选址比率 = 销售额/成本

一般情况下，选址比率必须大于或等于1，该店址才具有设店价值。举例来解释一下，如果开店花费的成本为500万元（包括租金、设备、装修、家具等初始投资费用），那么第一年的销售额应该达到500万元，即选址比率为500/500 = 1。当然，理想的比率要大于1，最好能达到1.5。如果新店址的选址比率小于1，经验告诉人们这个店址目前开店风险比较大，当然，这并不意味着未来几年它的发展前景不好，还需要从战略高度进一步分析。选址比率会因为零售商店的类型不同而不同，且带有一定程度的经验性，但它的指导意义还是不容忽视的。

上述方法通常是综合运用而不是单独采用的，事实上，国外许多零售商店通常采用多种方法通过比较不同的预测数据降低商店选址的风险。上述方法有些估算准确，但所需费用较高或时间较长，有些操作简易，但数据比较粗略。因此，评估备选店址没有最佳方法，采用什么方法取决于商店可获得的信息数量、花费的时间和资金以及选址人员的经验。

三、店址评估报告

当选址员确定一个合适的店址后，需要做一份详细的选址分析报告，以供主管部门经理和公司领导审核。新店选址评估报告的内容如下：

1. 新店周围地理位置特征表述（附图说明）；
2. 新店物业的具体情况；
3. 新店开业后预计能辐射的范围（商圈大小）；
4. 新店商圈内商业环境和竞争情况；
5. 新店商圈内居民及流动人口消费结构、消费层次；
6. 新店的交通便利情况；
7. 新店投资效益分析；
8. 新店开业后商品结构和经营特色建议；
9. 新店开业后的风险分析及防范；
10. 新店未来前景分析。

撰写选址分析报告常常需要一张张详细的图示说明，不仅需要新店的地理位置图，还需要大量的商圈特征图。实际上，图示不仅是最后一个环节需要，在前面的商圈分析和选择备选店址时就需要图上作业。绘图技术不断发展对企业选址决策帮助越来越大，国外企业的绘图技术已经十分成熟，基本上采用计算机软件系统进行绘图。在绘制商圈密度图时，普遍采用三维技术，并且随着数据流的提高，持续绘图系统也逐渐采用，它可以反应不同时间的顾客来源以及特定产品适宜的区域。我国零售商店绘图技术相对比较落后，仍停留在手工操作上，这方面还有待提高。

选址报告不仅要详细分析新店址的基本商圈特征和投资效益，而且还要对日后商店经营的风险进行分析，对日后的经营策略提出建议。这就涉及选址信息的利用问题。在选址过程中搜集到的大量信息，如果仅仅只是用于选择一家店址就丢弃实在是一种浪费，除了选址之外，所搜集的信息至少有两种用途，一是为本商店日后的经营活动做参考。选址调查中得出的对当地居民职业和消费习惯的分析，能给商店经理带来很多实际的帮助；对顾客行走路线的考察可以直接决定今后的促销宣传画和户外广告设在哪个方向上。二是为下一次选址做参考。连锁商店总部在拓展网点时往往要求选址员每次都付出全力去找寻"最完美"的店址，但选址员苦恼的是一方面他们的经费不够，另一方面总部没有足够多的信息积累给他们做支持，常见的一种不良现象是"每一次都得几乎从零开始"。因此，为防止选址信息的流失，最好在选址过程中就规定选址员必须为日后的经营做出建议，同时，每次选址的详细信息都应该保存下来，供以后的选址工作参考。

还需要说明的是，选址虽然是商店经营的第一步，但绝不是最重要的一步。目前许多商店管理者存在一种"唯店址论"的思想，当一家商店倒闭时，直接管理者最常利用的方式是将所有责任先推到"选址"那一边去，然后才肯分析自己的不是之处。特许经营加盟店效益不佳，总部也常常指责加盟店的位置不佳，而不是检讨自己的经营模式"水土不服"。这种"唯店址论"是十分危险的，它会阻碍一切追求卓越的经营努力。北京有一家闻名全国学术界的万圣书园，最初设在北京燕东园成府路的一处低矮平房中，这里周围的居民是城郊农夫和外地民工，除了租金十分便宜以外，再也没有什么值得称道的了，尽管不远处有着中国最高学府北京大学，但谁也没有指望他们会到这里来购书。然而，事实超出了人们的想象，北大学生和学者们络绎不绝地从东门步行出来购书，吸引他们的是当时少见的自由选购图书方式和店主刻意追求的文人氛围。随后，万圣淘汰掉了娱乐类书籍，最终成为北京乃至全国知识界都有名的学术书店。可见，店址对一家商店的经营确实很重要，但更重要的是商店管理者自身的经营管理水平。

附表

表 1－2　　店址特征调查表

1. 名称认可度	19. 交通
2. 地点类型	20. 竞争
3. 城市/城镇的描述	21. 直接竞争
4. 区域的描述	22. 吞并
5. 视野	23. 饭店活动
6. 典型外观	24. 零售活动
7. 标志质量	25. 娱乐活动
8. 到达方便程度	26. 夜间生活
9. 到达时间	27. 学生
10. 办公室通道	28. 办公室
11. 居住区通道	29. 商圈的范围
12. 到达经营区的方便程度	30. 周围零售店
13. 战略位置	31. 主要的打折商店
14. 停车	32. 购物中心
15. 车流影响	33. 商圈的历史
16. 旅行影响	34. 商圈的年代
17. 潜在经常往来者	35. 店铺的集合
18. 公共交通	36. 关键因素

案例及分析

案例 1

家乐福的选址要求

家乐福1995年进入中国市场，2005年底在中国大陆已经成功开设了78家门店，拥有超过2万多名员工，2005年销售额达到174.36亿元人民币，在当年的连锁企业排行榜上名列第9位。家乐福在选址方面有以下要求：

1. 地理位置要求

- 交通方便（私家车、公交车、地铁、轻轨），人口密度相对集中；
- 两条马路交叉口，其一为主干道；
- 具备相当面积的停车场，比如在北京至少要求600个以上的停车位。

2. 建筑物要求

- 建筑占地面积15000平方米以上；
- 最多不超过两层；
- 总建筑面积2万～4万平方米；
- 转租租户由家乐福负责管理；
- 建筑物长宽比例10∶7或10∶6。

3. 停车场要求

至少600个机动车停车位，非机动车停车场地2000平方米以上，免费提供家乐福公司及顾客使用。

4. 租金要求

较低的租金、长期的租赁合同（一般是20～30年）。

（资料来源：超市周刊网站 http://www.cszk.cn）

案例思考题

1. 上述家乐福列出的几个选址要求，反映了家乐福在选址中比较重视哪些因素？

2. 除了以上标准，你认为家乐福在具体选址中还有考虑其他什么因素？

案例 2

国外零售巨头在成都的选址比较

随着中国加入世贸组织与世界经济接轨，越来越多的世界零售巨头纷纷争相涌入中国市场。在四川成都市，四家业态相同的外资零售企业纷纷驻扎在不同区域，他们选址上的考虑给国内零售商店提供了一定借鉴。

1. 易初莲花（沙湾）

创建于1921年的正大集团经过80余年的持续发展，连年跻身于世界500强企业之列，并被美国《未来》杂志评为亚洲十大优秀企业之一。易初莲花购物中心是正大集团在中国投资的大型零售企业，它强调为家庭成员而设，倡导“衣食住行一应俱全”的消费理念。正大在商业零售领域具有得天独厚的优势：集团既有新鲜的鸡、鱼、蛋、油以及绿色无公害的蔬菜基地，又有完善的营销网络和中央采购中心。在中国，易初莲花提出的“天天低价”、“每天都省钱”的经营口号深得民心。易初莲花在成都的第一家店位于沙湾路与一环路交界的汇龙湾商业广场，他们给出自己的选址理由：其一，城西北片区拥有众多的居住小区、140余个专业市场，高达数十万的常住人口在此聚合，但调查显示该区域80%的消费者认为本区域缺乏大型的商业配套，购物不方便，这说明了区域的消费潜力并没能真正释放，市场有很大的空白点，易初莲花在此提出“在家门口购物”的口号是恰到好处；其二，成都正在着力打造一个会展之都的形象，展销活动极其频繁，车展、房展、医疗、食品、广告等展会数不胜数，为该区域带去了极大的商气人气，而汇龙湾扼守会展商圈要冲之地，具有广阔的发展前景。

2. 家乐福（八宝街、光华、紫荆）

1963年诞生的法国家乐福，从1995年进入中国，成为在中国大陆销售额最高的外商投资零售企业。家乐福在我国的定位充分考虑国内整体消费水平较低的市场环境，以及商圈内居民的生活水平和消费能力，确立了以经营日常生活用品为主的商品结构，向消费者提供大多数生活必需的，不仅买得到而且买得起的商品，实现了大批量销售。家乐福每开一家分店，首先会对当地进行详细而严格的调查与论证，历时都在一年以上。调查涉及的范围包括文化、气候、居民素质、生活习惯及购买力水平等诸多方面。从成都市内的家乐福三家分店的位置来看，充分体现了家乐福选址上的独具匠心。这三家店铺分别位于八宝街、光华天邑花园、紫荆大世界。八宝街店地处骡马市商圈，光华和大世界店则处于两个新兴的高尚居住片区，具有稳定、大量的人流。同时，交通便利，租金也较便宜，更有利于超市的发展。从空间布局上看，三家店铺的分布形成了一个整体优势，影响范围遍及市区西南部分。

3. 伊藤洋华堂（春熙、双楠）

日本的伊藤洋华堂也是世界500强之一的大型跨国零售企业，它以商圈内中等收入家庭消费者为主要目标顾客。为满足其需求，伊藤洋华堂对商品的选择十分细致。吃、穿、用商品经营面积的比例是3：4：3。食品类以鱼、肉、鲜果、蔬菜为主，并设有面包房、寿司房、日式餐厅等颇具特色的经营项目。服装类以新品种为主打商品。家居类以全新的日用百货为主打商品，突出装饰性和功能性商品。为适应城市空心化的趋势，20世纪80年代以后伊藤洋华堂开设的店铺一般在交通便利的城乡结合处，将商圈锁定在3～5公里范围之内，采取稳固基本消费群、吸引辐射消费群的策略。在成都，伊藤洋华堂也充分考虑到自己的目标顾客主要是中等收入家庭消费者，因此将店选择在最繁华的春熙商圈和新兴住宅片区双楠，以充分满足客流量的需要。

4. 沃尔玛（东大街）

沃尔玛公司是国际著名的大型零售企业。低价策略是沃尔玛一贯的经营方针，在商品采购环节上是“从供货者那里为顾客争取利益”，态度坚决地对供应商坚持低价策略，现在沃尔玛的巨大销售额使其确定了供应链中的领袖地位，它90%的产品直接从厂家进货，并且实现了全球性采购，从而使进货费用得以大幅降低。沃尔玛在成都的第一家店位于锦江区东大街13号地块，面积为28亩。据了解，沃尔玛的大卖场至少要占地30亩，一般为3层单体建筑，每层面积约为8000平方米。此外，卖场用地最少要能容纳300个车位，卖场离街面80～100米，方圆1.5平方公里内有20万人口居住。据悉，东大街将凭借红星路、春熙路、总府路等成都市中心的巨大人流和物流，在其待开发的20多块总共近900亩的地盘上，与大慈寺旅游休闲片区、红星路步行街、春熙路休闲商业片区，共同打造成都“休闲大商圈”。东大街也将成为成都的休闲经济航母，这里将会是成都休闲娱乐的天堂，而沃尔玛则将成为这艘航母的第一超市，战略意义不言而喻。

（资料来源：中国商业地产网 http：//www.8go.com.cn）

案例思考题

试分析四家外资零售企业在成都选址的特点和理由。

本章思考题

1. 一个商店的商圈构成主要受哪些因素影响？
2. 商店选址中商圈总体分析的主要内容是什么？
3. 商店位置选择要遵循什么原则？需要分析哪些因素？
4. 如何确定备选店址？
5. 店址评估方法主要有哪些？

第二章 商品规划

本 章 提 要

零售商店的经营活动是围绕如何以其商品和服务来满足消费者需求这个中心环节来进行的，零售商店要生存和发展，关键在于其商品对消费者需求的满足程度，商品规划直接关系到零售商满足消费者的能力和自身的盈利能力。本章主要介绍：商品分类方法，几种商品组合的利弊分析和商品群的创造，商品经营范围确定要考虑的因素和商品结构调整的依据，新产品开发途径和引入程序，滞销商品产生的原因及其淘汰程序，现代零售商品管理中先进的品类管理和单品管理的基本思想和方法。

第一节 商品分类与组合

一、商品分类

商品分类不仅是商品管理的基础工作，也直接影响到零售商店的市场定位和各项经营策略。将商品按不同标准进行分类，不仅出于管理上的需要，也是出于更好地满足目标顾客的需要。

（一）商品分类标准

1. 按顾客群划分

可以根据顾客的性别、年龄、职业、个性等标准将顾客所需要的商品进行分类。如根据顾客的性别可以将商品分为男式用品和女士用品；根据顾客年龄可以将商品分为老年用品、青年用品和儿童用品；根据顾客的职业可以分为学生用品、军人用品；根据顾客追求时尚的个性可以分为时尚商品和大众商品。

2. 按商品特点划分

可以根据商品本身的特征如何时使用、何处使用、如何使用等情况将商品进行分类，也可以按商品的生产产地、生产厂家、生产方法、生产质地等情况进行分类。例如，根据商品使用的季节性可分为夏季商品、冬季商品、春秋季商品；根据商品的使用目的可以分为礼品、自用品、集团消费品；根据商品的品质和价格档次可以分为高档商品、中档商品和低档商品；根据商品的生命周期长短分为流行商品和一般商品。

3. 按顾客对商品选择程度划分

①方便商品

方便商品大多属于人们日常生活用品，价值较低，需求弹性不大，顾客比较熟悉。购买这类商品时，顾客随意性强，大多希望方便快捷地成交，而不愿意花长时间进行比较挑选。

②选购商品

选购商品价值相对较高、需求弹性较大、挑选性强，顾客对商品信息掌握不够，如时装、电器等。购买这些商品，大多数顾客希望获得更多的选择机会，以便对其质量、功能、样式、色彩、价格等方面进行详细比较。

③特殊商品

特殊商品通常指有独特功能的商品或名贵商品，拥有特定的消费对象，如工艺品、高档名牌商品等。购买这类商品，顾客往往经过了周密考虑，购买目的性较强，品牌忠诚度较高，不会反复挑选。

（二）商品层级划分

1. NRF 的商品层级划分

美国全国零售联合会（NRF）制定了一份标准的商品层级分类方案，该方案详细界定了各层商品的范围以及它们的组合方式，目前美国许多大型百货商店和低价位竞争的折扣商店都采用了这一分类方法，因此，在这里有必要加以介绍，给国内零售商店一些借鉴。

①商品组

在 NRF 的商品分类方案中，最高级别的商品分类是商品组（Merchandise Group），商品组是指经营商品的大类，也就是类似国内的商品大分类，如一个百货商店可能会经营服装、家电、食品、日用品、体育用品、文具用品、化妆品等。一个商品组管理下面的几个商品部，通常在国外的零售商中，该职位被称为商品副总裁或商品副总经理。

②商品部

商品分类的第二级是商品部。商品部一般是将某一大类商品按细分的消费市场进行再一次分类，如服装类商品可分成女装、男装、童装等。

③商品类别（品类）

商品分类的第三级是商品类别（品类）。这是根据商品用途或细分市场顾客群而进一步划分的商品分类，在大型零售商，一般每一类商品由一位采购员负责管理。

④同类商品

同类商品（Classification）是商品分类中商品类别的下一级，一般来说，同类商品是指顾客认为可以相互替代的一组商品，例如，顾客可以把一台21英寸的彩电换成一台29英寸其他品牌的彩电，但不会把一台彩电换成一台电冰箱。

⑤存货单位（单品）

存货单位（Stock Keeping Unit，SKU）是存货控制的最小单位，当指出某个存货单位时，营业员和管理者不会将其与任何其他商品相混淆，它是根据商品的尺寸、颜色、规格、价格、式样等来区分的，我们也称之为单品。

2. 一般商品层级划分

国内零售商店为了便于管理，一般将商品分为大分类、中分类、小分类和单品四个层级（见表2－1）。

表2－1　　商品分类层次及其分类标准

分类层次	含义	划分标准	说明
大分类	卖场零售商品中构成的最粗线条划分	商品特征	为了便于管理，商店的大分类一般以不超过10个为宜
中分类	大分类商品中细分出来的类别	功能用途 制造方法 商品产地	中分类在商品的分类中有很重要的地位，不同中分类的商品通常关联性不高，是商品间的一个分水岭，所以无论在配置上还是在陈列上都常用它来划分
小分类	中分类中进一步细分出来的类别	功能用途 规格包装 商品成分 商品口味	小分类是用途相同，可以互相替代的商品，往往陈列在一起。相邻陈列的不同小分类商品具有高度相关性
单品	商品分类中不能进一步细分的、完整独立的商品品项	唯一性	是最基本的层面，用价格标签或条码区别开来

上述商品分类只是一个参考依据，并非一成不变，商店根据自己的业态特征和经营特色，完全可以创造出适合自己的一套商品分类方法，组成与众不同的商品结构，并据此指导商店的采购活动、促销活动和商品陈列。

二、商品组合

商品组合是零售商店提供给顾客的经过精心设计的全部商品，包括顾客可以选择的所有商品种类和商品品种，即我们通常所说的商品广度和商品深度的结构组合（见表2－2）。所谓商品广度是指零售商店提供的商品线的数量，即具有相似的物理性质、相同用途的商品种类的数量，如化妆品类、食品类、服装类、家具类等。零售商店提供的商品种类越多，我们谓之商品广组合；反之，则是窄组合。所谓商品深度是指同一种类商品可供选择的品种数量，即同一种类商品中，不同质量、不同尺寸、不同花色、不同品牌或产地等的数量。零售商店提供的某一种类商品品种数量多，我们谓之为商品深组合；反之，则是浅组合。规划合理的商品组合，对形成零售企业的商品特色、赢得竞争优势有着重要的作用。由于商品广度和深度的可以有多种组合，形成了目前零售商店商品组合的不同结构特征，这些不同的商品结构组合各有利弊。

表2－2　商品深度与广度的组合

		商品品种	
		深	浅
商品种类	广	商品种类多 商品品种多	商品种类多 商品品种少
	窄	商品种类少 商品品种多	商品种类少 商品品种少

下面，我们分析一下四种不同商品组合的利弊：

（一）广而深的商品组合

这种商品组合是零售商店提供种类较多的商品，而且每类商品可供顾客选择的品种也多，一般为较大型的综合性商场所采用。由于大型的综合商场的目标市场是多元化的，需要向顾客提供一站式购物，因而必须备齐广泛的商品类别和品种。

1. 优点：目标市场广阔，商品种类繁多，商圈范围大，选择性强，能吸引较远的顾客专程前来购买，顾客流量大，基本上满足顾客一次进店购齐一切的愿望，能培养顾客对商店的忠诚感，易于稳定老顾客。

2. 缺点：商品占用资金较多，而且很多商品周转率较低，导致资金利用率较低；此外，这种商品组合广泛而分散，试图无所不包，但也因主力商品过多而无法突出特色，容易形成企业形象一般化；同时，商店必须耗费大量的人力用于商品采购上，由于商品比较容易老化，商店也不得不花大量精力用于商品开发研究上。

（二）广而浅的商品组合

这种商品组合是指零售商店经营的商品种类多，但在每一种类商品中花色品种选择性少。在这种组合中，商店提供广泛的商品种类供顾客选择，但对每类商品的品牌、规格、式样等给予限制。这种策略通常被廉价商店、杂货店、折扣店、普通超市等零售商店所采用。

1. 优点：目标市场比较广泛，经营面较广，能形成较大商圈，便于顾客购齐基本所需商品；便于商品管理，可控制资金占用；强调方便顾客。

2. 缺点：由于这种商品组合花色品种相对较少，满足需要能力差，顾客的挑选性有限，很容易导致失望情绪，不易稳定长期客源，形成较差企业形象。长此以往，零售商店不注重创出商品特色，在这样一个多样化、个性化趋势不断加强的今天，即使商店加强促销活动，也很难保证商店经营的持续发展。

（三）窄而深的商品组合

这种商品组合是指零售商店经营较少的商品种类，但每一种类的商品花色品种很丰富。这种组合体现了零售商店专业化经营的宗旨，主要为专业店、专卖店所采用。一些专业商店通过提供精心选择的几种商品种类，在商品组合中配有大量的花色品种，吸引偏好选择的消费群。

1. 优点：专业商品种类充分，品种齐全，能满足顾客较强的选购愿望，不会因花色品种不齐全而丢失销售；能稳定顾客，增加重复购买的可能性；易形成企业经营特色，突出商店形象；便于商店专业化管理，树立专家形象。这种模式为今天广大的消费者欢迎。

2. 缺点：过分强调某一大类，不能一站式购物，不利于满足消费者的多种需要；很少经营相关商品，市场有限，风险大，需要对行业趋势做准确的判断，并通过更加努力来扩大商圈。

（四）窄而浅的商品组合

这种商品组合是指零售商店选择较少的商品种类和在每一类中选择较少的商品品种。这种组合主要被一些小型商店，尤其是便利连锁店所采用。这种策略要成功使用，有两个关键因素，即地点和时间。在消费者想得到产品的地点和时间内，采取这种组合可以成功。

1. 优点：投资少，成本低，见效快；商品占用资金不大，经营的商品大多为周转迅速的日常用品，便于顾客就近购买。

2. 缺点：种类有限，花色品种少，挑选性不强，易使顾客产生失望情绪，商圈较小，吸引力不大，难以形成商店的商品特色。

零售商店在规划商品组合的广度时，需要考虑每一个商品种类的销量和利润情况，管理者需要了解商品广度中的每一个商品种类对总销售量和利润所做出贡献的比例。假设一个零售商店规划了五大商品种类，第一类商品占总销售量的50%，占总利润的30%。前面两类商品占总销售量的80%和总利润的60%。如果这两个项目突然受到竞争对手的打击，商店销售量和利润就会急剧下降。把销售量高度集中在少数几个项目上，意味着商品线非常脆弱，商店必须小心监视并保护好这些项目。如果最后一类商品仅占销售额和利润的5%，管理者可以考虑将这一销售不畅的商品种类从商店商品组合中撤除，增加利润更高的商品种类。

零售商店在规划商品组合的深度时，需要考虑商店追求的目标和每一品种对商店的贡献。那些希望有较高市场份额与市场增长的连锁商店倾向于更深的商品组合，而追求高额利润的零售商店则宁可慎重挑选商品品种来组成商品的深度。在确定最佳的商品深度问题上，管理者可以尝试增加或削减商品品种来平衡，如果通过增加商品品种能增加企业利润的话，就说明现有的商品组合太浅；如果通过削减商品品种能增加利润的话，就说明现有的商品组合太深。因为商品品种的增加会带来一些费用的上升，如设计费、仓储费、订货费、运输费以及新产品项目的促销费等，最终上升的费用会侵蚀新商品的利润，于是，这种商品深度不断发展的势头会被遏止。

三、商品群

（一）商品群的构成

所谓商品群是商店根据其经营观念，创意性地将某些相关的商品组合在一起，成为卖场之中的特定群落或单位。商品群是商品管理的基础，反映了一个商店的商品特色，它是一个非标准化的概念，可以有多种组合方式，出人意料而又合情合理的商品群能显示出一家商店独特的经营创意。

商品群一般是由主力商品、辅助商品、联想商品和刺激商品组成。

第一是主力商品。亦可称为拳头商品或主要商品，它尤其强调品种齐全、内容充实，具有强烈的吸引力和竞争力，拥有相当大的潜在市场份额。主力商品又不是一成不变的，它将随着商品市场生命周期、商品流行以及季节等变化而改变。

第二是辅助商品。它和主力商品有着密切的相关性，在配置辅助商品时，不过于强调它的独特性和竞争性，而着眼于商品的销售力，强调现实市场份额。具体来说辅助商品可以是物美价廉的、顾客容易接受或经常购买的日用品、“大路货”。

第三是联想商品。它是顾客在卖场中置身于由主力商品和辅助商品构筑的商品群中最易联想到的，或最易启发顾客联想到的商品。比如在西装区域增设领带、领结、夹扣、衣领饰品、胸袋饰巾、手表之类，在护理用品区域增设发夹、丝巾、帽子、化妆盒、女士皮包、化妆镜、梳妆台之类。

第四是刺激商品。这是为了刺激顾客的购买欲望，从上述三类商品中刻意挑选出来，并在显著位置突出陈列的某种商品。它是商品群的点缀，有人将此视为策划商品群的一种“噱头”手法。但其作用是不可忽视的，它可以明显地起到促销作用，以带动整个商品群的整体销售。

试看两组厨房用品商品群：

表 2－3　　两组厨房用品商品群的不同组合

商品组合	A 商品群	B 商品群
主要商品	不锈钢炊具和餐具	咸菜、酱菜和调味品
辅助商品	各种调味剂和佐餐配料	瓷及仿瓷器皿、碗、碟
联想商品	小家电如微波炉和电热水壶等	快餐食品如麦片、炸薯片、爆米花等
刺激商品	厨房清洁剂	塑料容器如饭盒等

再看三种卧室商品群：

表 2－4　　两组卧室商品群的不同组合

商品组合	A 商品群	B 商品群	C 商品群
主要商品	成套床上用品	拉舍尔毛毯	席梦思床垫
辅助商品	毛毯、冷气被	毛巾被	床上用品
联想商品	室内芳香剂	女式内衣	睡服
刺激商品	睡衣	凉枕、凉垫	窗帘布

（二）商品群的创造

1. 商品宽度组成的商品群

在已有的商品群中增加新的商品种类，即拓展商品组合的宽度。如西服，再增加衬衫、领带、腰带、领带夹、皮鞋、鞋油、鞋擦，即形成西装配套商品群。

2. 商品深度组成的商品群

在已有的商品群中不增加商品种类，而是每一种类之下增加品种、规格和花色，即拓深商品组合的深度。如文具类中的簿册经过深度组合可以建立一个新的商品群，包括大班记事簿、日记本、备忘录、袖珍电话本、名片夹、袖珍名片夹、普通信笺、情人信笺、便条等，在这些商品中划分出主要商品、辅助商品、联想商品和刺激商品，就形成一个新的商品群。

3. 等价变换组成的商品群

调整已有的商品群，将商品群构成中的一个或几个成分经过等价变换组合成新的一组商品群。比如将卧室用品商品群中的主力商品由套装子母被换成拉舍尔毛毯或毛巾被，所谓“等价”不是指价格，而是指“效价”，即商品的效用。

4. 主辅调整组成的商品群

在已有商品群中将其主要商品和辅助商品加以调整，即可组合成新的商品群。主辅调整时，成为主要商品的原辅助商品的商品项目即品种、规格和花色要精简，一定要突出重点；相反，由主要商品调整为辅助商品的商品项目要扩充。

5. 使用环境和目的组成的商品群

将为同一使用环境和使用目的的不同商品组合起来，可以形成一组新的商品群。如卧室商品群、礼品商品群、儿童节商品群、学生用品商品群、重阳敬老商品群等。商店可以充分利用节假日的特点开发一系列商品群，如礼品群可以提供“太太生日礼品”、“丈夫生日礼品”、“父母生日礼品”、“儿童节礼物”、“情人节礼品”、“端午节礼品”、“中秋节礼品”等多种概念；休闲用品群可以提供“登山用品组合”、“烧烤用品组合”、“旅游用品组合”等。

6. 商品品牌组成的商品群

为突出某一品牌，强调该品牌的影响力，可以将该品牌所有商品组合起来，成为一组同一品牌商品群。如将海尔生产的电冰箱、洗衣机、空调、热水器、电视机、小家电等组合成一个“海尔商品群”，既促进了海尔家电的销售，又方便了品牌忠诚者的选购。

7. 消费意境组成的商品群

为适应当今消费潮流，在满足物质消费需求的同时，注重精神消费需求，创造出美好的消费意境，并根据消费意境创造出崭新的商品群。比如浪漫意境商品群，以香槟酒为主要商品，辅之以红酒、咖啡，或以新型香水为主要商品，辅之以小首饰、唇膏之类的化妆品；再如温馨意境商品群，以女式皮包为主要商品，辅之以丝巾、领带、丝袜、棉袜、内衣。消费意境组合奥妙无穷，它已远远超出商品品种的选择，深含着市场营销策划的智慧。

第二节　商品经营结构优化

一、商品经营范围的确定

确定商品经营范围直接关系着商店的商品形象，是商品规划中的具体性工作，往往需要多个部门反复研究。商品经营范围一般是在过去采购实绩和销售实绩的基础上，根据市场调查得出的消费需求及其变化趋势等有关资料，进行综合分析后确定的。商店在确定商品经营范围时需考虑以下几方面因素：

（一）商店业态特征及其规模

确定商品经营范围，必须首先考虑商店的业态类型、经营规模及经营特点。很多时候，一个商店的业态确定下来，就已经框定了其大致的经营范围。不同业态的商店，其商品经营有着不同分工，专业性商店以经营某一类或几类商品为界限，其专业分工越细，经营范围越狭窄；综合性商场除了经营某几类主要商品外，还兼营其他有关行业的商品。商店经营规模愈大，经营范围愈广，反之，则愈窄。此外，商店经营对象是以附近顾客为主，还是面向更广泛的市场空间；商店是属于百货商店，还是超级市场、便利店；商店是以高质量商品、高服务水平为经营特色，还是以价格低廉为经营特色，这些都将对商店经营商品范围有着重大影响。

（二）商店的目标市场

商店的地址确定以后，其顾客来源的基本特征也就随之确定下来。商店目标顾客的职业构成、收入状况消费特点、购买习惯都影响着商店经营商品范围的选择。处在人口密度大的城市中心的商店，由于目标顾客的流动性强，供应范围广，消费阶层复杂，因而经营品种、花色式样应比较齐全；处在居民区附近的商店，消费对象比较稳定，主要经营人们日常生活必需品，种类比较单纯；处在城市郊区，或工矿区，或农业区，或学校集中区的商店，由于这些地区消费者特殊职业形成了其特殊需要，在确定商品经营范围时，也要充分考虑这些地区消费者需求的共性及个性。

(三) 商品的生命周期

任何商品都有其生命周期，即从进入市场到退出市场所经历的四个阶段：导入阶段、成长阶段、成熟阶段、衰退阶段。在现在这一信息时代，科技日新月异，商品的生命周期不断缩短，新产品不断涌现，旧产品不断被淘汰。商店必须跟上这种不断变化的时代步伐，随时注意调整自己的经营范围。一方面，商店必须跟踪掌握商品在市场流通中所处的生命周期阶段，一俟该商品到达衰退期，则立即加以淘汰；另一方面，随时掌握新商品动向，对于有可能成为畅销商品的新商品，在上市前即列入商品经营计划范围之中。

(四) 竞争对手情况

邻近同行竞争对手状况也影响着商店商品经营范围的确定。在同一地段内，相同业态商店之间，经营商品特色不宜完全一致，应有所差别，其差别主要体现在商店主力商品的种类上。每家商店为突出自己的特色都会选择一个或几个最适合自己形象的主力商品大类。因此，商店只有弄清楚周围竞争对手的经营策略、商品齐全程度及价格和服务等状况，才能更好地确定自己的商品经营范围。

(五) 商品的相关性

有许多商品的销售是相关的，“啤酒加尿片”的组合就是一个经典的例子，女装可以带动化妆品的销售，小食品可以带动儿童玩具的销售等也是广为人知的。根据商品消费连带性的要求，把不同种类但在消费上有互补性，或在购买习惯上有连带性的商品一起纳入经营范围，既方便顾客挑选购买，也利于扩大销售。因此，在确定商品经营范围时，在确定了基本的主力商品类别之后，还要考虑辅助商品和连带商品的范围，这就要充分分析商品的相关性，既不能只经营某种高利润的商品，也不能“大而全”而影响了特色。良好的搭配可以相得益彰，互相促进。由于不同地区消费心理千差万别，对商品相关性分析还没有成熟的理论，我们可以通过信息管理系统，对顾客购买信息进行分析，看几种商品被同时购买的概率，提供一些量化的参数。

另外，替代品的经营也要充分考虑。零售商店经营互补商品和连带商品一方面可以增加基本商品的销售，另一方面也可以增加辅助商品的销售，可以提高商店总销售额。但经营众多的替代品（如各种竞争品牌的洗衣粉）只是简单地使销售额从一个品牌转移到另一个品牌，而零售商店的总销售额却几乎不受影响。因此，对同一种类的商品，如何既为消费者提供足够的选择机会又不至于浪费太多的投资和营业空间，这一问题对商店而言必须加以解决。例如，位于美国得克萨斯州奥斯汀得巴特超市，其货架上曾经尝试摆放着25种不同的柑橘、9种蘑菇、12种西红柿、2200种葡萄酒、330种啤酒、100种芥末和500种乳酪。这种商品结构由于过深，会占用大量资金、货架，并导致主力商品销售不畅和顾客挑选无所适从。

二、商品结构调整依据

商店商品经营范围确定之后，并非可以一劳永逸，消费者的偏好在变、生产技术在不断发展、人们收入水平在不断提高、竞争对手的商品策略在变化，商店本身的经营目标也在不断变化。要适应这些变化，零售商店就必须经常性地对商品规划进行审视，不断调整商品结构，引入新产品，淘汰滞销品。因此，零售商店应随着商店的经营规模、经营目标、商品生产技术发展、人口数量及消费者收入水平等实际情况的变化随时优化商品结构，不能一成不变，墨守成规。

商品结构的调整固然是零售商店经常性的一项工作，但也不是盲目的调整，正因为该项工作的经常性，所以更应该规范化。调整的依据首先应根据商店过去的销售记录，这一记录可以来自于商店的信息系统。目前国内许多零售商店都上了信息管理系统，该系统将前台收银作业的每一笔记录都及时传到商店后台的管理系统中，并与库存系统相连接，后台电脑系统能够即时整理出店铺前台销售的每段时间、每天、每月的商品销售情况，从中就可以分析出每一种商品的销售情况。具体说来，借助信息管理系统，我们可以根据以下信息对商品结构进行调整。

（一）商品销售排行榜

定期对商品销售额情况进行排名，排在前面的商品属于畅销商品，应予保留；排在后面的商品属于滞销品，应列为淘汰考察对象。然后再调查每一种商品滞销的原因，如果无法改变其滞销的情况，就应予以撤柜处理。在处理这种情况时应注意：对于新上柜的商品，往往因其有一定的熟悉期和成长期，不要急于撤柜；对于某些日常的生活必需品，虽然其销售额很低，但是由于此类商品的作用不是盈利，而是通过此类商品的销售来拉动商店的主力商品的销售，如针线、保险丝、蜡烛等；还有一些商品，可能仅仅由于陈列不当而导致销售不畅，在淘汰滞销品时应注意分析其中的具体原因。

（二）商品销售增长率

在商品销售排行榜的基础上，商店还需要定期计算每一类甚至每一单品的销售增长率。对于销售增长率较高的商品，一般处于生命周期的成长期，未来经营潜力巨大，是零售商店正在培养的畅销商品，商店需要给予支持和巩固。对于销售增长率较低的商品，一般处于生命周期的成熟期，若是零售商店的主力商品或名牌商品，需要给予关注和改进现状，若是一般商品，则维持现状，对于销售增长率不断下降的商品，一般处于生命周期的衰退期，应有计划地淘汰，做商品战略上的转移。

（三）商品贡献率

仅从商品销售排行榜和销售增长率来调整商品结构是不够的，还应分析商品的贡献率。销售额高、周转率快的商品，不一定毛利高，而周转率低的商品未必就毛利低。没有毛利的商品销售额再高，这样的销售对商店没有贡献可言，毕竟商店是要生存的，没有利润的商品短期内可以存在，但是不应长期占据货架。分析商品贡献率的目的在于根据商品贡献率高低调整商品经营范围，高贡献率的商品必须保留，并采取措施使之销售得更好；低贡献率的商品要进一步研究其原因，并分析撤除的可行性。

（四）损耗排行榜

这一指标是不容忽视的，它将直接影响商品的贡献毛利。对于损耗大的商品一般是少订货，同时应由供货商承当一定的合理损耗。另外，有些商品的损耗是因商品的外包装问题，这种情况，应当及时让供应商加以改进包装。

（五）商品周转速度

商品周转速度也是优化商品结构的指标之一，谁都不希望某种商品积压流动资金，所以周转速度慢的商品不能滞压太多，应及时淘汰。

（六）其他因素

除了利用上述信息管理系统的数据进行商品内部的调整外，零售商店还要考虑其他一些因素，如节假日因素。零售商店应根据一些特殊的节日对商店的商品进行补充和调整。例如：正月十五和冬至，就应对汤圆和饺子的商品构成进行调整，以适应商店的销售。此外，在优化商品结构的同时，也应该优化商店的商品陈列。例如，对于商店的主力商品和高毛利商品的陈列面的考虑，适当地调整低效的商品陈列面。

许多零售商店对采购员制定一些硬性指标以保证商品的更新，如规定新商品引入的数量或新商品更新率，要求采购员周期性地增加商品的品种，补充商场的新鲜血液，以稳定自己的固定顾客群。商品的更新率一般应控制在一年

10%以下，时尚商品店可以考虑加速更新，但过多或过频繁的商品调整有时效果会适得其反，让固定顾客失去对商店的商品印象。另外，需要导入的新商品应符合商店的商品定位，对于价格高而无销售量的商品和低价格、无利润的商品应及时予以淘汰。

第三节　新产品引入与滞销品淘汰

一、新产品的引入

在今天的零售业中，竞争变得越来越激烈，如何调整商店的经营方式，形成自己的经营特色成为商家面临的普遍问题。其中，改善商品现有结构，不断引入新产品，成为零售竞争的一个重点内容。这里需要注意的是，新产品是指本商店未曾经营过的产品，而不是市场上新开发出来的产品，有些产品对其他商店而言可能已经是旧产品，但对本商店而言就可能还是新产品。新产品引入的管理重点主要在于如何开发及其引入程序上。

（一）新产品的开发

任何零售商店的管理者都希望引入的新产品能顺利成为本商店的畅销商品，为商店带来更多的销售和利润。新产品要成为畅销商品，首先必须从新产品的开发入手。新产品的开发可以从以下几方面进行：

1. 从畅销的各因素出发选择开发新产品

商品畅销的因素很多，这些因素均是选择新商品的主要标准。当一种新产品出现在市场上时，考查其市场销售潜力，可以从其功能、质量、价格、包装、广告、商标、售后服务等方面进行综合评估。最常见的是打分法，将多种因素按不同程度折成数字来评估某一新上市商品，高于某一水平即可列入零售商店培养的对象。当然，有些因素很难用数字来表示，而且不同商品的各因素所占比例也不一定完全相同，如日用品应注重质量与价格，礼品应多考虑包装，服装应多考虑商标与款式，电器应多考虑品牌与售后服务，在不能量化的指标上，商店可以寻找一个畅销商品做参考，通过比较进行评估。

2. 从过去的销售记录中开发自有品牌商品

新产品是商店过去未曾销售的商品，自然不会拥有过去的记录，但是，目前很多零售商店在开发自有品牌商品时，主要是根据过去的销售统计资料。通过选择一些销售量大而品牌忠诚度不太高的行业产品作为自有品牌开发的对象，往往容易成功。日本7－11便利店公司通过POS系统的商情搜集，将消费需求提供给由生产商、批发商和7－11公司共同组成的商品开发团队，源源不断地开发出紧随消费者需求发展步伐的新产品，不仅提升了商品价值和获利空间，而且还创造了7－11便利店商品差异化的竞争力。

3. 从竞争对手的营销推广中选择开发新产品

零售商店的竞争对手很多，不仅包括同一业态的零售商店，还包括争夺同一类市场的其他零售业态，这些商店同样也面临着引入开发新商品的问题。因此，从竞争对手的营销推广活动中去发掘新的畅销商品不失为一条捷径。一般来说，几乎所有商店总会把销路最好的商品陈列在最显著的位置，或为了推广某种商品，卖场内往往会贴有各种各样促销的POP广告，经常到竞争对手的商店里仔细观查，可以知道正在流行何种商品，或何种商品较为畅销。此外，市中心的商店与郊外的商店，商品销售情况并不相同，从这当中可以获得配置不同区位连锁分店商品结构的宝贵信息。

4. 从发达地区和流行起源地选择开发新产品

要开发出畅销的新商品，必须了解市场上的流行趋势，最好到流行最前端的地区去了解一下较为直接有效。一般来说，流行从欧美发达国家传到亚洲的日本、中国港台，再到大陆，在国内则是从沿海传到内地，从大城市传到小城市，从都市传到乡村。因此，到欧美发达国家、亚洲的日本和中国台湾和中国香港去实地考查最为迅速有效，但不是每个人都有这种机会，同时照搬国外流行的商品在国内并不一定适用，因而比较可行的是到国内流行发源地如广州、上海、深圳等地考查更为有效，这些城市的超级市场或百货商店，大都销售比较超前的流行商品，对开发新的畅销商品有一定借鉴作用。

（二）新产品的引入程序

1. 编制新产品引进计划

商店必须对每一年度的新产品开发做出系统的规划，内容包括增加新分类、增加新项数、增加商品组合群、确立每一分类的利益标准、季节性重点商品计划、自行开发商品计划等。

2. 新产品评估

不论是厂商主动报价或基于市场需求而由零售商店主动询价，商店有关人员都应就新品的进价、毛利率、进退货条件、广告宣传、赞助条件等项目予以初评。初评之后，还需经过具有商品专业知识的人员所组成的采购委员会进行复评，对拟引进的商品进行筛选。复评的项目除初评项目外，还需对产品的口味、包装、售价及市场接受程度等项目进行具体的评价，以防止不符标准的商品流入商店销售。本章最后附表中表 2－5 中列出了便利店对新产品的评估标准。

3. 新产品试销

对连锁商店而言，贸然将新品引入所有门店销售风险很大，所以通常是选择部分门店先进行试销，再就试销结果做出是否推广到所有门店的决策。若新品试销效果良好，则采购人员应配合进货，制作新的商品陈列配置表。

4. 正式引入的准备工作

引入一项新产品需要做好许多准备工作，如条码输入、定价、陈列、促销、库存定位、商品知识培训等。在新品全面引进门店之前，连锁总部还需事先以书面或电脑连线方式告知门店，并给予前置时间，要求门店限期做好新品引入的各项作业。

5. 新产品引入后的跟踪管理

新产品导入卖场后要专门对其销售状况进行跟踪观察、记录与分析，不能把新商品导入卖场就“放牛吃草”，不闻不问。只有新产品销售额必须达到同类销售商品的平均额，方可列入企业的采购计划商品目录中，成为正常经营商品。引入失败的新商品，要分析原因，防止日后出现失误。

二、滞销品的淘汰

（一）滞销品形成的原因

许多商场每年通常要淘汰相当数量的滞销品，如日本连锁便利店每年约更新 1/2 ~3/4 的品项。作为商店管理者，应尽可能避免滞销商品的产生，如加强促销管理，进行商量采购，压低库存，调整商品结构等。但有时滞销商品的出现是不可避免的。

滞销商品形成的原因有许多种，主要如下：

1. 商品进货上的原因

主要有：供货商所提供的商品有质量问题，商场进货把关不严，顾客买后退货，造成店铺商品积压而成滞销品；供货商供货不及时，延误了销售时机，使季节性商品成为过季商品；未掌握商品的畅、滞销状况，商场盲目进货而导致积压；进价及采购成本过高，导致商品定价过高，从而影响商品畅销度；贪图厂商搭赠或数量折扣，贸然大量进货。

2. 市场变化的原因

由于消费者需求发生变化，商品在市场上已经走过了生命周期中的引入期、成长期、成熟期，开始步入衰落期，此时，以前的畅销品逐渐成为滞销品。

3. 商店管理上的原因

主要是商品库存分类不清，造成商品没有及时补货而积压；或是因为商店陈列方式不佳或促销方式不力等，都有可能造成商品滞销。

总之，零售商店在淘汰滞销品时一定要认真分析滞销的原因，一方面防止滞销商品的出现，另一方面防止有销售潜力的商品被忽略掉。

(二) 滞销品淘汰标准

1. 以一定时期销售额排在最后的一定数量或百分比作为淘汰标准

例如，以三个月销售排行榜资料为参考，以最后 100 种商品为淘汰的对象，或是以排行榜最后的 3% 为淘汰标准。以这种标准作为淘汰标准要注意的是：这种商品的存在是否为了使商场的商品结构显得更为丰满齐全，而不仅仅为了销售；这种商品是因为季节性的原因才滞销。如果属于上述两种情况，则这类商品不应淘汰。

2. 以一定时期规定的最低销售数量或销售额为淘汰标准

预先规定某一商品品类应达到的销售标准，如果该商品连续几个月未达到该标准，即可考虑是否淘汰。这尤其对于那些单价低、体积大的商品，销售数量太少，而占用的货架和面积过多，会影响整个商场的经营效率，因此，商场应定期进行分析，规定一定货架空间的销售标准，以作为商品淘汰的参考。

3. 商品质量出现问题也应列为淘汰对象

例如，被技术监督部门或卫生部门宣布为不合格商品的，必须列入淘汰范围；另有消费者退货达一定程度或消费者反映意见比较大的，也列为淘汰商品的范围之中。

(三) 滞销品淘汰程序

1. 列出滞销品清单

商店通过制定的淘汰标准，列出淘汰品清单。根据滞销品的标准，进行数据分析。例如以销售额排行榜 3% 为淘汰基准、以每月销售额未达到 50 个单位为基准、以商品品质为基准等，找出销售不佳、周转慢或品质有问题的商品作为淘汰品。

2. 查明滞销原因

有关人员应进一步分析滞销商品的真正滞销原因，究竟是商品不佳，还是人员作业疏失，如缺货未补、订货不准确、陈列定位错误等，然后再确认是否淘汰。确认淘汰的商品应填写商品淘汰申请单。

3. 确定淘汰方式

商品淘汰方式主要有两种，一种是退回厂家，一种是自行处理。采购合约上注明可以退换货的商品，应在规定时期（例如食品保质期前半年）将商品及时退回供应商；如果属于商店买断商品，不允许退换货，或无法退回给供应商的商品（如进口商品、远距离采购的商品等），可自行处理，采取一次性削价处理方法，或者作为促销的奖品送给顾客。

4. 统一淘汰作业

淘汰滞销品之前，连锁总部应提前向商店告知滞销品的项目及退换货作业程序。滞销品如退给厂商，应及时通知厂商取回退货，如要各店铺自行处理，总部应将处理方式及时告知各店铺。总部最好确定统一的淘汰日期，淘汰商品最好每个月固定集中处理，不要零零散散的处理。例如，可以规定每月的15日为淘汰日，所有柜台或店铺便在这一天把淘汰商品下架清理。

5. 做好淘汰记录

淘汰作业结束后应做好淘汰商品的记录工作，每月汇编成总表，整理成档案，以避免重新将滞销品引进。

第四节　品类管理与单品管理

一、品类管理

品类管理是现代零售商店商品管理的一个重要管理工具，它是零售商店与供应商充分合作，把所经营的商品分成不同品类，并把每一品类商品作为商店经营的基本战略单位进行管理的一系列相关活动，它通过强调向消费者提供超值的产品和服务实现商店每一品类的最佳经营效果。

（一）品牌优化管理

品类管理首先涉及的是品牌优化管理，即每一品类的最佳品牌组合。零售商店通过对不同品类的品牌产品的绩效评估，重新设计品牌构成，为消费者提供最佳的品牌产品选择。品牌优化管理可以使商店的商品更加迎合消费者的需要，增加消费者购买意向；而且由于商店对品牌的关注，更容易获得供应商的支持；同时，也可以更有效地利用货架、资金等资源，降低库存成本，减少脱销现象，使商品的供应及时、有序。

作为商店经营者，一定要避免进入这样一个误区，认为销售的品牌规模越大，销售量也就越高，以为每增加一个规格，销量会自动累加。如果不实行品牌优化管理，每一个单品所占用的资源都是一样的，如库存、财务、运输、货架、采购……这无疑将导致销售业绩的不稳定，绩效好的商品得不到有效的资源支持，有限的资源被低效的品牌占用，经营效益自然随之下降。因此，品牌优化管理要着眼于整个品类而不是某些品种或某几个品牌。其步骤如下：

1. 界定品类界限

首先将商店的所有经营的商品划分不同品类，将商品按商品线来进行分类，如护肤品、护发品等，这些产品线下又分出很多不同的项目，如此分类有助于对不同品类的数量、资金、货架比例做出分析及合理的安排。

界定各品类在店内的不同角色。目标性角色：指能代表店方特色和形象、销售业绩最好的品类，最能满足消费者需要，即通常所说的 A 类。一般性角色：次重要的品类，能满足消费者的大部分需求，即通常所说的 B 类。季节性/偶然性角色：随时间、季节变化而变化，补充商品的品类结构，即通常所说的 C 类。

2. 产品细分

对每一品类的商品再按商品特性进行细分类，也可以尝试按顾客能接受的方法分类，如将洗发水分成高档、中档、低档，这样有利于评估各个品牌在其细分的小类中的表现，而各小组在洗发水这一品类中的表现也容易评估了。

3. 业绩评估

评估一个产品、品牌、品类及一个供应商的相对表现，是通过营业额及销售量的计算来进行的。如一种洗发水的营业量是 5 瓶/月，整个洗发水的销售量 500 瓶，则这种洗发水的量份额就是 1/100；如果这种产品的销售额是 100 元，而一个月整个品类的销售额 10000 元，则整个产品的额份额就是 1/100。同样，如果有足够的资源，对品牌及供应商也能将各自的量份额及额份额进行评估。

4. 品牌优化

对评估出来的每一个品牌及其具体的商品进行分析，表现优良的品牌及其商品重点维护；表现一般的品牌及其商品暂时予以保留，但可以通过各种方式，如调整价格、陈列、促销等方式促进销售；表现较差的品牌及其商品应及时予以淘汰，将资源让给表现优良的品牌或补充新的有潜力的品牌产品。

（二）货架优化管理

品类管理涉及的第二个问题就是货架优化管理。一方面，由于场地租金等的不断增加，使零售商店的经营成本不断上升，货架空间变得更加昂贵而且短缺；另一方面，据研究表明，在零售商店经营的全部商品中，20% 品种商品可实现80%的销售额，而剩下的80%品种的商品只能实现20%的销售额，这就是通常所说的“20/80原则”。实施货架优化管理可以降低缺货几率，减少补货次数，从而降低人力成本，创造最大的投资回报率和货架效率。而且，最佳的货架留给最畅销的产品，还会给企业带来其他好处，可以使管理者易于分析，易于陈列符合市场需求趋势的产品；使消费者轻松有效率地购物；可以改善订货、补货、存货系统。

在传统的货架摆放上，一般要么凭空估计，要么随机摆放，要么按与供应商的关系亲疏来陈列。结果，导致货架分配不当及缺货损失，库存增加，资金占用，货架空间被浪费，且由于商品陈列凌乱不整，形象变差，以致消费者购物的欲望和效率降低。货架优化管理的基本原则是产品的货架面积比例的分配与市场上占有率相符。而现在，借助电子技术，企业可以科学地对商品销售进行准确预计，从而科学地分配货架比例。

二、单品管理

（一）实施单品管理的必要性

单品即是对所经营的商品进行划细分类，直至无法再划分为止。单品管理是相对于传统的对商品实行柜组管理和大中小类管理而言的，前面所述的品类管理尽管也是企业现代化商品管理的一个重要工具，但它毕竟着眼于营销的角度，而信息时代要求的是全方位管理的变革，某一新技术实施只能作为变革的一部分。随着消费者需求的个性化，管理者决策对信息要求的不断深入，商品管理仅仅细到大中小类管理还不够，必须掌握每一个具体商品品项的全程流动状况，于是，单品管理便出现了。

单品管理是零售商根据企业的营销目标，对单品的配置、采购、销售、物流管理、财务管理、信息管理等活动实施统一管理，既管理单品的数量又管理单品的金额，既管理单品的进销价格又管理单品的流通成本。单品管理是一种现代化管理，零售商店经营的商品有成千上万种，传统的人工管理是无法细到每一项单品的。过去，零售商店对商品管理往往是按大中小类进行管理，只有到了计算机技术广泛应用于商业的信息时代，人们才有可能对所有成千上万的商品统一实施单独管理。所以，实行单品管理必须导入计算机信息管理POS系统，其最重要的功能是实时采集各种商品的销售信息，其优点是：控制存货，指导采购，提高效率，减少差错，普及条码。

单品管理是零售商店适应崭新的外部环境及自身发展的要求所做出的必然选择。从外部环境看，零售商店所面临的环境今非昔比，随着市场竞争日趋激烈，消费需求日新月异，现代电子信息技术全面向零售领域渗透，零售商店为了适应外部环境的这种巨大变化必须从内部管理入手，向管理要效益，而商品管理是零售商店经营管理的重中之重，所以优化商品管理，实施单品管理便成为零售商店的必然选择。从零售商店自身发展来看，现代零售商为了适应经济发展的要求，正向着集团化及连锁化方向发展，企业管理方法、手段日益科学化，这种变化也要求零售商实施单品管理。

零售商实施单品管理，可以使管理人员准确、全面、适时地把握每一单品卖场销售业绩的细节，为科学决策提供支持；可以根据适时、准确的卖场销售信息调整单品结构和商品配置表；对销售业绩排名位于前列的单品实施重点管理；预测商品销售变化趋势，及早组织货源，开发和采购对顾客有价值的商品，同时降低商品脱销风险；并根据单品物流成本信息，优化物流作业，降低单品的物流成本。

（二）实施单品管理的程序

1. 商品信息整理。一些信息如品牌、型号、包装容量、生产日期、购进日期、保质期、产地等唯一区分各单品的项目，这些项目内容自商品采购时就能准确地确定，是不变或变化很少的信息，管理这些信息的关键是要将这些信息项目准确地分类，确保一致性和可比性；还有一类信息是可变的，这就是成本信息，包括单品自购进至今所花的运输成本、仓储成本、装卸成本、包装成本、加工成本、残损退货成本等。这些成本信息必须准确地分摊给各个相关单品，这是单品管理的关键。

2. 编制单品代码。是根据一个单品一个编码的原则给单品编码，确保以单品代码的唯一性实现单品的唯一性。代码只要做到唯一性就达到了主要目标。

3. 建立商品数据库。包括顾客交款时前台 POS 系统扫描录入的单品数据的原始数据库；以及用来核算所有单品成本的单品成本数据库。前台销售数据库的更新由每日进行交易时收银员通过条码扫描仪将交易信息即单品数据录入到 POS 系统数据库中，将这些数据进行统计、汇总、生成所需的各种报表等。单品成本数据库的更新比较麻烦，它要求将每批商品的每种活动成本都分摊到每个单品中，这里，成本的分摊是根据实际发生的成本进行分摊，而不是平均分摊。每日用分摊的成本数据更新成本数据库，就可以为决策提供非常有用的数据。

4. 单品销售业绩排队。主要有单品获利大小排队和销售量排队。单品销售量排队很简单，这是目前大多数企业正在进行的工作，即统计每日每单品的销售量。销售量的大小是非常重要的信息，进行单品管理不能缺少这一指标，但只衡量这一指标显然缺乏全面性，因为某个单品卖得好，并不一定获利高，也可能成本较大，因此还必须对单品获利大小排队，即将每个单品的销售额扣除物流成本和进价后的余额。对上述两个排队进行比较，可以发现一些规律。

5. 实施重点管理。单品管理的目标之一就是发现重点单品，对其进行重点管理。那些获利大且销售量大的单品才是真正的重点，应实施重点采购、重点销售、重点控制其物流成本。当然，有些单品获利小但销售量大，也应作为管理的重点，对既不获利又卖不动的单品，应及时处理。

最后，上述程序应不断地执行，并形成相应的制度和措施，实施起来才更有效，尤其重要的是电脑软件不要在单品管理上留有盲点。需要说明的是，单品管理与品类管理都是现代零售商的重要商品管理方法，都有各自的优势领域。单品管理的强化，并不意味它能完全替代品类管理，可以放松和削弱品类管理，单品管理与品类管理应相互促进、相互补充，提高商品管理的总体效益。

附表

表 2－5　　便利店新产品开发引进评估表

品名：　　　　货号：　　　　厂商：

项目							得分
毛利率	酒类：		一般商品类：		特殊商品类：		得分：
	8%以下	1分	15%以下	1分	20%以下	1分	
	8%～10%	2分	16%～20%	2分	20%～25%	2分	
	11%～15%	3分	21%～25%	3分	26%～30%	3分	
	15%以上	4分	25%以上	4分	31%以上	4分	
配送	自行配送				1分		得分：
	部分配送				2分		
	指定配送（协助厂商）				3分		
	直接配送（统仓）				4分		
退货	不可退货				1分		得分：
	有限退换货				2分		
	可换货				3分		
	可退货				4分		
市场竞争力	超市差价幅度：		一般商店差价幅度：		便利店差价幅度：		得分：
	－10%以下	1分	－5%以下	1分	－5%以下	1分	
	－9%～0	2分	－5%～0	2分	－5%～0	2分	
	1%～5%	3分	1%～10%	3分	1%～10%	3分	
	5%以上	4分	10%以上	4分	10%以上	4分	

续 表

广告	媒体： 宣传单 1分 广播 2分 报纸 3分 电视 4分	预算： 10万元以下 1分 11万~50万元 2分 51万~100万元 3分 100万元以上 4分	时间： 不定 1分 1~2周 2分 3~4周 3分 5周以上 4分	得分：
赞助能力	年度销售折扣： 1%~2% 1分 2%~3% 2分 3%~4% 3分 5%以上 4分	上架费： 1000元以下 1分 1001~5000元 2分 5001~10000元 3分 10000元以上 4分	其他赞助金： 1000元以下 1分 1001~5000元 2分 5001~10000元 3分 10000元以上 4分	得分：
总分	分			
说明：1.30分以下，不考虑进货 2.30分以上，同意进货试卖				

案例及分析

案例1

G4M——个性化定位商品分类

G4M（Gifts four Men）是一家新西兰礼品商店，专门经营男士礼品。它的独特之处就在于它的商品并不是按照传统的类别来分类，而是按照人的个性化需求进行分类。G4M将男士按照性格分成六种类型，店铺里众多的商品种类的选择、店内整体设计以及商品布局都是基于这六种男士类型。

以下是G4M精心设计的六种男士类型：

Action Man：积极，做事大胆尝试，全力以赴；身体健康，精力充沛；充满自信，与人友善，乐于助人，社交场合中的焦点人物。

Team Guy：喜欢运动，尤其是户外运动；具备团队精神，是值得信赖的人。

Style Merchant：具有和他的时尚外形很搭配的悠闲的自信；知道自己想要什么，应该做什么；成熟但是具有部分童心——使生意充满乐趣。

King of the Castle：家庭至上者；喜欢在家里或车库做各种修理工作；幽默，随和；喜欢和家人、朋友在一起。

The Lone Ranger：具有丰富想象力的思想者和战略家，具备解决问题和面对创造性挑战的耐心。

League of His Own：独特的，反传统的，难以琢磨的，想法与众不同。

G4M商店不仅按上述六种男士类型来规划选择自己经营的商品，而且店内设计也参照这种分类，六张代表六种男士类型的头像成为了商店设计的主体，在店内随处可见，作为指示牌和广告牌。如果顾客在浏览了店里的商品后，仍然无法确定购买何种商品作为礼物的话，G4M还可以为顾客提供一种选择——礼品购物券。这个购物券的特别之处在于它是木质的，漂亮的本身可以作为礼物，一般有 $ 50、$ 100、$ 250等多种选择。就连礼品箱也是个性化设计，分为好几种样式。

G4M还开设了网上商店，顾客可以在网上商店中搜索、挑选和购买商品。这个网上商店为顾客提供了多种解决方案，顾客只要说明礼品接受人的年龄范围、性格类型、礼品赠送的特定场合以及购买礼品的预算，G4M 就可以提供出详细的解决方案供选择。

（资料来源：中国连锁经营协会，《零售创新案例》，中国商业出版社，2005 年，第 109 页）

案例思考题

1. G4M 的商品分类有什么特点？
2. 这种分类形成了什么样的经营特色？如何反映该商店的经营理念？

案 例 2

三家商店商品构成特点的比较

下面表格中提供的资料是美国某城市三家商店自行车商品构成情况：

表 2－6　　美国某城市三家商店自行车商品结构比较

自行车种类	自行车商店	玩具反斗城	沃尔玛
便车	Trek Ross Mongoose Bridgestone Specially built （27SKUs，$195～$4000）		Murray （2SKUs，$93）
多用车	Trek Ross Mongoose Bridgestone Specially built （29SKUs，$190～$1079）	Murray Huffy Roadmaster Nice （9SKUs，$88～$130）	Murray Huffy （10SKUs，$96～$130）
山地车	Trek Ross Mongoose Bridgestone Specially built （77SKUs，$130～$3080）	Murray Huffy Roadmaster Pacific Rand Trendy Dynacraft Range Union （26SKUs，$88～$200）	Murray Huffy Roadmaster （9SKUs，$96～$150）

续 表

自行车种类	自行车商店	玩具反斗城	沃尔玛
童车	Ross Mongoose Jazz Specially built (36SKUs,$57 ~ $320)	Murray Huffy Roadmaster Pacific Rand Trendy Dynacraft Range Union Rallye Paragon Kent (38SKUs,$53 ~ $160)	Murray Huffy Roadmaster (7SKUs,$90 ~ $100)

（资料来源：迈克尔·利维，巴顿 A. 韦茨，《零售学精要》，郭武文等译，机械工业出版社，2000 年，第 14 页）

案例思考题

1. 试根据表中资料分析三家商店在规划经营自行车这一品类上各有什么特点。

2. 从资料中分析三家商店分别满足哪些顾客的需要？

本章思考题

1. 商品分类的标准有哪些？国内零售商店一般将经营商品划分哪几个层次？

2. 商品组合配置策略各有什么优缺点？商品群的创造有哪些方式？

3. 零售商店确定商品经营范围需要考虑哪些因素？调整的依据是什么？

4. 如何进行新产品开发？新商品引入程序和滞销商品淘汰程序有哪些步骤？

5. 零售商店的品类管理和单品管理的基本理念是什么？

第三章 卖场设计与商品陈列

本 章 提 要

为了吸引尽可能多的顾客光临，让顾客尽可能多逗留一些时间，并产生尽可能多的冲动性购买，零售商店需要研究顾客的购买心理，了解顾客的喜好，恰当地安排商品所处的位置和空间多少，分析不同商品的陈列方式，甚至连通道的宽窄、颜色的搭配、灯光的明暗、音乐的大小、气味的类型……方方面面都要仔细考虑到，也许一个细节的疏忽就会使所有努力前功尽弃。本章主要介绍：卖场商品布局、卖场通道设计、卖场氛围营造、商品陈列原则和陈列方式。

第一节 卖场商品布局

一、卖场总体布局

一个好的店面布局需要考虑许多因素，首先，由于店面有限，寸土寸金，零售商店要考虑如何放置更多的商品但又要让顾客不感觉拥挤，便于购买。过于拥挤的店面常常让顾客心烦意乱，不愿久留，形成不好印象，而过分宽敞又造成商场空间的浪费，降低单位面积的营业绩效；其次，零售商店需要考虑货架摆放与通道设计富于变化，激起顾客购物兴趣，尽量引导顾客逛完整个商场，增加其冲动性购买；最后，零售商还要考虑一些细节问题，如理货员如何进行补货、购物手推车的摆放、商店安全管理、残疾人的特殊需求等。

目前，店面布局主要有三种类型：格子式布局、岛屿式布局、自由流动式布局。

（一）格子式布局

格子式布局是商品陈列货架与顾客通道都呈长方形状分段安排，而且主通道与副通道宽度各保持一致，所有货架相互成并行或直角排列（见图 3－1）。超级市场一般采用这种卖场布局类型。当购物者在走道上推着购物车，转个弯就可以到达另一条平行的走道上，这直直的走道和 90 度的转弯，可以使顾客依同一方向和一系列商品有秩序地移动下去，犹如城市的车辆依道而行一样。

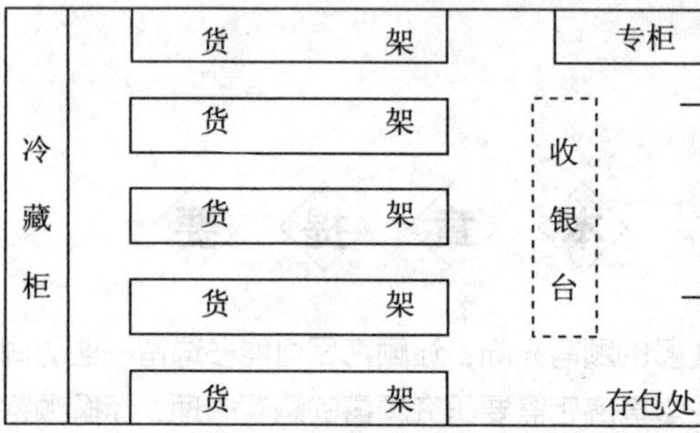

图 3－1　格子式布局基本形式

1. 格子式布局的优点：

①创造一个严肃而有效率的气氛；

②走道依据客流量需要而设计，可充分利用销售空间；

③由于商品货架的规范化安置，顾客可轻易识别商品类别及分布特点，便于选购；

④易于采用标准化货架，可节省成本；

⑤有利于营业员与顾客的愉快合作，简化商品管理及安全保卫工作。

2. 格子式布局的缺点：

①商场气氛比较冷淡、单调；

②当较拥挤时，易使顾客产生被催促的不良感觉；

③室内装修方面创造力有限。

（二）岛屿式布局

岛屿式布局是在营业场所中间布置成各不相连的岛屿形式，在岛屿中间设置货架陈列商品（见图 3－2）。这种形式一般用于百货商店或专卖店。

现在国内的百货商店正在不断改革经营手法，许多商场引入各种品牌的专卖店，形成“店中店”形式，于是，岛屿式布局被改造成专业店布局形式内正被广泛使用着，这种布局是符合现代顾客要求的。专业商店布局可以按顾客

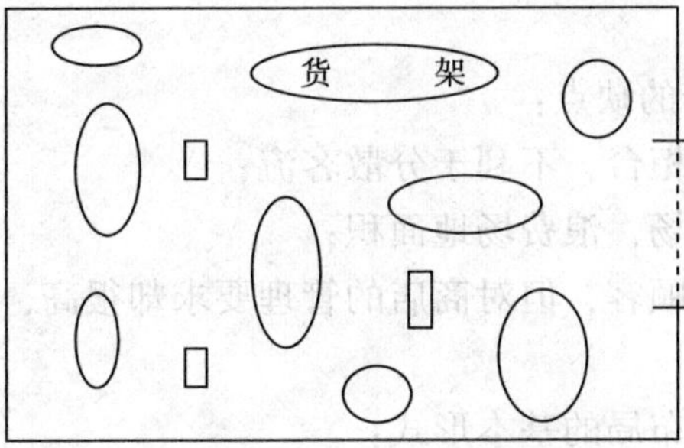

图 3－2　岛屿式布局基本形式

"一次性购买钟爱的品牌商品"的心理设置。例如，在顾客买某一品牌的皮革、西装和领带时，以前需要走几个柜台，现在采用专业商店式布局，则在一个部门即可买齐。

1. 岛屿式布局的优点：

①布局富有创意，采取不同形状的岛屿设计，可以装饰和美化营业场所；

②商场气氛活跃，使消费者增加购物的兴趣，并延长逗留时间；

③容易引起顾客冲动性购买；

④满足消费者对某一品牌商品的全方位需求，对品牌供应商具有较强的吸引力。

2. 岛屿式布局的缺点：

①布局过于变化会造成顾客迷失，顾客会因无耐心寻找而放弃一些计划内购物；

②不利于最大限度利用营业面积；

③现场用人较多，不便于柜组营业员的互相协作；

④货架不规范，此方面成本较高。

(三) 自由流动式布局

自由流动式布局是以方便顾客为出发点，它试图把商品既有变化又较有秩序地展示在顾客面前。自由流动式布局综合了上面两种布局的优点，根据商场具体地形和商品特点，有时采用格子形式，有时采用岛屿形式，是一种顾客通道呈不规则路线分布。

1. 自由流动式布局的优点：

①货位布局比较灵活多变，顾客可以随意穿行各个货架或柜台；

②卖场气氛较为融洽，可促使顾客的冲动性购买；

③便于顾客自由浏览，不会产生急切感，增加顾客的滞留时间和购物

机会。

2. 自由流动式布局的缺点：

①顾客拥挤在某一柜台，不利于分散客流；

②不能充分利用卖场，浪费场地面积；

③这种布局方便了顾客，但对商店的管理要求却很高，尤其要注意商品安全的问题。

下面是自由流动式布局的基本形式：

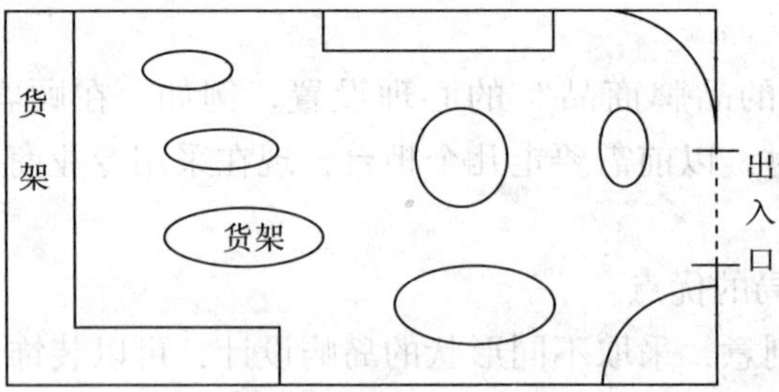

图 3－3　自由流动式布局形式

现在，许多大型零售商借助计算机软件进行店面设计，这方面的软件已经很多，零售商只需将现场测量的尺寸输入系统，立刻会得出商店地形图。然后用命令和鼠标来设计什么地方摆放什么样的货架和通道宽度，还可以将灯光的强弱、色彩的运用以及家具和橱窗陈列一起设计出来。它们甚至可以键入一些标志，显示电话插口和电线插座应放在哪里。电脑设计图还可以不断修改，直到满意为止。

二、商品空间分配

商品通常是消费者进入商店后最关心的。商品摆放位置如何，直接影响消费者的心理感受，对商品推销关系重大。如果店内商品杂乱无章，堆积如山，走道受阻，则这些店的生意多半清淡。仔细观察一下也会发现，许多商店所谓的死角无外乎是商品陈列无序，光线太暗的地方。所以商品布局必须讲究方便、新颖、别致、合理，使消费者感到清新舒适，便于寻找，并最大限度地发挥销售场所每一块地方的价值。

在进行商品具体的布局之前，我们先要探讨一下每一种类商品需要占据销售场地的多少空间。由于销售空间有限，对一种商品提供的销售空间多，就意味着对另一种商品提供的销售空间少。但是零售商不能平均地分配销售空间，必须根据每一种商品的销售能力和获利能力分配空间，才能最有效地利用整个销售空间。

目前，零售商店分配销售空间常用的方法有：销售生产率法、存货模型法和目标权衡法。

（一）销售生产率法

销售生产率法是零售商根据每单位商品的销售额或盈利分配销售空间。高盈利的商品种类获得较大空间，微利商品获得较小空间。公式如下：

$$\text{某商品或商品部的空间规模（平方米）}=\frac{\text{某商品或商品部的计划销售额（或盈利）}}{\text{每平方米预期的销售额（或盈利）}}$$

对于已经开业的商店来说，商店的商品或商品部的计划销售额（或盈利）来自于过去的销售记录和对未来因素的分析形成的，每平方米的预期销售额（或盈利）也来自经验。但对于新开业商店，商品部的计划销售额（或盈利）和每平方米的预期销售额（或盈利）要根据调查同行业的实际情况，以及行业的平均水平确定。

需要注意的是销售空间与销售额之间并非呈线性关系。当一个商品部的销售处于饱和状态时，即使再增加销售空间也不会提高销售额。例如，一家商店的男士服装部每平方米销售额高于鞋部，于是，商店决定削减鞋部的销售空间，扩大男士服装部的销售空间，希望能创造更多的销售额。但结果却是男士服装部的每平方米销售额下降了，鞋部的总销售额也下降了。

（二）存货模型法

存货模型法是零售商根据每个商品部需要陈列的商品数量和备售的商品数量决定销售空间规模。每个商品部先提供出本部门经营的商品种类、式样、颜色、品牌、价格范围等资料，再列出各种单品的备售存货，商店对此仔细评估，最后确定各商品部的销售空间大小。

零售商店采用这种方法的步骤是：

- 确定每一商品部的经营品种和存货数量；
- 确定每一商品部所经营商品的陈列方式和存货方式，并确定陈列和存货所需要的货架数量；
- 确定每一商品部销售的辅助场所，如试衣间、收银台等；
- 评估每一商品部需要的总的销售空间。

零售商店根据每个商品部逐一评估其所需要的总空间，如果加起来超过了商店总的营业面积，此时零售商店要仔细研究，修正每一商品部的经营商品和存货数量，减少一些花色品种，淘汰一些销路不好的商品，保留贡献大的商品。

（三）目标权衡法

商品空间分配要在实现销售额最大化、利润最大化和顾客满意最大化三个目标之间进行权衡。可以实现销售额最大化的商品，其利润率可能较低，但集中销售高利润商品会把重点放在顾客不很关心的商品上面，从而降低他们的满意程度。图 3－4 是根据商品的高利润和高销售额指标提供的空间分配参考方案。

商品利润率（高→低） \ 销售额（低→高）	低	高
高	高利润商品： 限制空间，但为了刺激销量分配质量最好的空间	明星商品： 分配大量优质空间
低	低利润低销售商品： 考虑全部撤换	大客流商品： 分配大量一般空间，用来吸引客流

图 3－4　空间分配参考方案

三、商品布局的依据

（一）考虑商品本身特性

商品根据其性质、特点可以分成三大类：方便商品、选购商品、特殊商品。顾客购买方便商品时，大多希望方便快捷地成交，而不愿意花长时间进行比较挑选，故这类商品宜放在最明显、最易速购的位置，如商店前端、入口处、收款机旁等，便利顾客购买以及达到促销目的。顾客购买选购商品时，大多希望获得更多的选择机会，以便对其质量、功能、样式、色彩、价格等方面进行详细比较，因而，这些商品应相对集中摆放在商店宽敞或走道宽度较大、光线较强的地方，以便消费者在从容的观察中产生购买欲望。顾客购买特殊商品时，往往经过了周密考虑，甚至确定购买计划才采取购买行为，因而这些商品可以放置在店内最远的、环境比较优雅、客流量较少的地方，设立专门出售点，以显示商品的高雅、名贵和特殊，满足消费者的心理需要。

商品之间的连带性对商品货位地点有一定的要求。顾客到某一商店购物，有时候购买多种相关商品，或临时产生冲动性购买，这就要求零售商店在货位布局时考虑商品的连带性。例如家庭主妇购买服装时，会想到购买鞋子和围巾等。商品在消费方面的某种连带性，要求零售商店对有关商品的货位互相邻近衔接，最大限度地方便顾客购买。

（二）考虑顾客购物行走特点

要合理地分布商品，还应该研究分析顾客在商场内行走的特点。一般来说，顾客进门的走动有以下习惯：不愿走到店内的角落里，不喜欢曲折弯路，不愿走回头路，有出口马上要出去，不愿到光线幽暗的地区。因此，零售商店（尤其是超级市场）应该设计多条长通道，避免设捷径通往收款处和出口，这样可以吸引更多顾客走完主干道后，能转入各个支道，把店内浏览一遍，产生一些冲动性购买。另外，大多数人习惯用右手，喜欢拿取右边的东西，因此，商店一般都将利润高的商品陈列在右边；顾客也有先向卖场的两边走动的习惯，因此两边的商品宜特别讲究。顾客逛商店多是自觉或不自觉地沿着逆时针方向行走，因此，一些购买频率较高的商品可以摆在逆时针方向的入口处，而一些挑选性强的商品则可以摆放在离此较远处。

此外，商店中商品位置应按顾客购买商品的正常心理趋向做出规划。这样不仅可方便顾客购买，还可刺激顾客消费冲动，引导有利于商家的消费心理。例如，超级市场可以按如下顺序进行商品布局：蔬菜、水果——畜产、水产——冷冻食品——调味品——糖果、饼干——饮料——面包、牛奶、日用杂品。因为，通常家家户户消费总是从“食”开始，因此超级市场倾向于以“菜篮子”为线索来沟通全店的商品位置陈列。

（三）考虑商品盈利程度

一些商店，在进行商品布局时，事先对商品的盈利程度进行了分析，然后将获利较高的商品摆放在商店最好的位置上，以促其销售，而将获利较低的商品摆放在较次的位置。通常，商店的前端和入口处是顾客流动量最频繁的地区，因而，也成为商店摆放获利高的商品的最佳地点。不过，有时也有例外，例如，为了扶持有潜力的未来明星商品，商店也会考虑将这些商品放置于最好的地点；还有一些商店将新产品放置在最佳位置，以便引起顾客注意；还有些商店为让顾客形成良好的第一印象而将外表美观的商品放置入口处。

（四）考虑配合其他促销策略

有些商店在研究商品布局时还注意与其他促销策略结合起来。例如，香港的百佳超级市场每周都推出一系列特价商品，他们通常将最吸引人的特价货放置在入口处特设的第一组陈列架上，其余的特价货则分散陈列在店内各处，务求使顾客走完商场一周，才能全部看到推出的特价商品。同时，他们还注意在入口处陈列各种新鲜、干净、整齐的水果蔬菜，加之购物车，灯火通明，甚至还设烤面包的柜台，通过这些色、香、味的引诱，促使消费者流连忘返、争相购买。

（五）考虑商店的位置优劣

商店内不同的位置由于吸引顾客量不同而具有不同的价值。商店里最好的位置取决于楼层、楼层内的安排和与交通要道、入口、电梯等的相对位置。一般而言，在多楼层的商店里，同一楼层最好的地方是那些最靠近商店的入口、主要通道、自动扶梯和电梯的位置，距离出口处的位置越远，这块地方的价值就越低。每一个楼层的价值也大不一样，随着楼层上升，楼层价值会因顾客减少而下降。如果商店的营业场所是租来的，那么每层的租金是不同的。高租金的楼层实际上意味着能够创造较高的营业额，因而更具有价值。

有些学者用磁石理论来解释位置的优劣。所谓磁石，顾名思义，即卖场中最能吸引顾客眼光，最能引起购买冲动的地方，而要发挥这些磁石的作用，必须依靠一些布局技巧来完成。在商品布局中运用磁石效应，具体而言就是在卖场中最优越的位置陈设最合适的商品促进销售，并且以此引导顾客顺畅地逛遍整个卖场，达到增加顾客随机消费和冲动性购买的目的。

以超级市场为例，一般磁石点可分为四个：

1. 第一磁石点位于商店中主通道的两侧

这是顾客必经之地，也是商品销售最主要的部分，此处应布局的是主力商品，超级市场可布置购买量最多、购买频率最高的商品，这类商品大多数是消费者随时需要，又时常购买的，如蔬菜肉类、日用品等都应放于主通道两侧。

2. 第二磁石点位于主通道顶端，通常处于商店最里面的位置

第二磁石点陈设的应是能诱导顾客走人商店最里面的商品，一般应配置最新的商品，因为消费者总是不断追求新产品，把新的商品布局在第二磁石点，就可以把顾客吸引到卖场最里面；其次可以配置部分季节性商品，利用商品的季节性差价形成对顾客的吸引；另外，配置一些华丽明亮的流行和时髦商品还可以弥补第二磁石点位置偏暗的缺点。

3. 第三磁石点指商店陈列架两端的位置或出入口处

端架和出入口处（包括店内楼梯口）是卖场中顾客接触频率最高的地方。因此布局在第三磁石点的商品，就是要刺激顾客，留住顾客，所以可布局下列商品：特价商品、高利润商品、季节性商品和购买频率高的商品等。

4. 第四磁石点通常指商店中副通道的两侧

这是个需要让顾客在长长的陈列中引起注意的位置，因此在商品布局上必须突出品种繁多，以单品规划为主，即以商品的单个类别、品种来布局。为了使这些商品引起顾客的注意，应下工夫在商品陈列技巧和促销方法上对顾客做刻意的表达诉求。

货位布局确定下来后，并不是一层不变的，商店还应根据市场情况和季节变化、经营规模和经营方向的变动等主客观条件，适当加以调整。目前，国外有些商店为了检查自己商店的货位布局是否理想，专门研究了一套“动线调查法”。所谓动线就是顾客从门外进店四处浏览购货或走进之后兜一圈又走出去的流动路线。商店先绘好一张店内配置图，仔细观察每一位顾客的行走路线，再绘成动线，最后将大量顾客的动线画在一起，可显示哪些部位是顾客经常走到的地方，哪些部位是很少走到的死角。面对死角的成因进行分析，是商品配置不当？或是通道设置不良？或是照明不佳等，然后，根据分析原因加以调整，即可改变现状。

第二节　卖场通道设计

一、出入口设置

卖场通道设计的第一关是出入口设计，其设计的好坏是决定商店客流量的重要因素。设计合理的出入口是推动顾客由入口有序流向出口的动力泵，在消费流的自然循环中可使每位进店的顾客有序地浏览整个卖场，不留死角。商店出入口设计应考虑商店规模、客流量大小、经营商品的特点、所处地理位置及安全管理等因素，既要便于顾客出入，又要便于商店管理。一般大型商店的出入口可以设置在中央，小型商店的进出位置设置在中央可能会影响店内实际使用面积和顾客的自由流通，因而很多小店的出入口，不是设在左侧就是右侧。至于商场出入口的具体设计，这里介绍常见的几种类型。

（一）封闭型（A型）

入口尽可能小些，面向大街的一面，要用陈列橱窗或有色玻璃遮蔽起来。顾客在陈列橱窗前大致品评之后，进入商店内部，可以安静地挑选商品。在以经营宝石，金银器等商品为主的高级品商店，因为不能随便把顾客引进店内，又要顾客安静，愉快地选购商品，所以这种类型是很适用的。这些商店大都店面装饰豪华，橱窗陈列讲究，从店面入口即可给顾客留下深刻印象，又可使到这里买东西的顾客具有与一般大众不同的优越感。

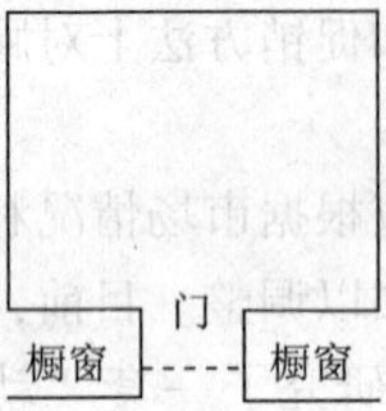

图 3 – 5　A 型

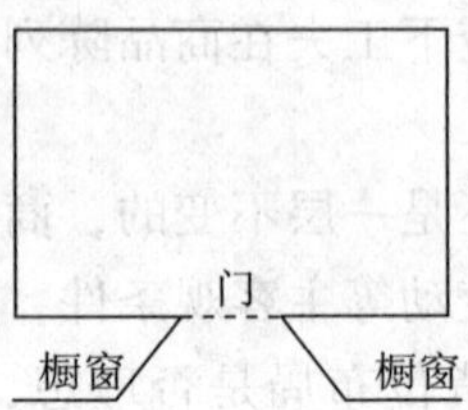

图 3 – 6　B 型

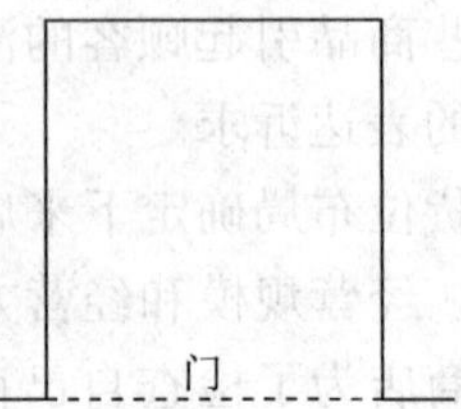

图 3 – 7　C 型

（二）半开型（B 型）

入口稍微小一些，从大街上一眼就能看清商店内部。倾斜配置橱窗，使橱窗对顾客具有吸引力，尽可能无阻碍地把顾客诱引到店内。在经营化妆品、服装、装饰品等中高级品商店，这种类型比较适合。

（三）全开型（C 型）

这是把商店面向马路的一边尽可能开放的类型，使顾客从街上很容易看到商店内部和商品。顾客出入商店没有任何阻碍，可以自由地出入。出售食品、日用品的超级市场或专卖店，因为是经营大众化的消费品商店，所以很多都采用这种类型。

（四）出入分开型

即指出口和入口通道分开设置，一边是进口，顾客进来之后，必须走完全商场才能到出口处结算，这种设置对顾客不是很方便，但对商家管理却是非常有利，有效地阻止了商品偷窃事件发生。这种出入设置往往适用于经营大众化商品的商店。

在设计商店的进出口时，要注意：如果是出入口合一的门口，要保持宽敞、通畅，以减少拥挤和堵塞，避免进出商店的顾客相互干扰。如果是出入口分道的门口，则应注意店内通道的走向一定要明确，不要因通道的误导，使顾客形成回流现象。

目前，商务部市场建设司下发了《超市购物环境标准》，于 2006 年 10 月正式实施。该标准对超市出入口设计提出了基本要求。入口处的基本要求是：企业标识应统一、明显、清晰、整洁；营业时间应指示清楚，表达方式一致；入口处设有台阶的，坡度应缓和，并设有残疾人的坡道。雨雪天气，出入口应有防滑提示标志；顾客入口应与商品进口区分，营业面积小于 200 平方米的折扣店和便利店除外。出口处的基本要求是：出口处应有明显的提示标志；出口与入口应有区分，并便于人员的疏散；出入口在晚间营业期间应有足够的照明度。

二、场内通道设计

场内通道设计应符合以下要求：

1. 充分利用商场空间，合理组织顾客流动与商品配置。卖场内通道设计必须最大限度地利用空间资源陈列商品，但这并不意味着通道设计愈窄愈好，而是应该适当，方便顾客的流动。过宽的通道设计不仅是一种资源的浪费，也容易造成卖场空荡荡感觉，淡化了购物气氛。

2. 顾客从入口进入在商场内步行一圈后离店之前必须通过收银台。有多个出口的商店，出口之前应考虑设置收银台，当顾客选定商品后，必须经过收银台才能步入出口。

3. 避免出现顾客只能止步往回折的死角。通道设计不要出现折回的死角，让顾客重复经过某些货架，而应自然流动到下一个货架。事实上，通道的拐弯也要尽可能少，通道内不能陈设、摆放一些与陈列商品或特别促销无关的器具或设备，以免阻断卖场的通道，损害购物环境，要充分考虑顾客走动的舒适性和宽松感。

4. 尽可能自然地拉长顾客的回游时间、在商场内滞留时间，以创造销售机会。拉长顾客的逗留时间应该在设计上不着痕迹，而不是强行滞留。一些商店将进出口分开设置，顾客一旦进入，必须走完全场才能到达出口，容易招致顾客的反感。店内通道设计得过分像迷宫也不妥当，顾客移动路线过分混乱，且不断重复，也会让顾客厌烦。

5. 主副通道的宽度要适宜，方便顾客通行。大中型商店主通道的宽度一般在 2 米以上，副通道在 1. 2 ~ 1. 5 米，最窄的通道也不能小于 0. 9 米，因为这是两个人并行或逆向非侧身避让相遇时的最小宽度。结算台前的通道应适当宽一些，一般在 2 米以上。因为这里集中了大量购物袋和购物车，最容易形成排队拥挤的情况，因而也最容易成为使顾客产生厌购心理的区域。

6. 尽量避免与商品配置流动线交叉。任何类型的商店，都应极力避免顾客与店员的动线交叉。如果在顾客前搬运东西，或在顾客中左右穿梭，都会降低顾客的购买欲望。

7. 主副通道要有层次感，能引导顾客的流动方向。主副通道要错落有致，把不同商品的陈列在空间感受上加以显著区别。一般商店的主力商品尽量放在主通道，而连带商品和辅助商品安排在副通道，但也要考虑整体商品布局。为了消除商场死角，一些商场也将特价品或畅销品摆放在最里面或副通道上。

三、卖场与后场衔接

卖场与后场衔接的重点在于如何合理、经济地解决后场与卖场连接的补给线路。在设计中应注意以下方面：

1. 尽量减小后场的面积，以扩大营业面积。
2. 后场尽量设置于较为偏僻的地方，以充分提高场所的利用效果。
3. 从后场到卖场的商品补给线路要选择最短的距离。
4. 前后场连接处要有隔离感，提醒顾客留步，但也不能完全封锁。

第三节 卖场氛围营造

一、卖场氛围的重要性及构成要素

营造良好的卖场氛围，主要指商店管理者通过有效的环境规划、商品陈列等手段在视觉信息传播、照明、颜色、音乐和气味等方面渲染卖场气氛，达到引起顾客感性和情感反应，刺激顾客的购物欲望，并最终促成顾客购买，实现整体销售迅速提升的目的。

（一）良好的卖场氛围可以吸引顾客经常光顾商店，提高客流量。早在20世纪20年代，就有人提出了“AIDA”效果模式，即注意（Attention）、兴趣（Interest）、愿望（Desire）和行动（Action）。这表明，注意是兴趣的前提，而兴趣往往导致某种愿望和行动。在此，可以把购物氛围看作是一种诱因，它能够通过一系列心理反应，促使顾客产生购买动机，无论顾客是否真的购买了商品或享受了服务，这种影响都会给顾客留下深刻的印象，加深他们的记忆，使他们日后很容易识别该商品和品牌，或是在一定程度上形成品牌形象和品牌联想。

（二）良好的卖场氛围可以保持顾客愉快的心情，在商店逗留更多的时间。一般而言，大多数顾客的购物决策，很少是深思熟虑的思考。这些决策，我们称之为低介入或低涉入决策，情感和情绪在顾客低介入决策过程中起着非常重要的作用。而好的卖场氛围能够即时影响顾客的购买情绪，使顾客流连忘返，心甘情愿地产生冲动性购买，并留下深刻印象。一些咨询公司在研究顾客购物行为中发现，顾客的冲动性购物行为总体上有不断增加的趋势，这主要归因于消费者特性和商店环境的持续改善。双职工家庭面临时间上的压力，交通的便捷和休闲计划使他们的购物越来越缺乏事先的安排；可随意支配收入的增加，也促使他们无需事先安排购物计划；自助服务的盛行、商品品类的丰富以及卖场促销活动的增加也促使顾客更多地在店中直接决定购买。上述种种现象也解释了当今商店管理者越来越重视卖场生动化管理的原因。

（三）良好的卖场氛围可以刺激顾客的冲动性购买，提高客单价。连锁门店购物氛围在许多方面会对顾客的购物行为产生影响，包括整个商店的外观设计、卖场内部的灯光与气味、POP 广告的安排、商品布局、产品组合及其展示方式等。在每一个层面上，管理者的任何决定都会对顾客在店内的直接消费行为和他们的长期惠顾产生影响。据统计，超市顾客购物中，30% 左右的商品是有计划购买，70% 的商品则是冲动性购买。所谓冲动性购物是指一个顾客突然间产生的一种强烈的、持续的立即购买某物的渴望。尽管顾客在商店以外的环境有时也能产生冲动性购物的渴望，但他们绝大多数冲动性购物发生在店内，是受商店氛围的影响而产生的。零售商店购物氛围的营造其目的就是要尽可能地增加顾客的冲动性购买，而要做到这一点，商店管理者必须适应顾客特点随时改进卖场设计即进行卖场生动化管理。

（四）良好的卖场氛围可以塑造区别于竞争对手的独特的商店形象。卖场生动化是连锁门店赢得顾客和竞争优势的一个重要方面，当管理者感到在商品、价格、促销、服务和地理位置方面很难获得差别优势时，商店本身提供了一个制造差别的丰富机会。

（五）良好的卖场氛围可以使零售商店在“体验经济”赢得竞争优势。今天的消费者已经拥有了多重购物选择，他们可以通过商品目录和观看电视进行商品选择并购物，可以通过互联网模拟感觉电子化的商品在家中购物。因此，商店必须设计令人兴奋的商店气氛，使消费者有兴趣走出家门去商店购物，感受一种坐在家中无法经历的购物体验。这一点，在今天所谓的“体验经济”时代显得尤为重要。有人认为，零售业下一个竞争阶段将进入体验竞争阶段，顾客购物不仅能获得商品、服务、信息等实用性价值，还将要求获得一种体验价值，而这种价值的创造正是通过卖场生动化来实现的。

从消费者角度考察，卖场氛围主要有外部环境和内部环境两大因素组成（见图 3－8）。外部环境包括：商店招牌、入口、装饰、橱窗、能见度、建筑风格、建筑规模、宣传海报、停车场、拥挤度、卫生状况、周围设施等；内部环境包括：地面、颜色、照明、温度、气味、声音、清洁、POP 广告、电梯、员工精神状态、顾客数量、商品布局、通道设计、商品丰富度、陈列方式等。

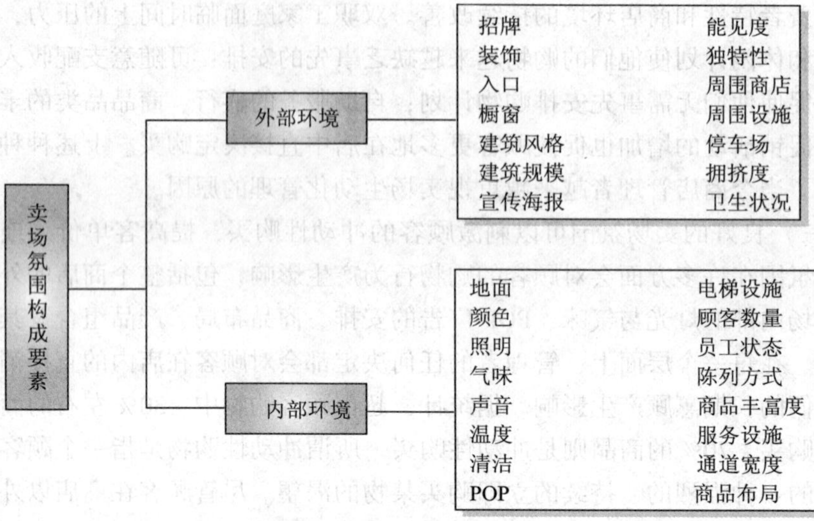

图3－8　卖场氛围的构成要素

下面，主要介绍一下商店内部氛围的四个基本要素：灯光、音乐、气味和色彩。

二、基本要素的设计

（一）色彩暗示

色彩在现代商业中起着传达信息、烘托气氛的作用。通过色彩设计可以创造一个亲切、和谐、鲜明、舒适的购物环境。在商店内部环境设计中，色彩可以用于创造特定的气氛，它既可以帮助顾客认识商店形象，也能使顾客产生良好的记忆和深刻的心理感觉。不同的环境色彩能引起顾客产生不同的联想和不同的心理感受，激发人们潜在的消费欲望，同时还可以使顾客产生即时的视觉震撼。

人们对色彩的感觉来自于物理的、生理的、心理的几个方面。由于人们从火和太阳那里获取温暖，自然就形成了一种直觉的心理反应：红色给人以温暖的感觉。色彩的冷暖是最基本的心理感觉，暖色如赤、橙、茶、黄等；冷色如青、绿、紫等。暖色是前进的颜色，给人柔和、温暖的感觉，一般可作为点缀或局部主调；冷色是后退的颜色，给人清凉、冰冷的感觉，一般可作为背景色彩。

麦当劳快餐厅的内部环境设计就是以暖色为主，它能创造出温暖、活跃、热烈的心理感受，这主要是基于吸引快餐店的主要顾客——儿童、少年而考虑的。美国一家无人售货商店发现肉类的销售量下降了，经过调查才发现，店里新安了一扇蓝色的窗子，蓝色使消费者对肉类感到反胃。因此，商店在色彩的运用中，要考虑“适时”、“适品”、“适所”、“适人”的原则。

1. 适时。指颜色要适合商品销售的季节，例如，出售夏季用品时，店内可采用天蓝色进行装饰，以表现海水、天空，突出清凉的感觉。

2. 适品。指商店的装饰色应该与商品相协调，不应造成不和谐之感。

3. 适所。指店内的色调应该与商店的性质、风格相一致，否则影响商店的形象，使之失去个性。

4. 适人。指商店在进行色彩规划时，务必充分考虑目标顾客对色彩的偏好和敏感程度，使顾客进店之后，能够产生一见如故的感觉，从而有一份轻松、愉快的购物心情。

资　料

超市色彩的运用

面包区——黄色调，明快的黄色自然令人想到烤得金黄黄、香喷喷的面包。

熟食区——橙色调，被称为“暖极”的橙色让飘香的美味冒着腾腾的热气，引发人的食欲。

精肉区——红色调，经国外成功广告案例分析，铁红的生肉在红色背景下会越发显得新鲜、活嫩。

水产区——蓝色调，蓝色是“冷极”色调，海鲜在这种色调的映衬下才够鲜。

蔬果区——绿色调，摆放有致的蔬果加上仿真绿叶果藤缠绕，使人感到新鲜环保。

（二）灯光设计

灯光照明是商场的“软包装”，体现着商店在一定时期内的经营思想，也可以向顾客传递信息。商场内明亮柔和的照明，可以准确地传达商品信息，消除陈列商品的阴影，展现商品魅力，美化环境，同时还可引导顾客入店，便于顾客选购商品，缩短选购时间，增进效率，加速周转。所以，照明是营造商场气氛的一种经济有效的装饰手段。商店照明一般有以下类型：①基本照明。这是为了使整个商店各个部分能获得基本的亮度而进行的照明，也是商场最重要的照明。②特殊照明。这是为了突出某一特定商品而设置的照明，多采用聚光灯、探照灯等照明设备。③装饰照明。这是对商店光线没有实质性的作用，主要是为了美化环境、渲染购物气氛而设置的，多采用彩灯、壁灯、吊灯、落地灯和霓虹灯等照明设备。

卖场照明设计的基本要求首先就是明亮，使顾客能看清商品，看清楚店内的通道。其次，如果光线平均分配，没有重点，没有吸引力，顾客同样不会产生购买欲望。由此可见，应该合理设计照明，使之取得良好的效果，凸显陈列商品的魅力。在灯光照明设计时要注意以下几点：

1. 卖场照明要有层次感。卖场的照明度不能平均分配，一般卖场出入口、主要通道、卖场深部以及重点促销区域要特别明亮，其他地方可以稍暗点，但对于壁面照明度要提高，使壁面的背景色突出，可充分表现出商品的个性与特色。如果整个卖场的照明层次感能很明确地显现出来，那么，卖场内各类商品的特色也能具体地表现出来，使商品富有新鲜感，吸引顾客从外到里走遍整个卖场，并且始终保持较大的购物兴趣。

2. 卖场照明要考虑顾客的舒适感。从视觉效果来说，照明度越高，东西看得越清楚，但高强度照明不等于有效照明，要充分考虑顾客的感受，强烈照明容易使眼睛感到疲劳。

3. 卖场照明要考虑适应不同商品的要求。选择不同色温的灯光以适合不同的商品展示需要。如暖色光照射在暖色调的商品上，可以加强商品的色彩效果，经由玻璃器皿或有光泽的物品发射的光线，更增添了商品的精致与高贵。

4. 卖场照明要反映商店的形象和品位。一般来说，越高级的卖场光线越柔和，但也要注意光线不能太弱。现在有一些比较前卫的商店一味追求个性色彩，把商店的光线和色彩搞得昏昏暗暗，以为这样可以与众不同。其实不然，顾客真正感兴趣的是商品，商店的形象只是为销售商品而服务，通过商店的形象加深顾客的印象，吸引他们进入商店，但最终决定顾客购买的还是——商品。所以，切莫本末倒置以致适得其反。

（三）音乐背景

在古代，人们以“击鼓前进、鸣金收兵”号令军队；现代人们用音乐来治疗疾病，消除不安和恐惧感，这些都是以声音作用于人的心里所产生的某种效果。而在商店里，利用声音刺激消费者的购买欲望就更加普遍了。

声音在商店销售中经常被运用。据一项调查显示，在商店里播放柔和而慢节拍的音乐，会使销售额增加40%。快节奏的音乐会使顾客在商店里流连的时间缩短而购买的商品减少，这个秘诀早已被零售商店经营者熟知。所以，每天快打烊时，商店就播放快节奏的摇滚乐，迫使顾客早点离开。如果一家零售店在入口处经常有悦耳的音乐，保证门外的顾客会鱼贯地进入店内。一项调查结果表明：有77%的调查对象在其购物活动中偏爱有背景音乐的伴随。一些轻松柔和、优美动听的乐曲能抑制噪音并产生欢愉、轻松、悠闲的浪漫气氛，使店内顾客有一种舒适的心情，放慢节奏，甚至流连忘返。商店在大拍卖时，就可以播放一些节奏比较快的，旋律比较强劲的乐曲，使顾客产生不抢购不罢休的心理冲动。

声音是商店气氛的重要组成部分，声音的种类和密度可对商店气氛产生积极的影响，但店内的各种声响一旦超过一定的限度不仅使顾客心情烦乱，注意力分散，还会使顾客反感。有些声音从局部看是不可避免的，如顾客与营业员的交谈，挑选时的试听、试用、试戴等产生的声音。但各种声音的相互交织极易变为噪音，形成对其他顾客的干扰，是顾客形成对该商店购物环境差的印象。对于这类声音的利用与消除，一般通过商品合理布局的方式解决。如需要一个安静的购物环境的商品，应集中摆布或布局在高层或深处的，以使其有一个相对安静的购物空间。

商店在选择背景音乐一定要结合商店的特点和顾客特征，以形成一定的店内风格；同时，还要注意音量高低的控制，既不能影响顾客用普通声音说话，又不能被店内外的噪音淹没；另外，音乐的播放也要适时有度。

商店音乐背景的设计要注意以下方面：

1. 商店在选择背景音乐一定要结合商店的特点和顾客特征，以形成一定的店内风格；

2. 要注意控制背景音乐的音量，既不能影响顾客用普通声音说话，又不能被店内外的噪音淹没；

3. 音乐播放也要适时有度，如果音乐给顾客的印象过于嘈杂，使顾客产生不适感和注意力被分散，甚至厌烦将不仅达不到预期的效果，而且会适得其反。

（四）气味提醒

如同音乐能使人精神放松一样，宜人的气味通常对人体生理也有积极的影响。空气污浊有异味的商店顾客不会久留，无味的商店顾客情绪疲软。而在清新如野、令人心旷神怡的环境购物，则使顾客得到美的享受。商店内部如能根据所经营的商品特征适宜地散发一些宜人的气味，能使顾客在购买活动中精神爽快、心情舒畅。因此，气味也是店内刺激中不可缺少的一味“添加剂”。

美国国际香料公司将各种人工香料装在精美的罐子里用来销售。根据定时设置，香料罐子每隔一段时间会将香味喷在零售店内，以引诱顾客上门，实验结果表明这种方法效果奇佳。因此，这种喷香味的罐子在美国的销路非常好，许多零售店经营者用它们来吸引顾客、留住顾客，并且每天的花费只是几十美分而已。

商店中的气味大多与商品相关，特别是在专业店中更为突出。气味正常，往往会引起顾客购买这些商品。人们的嗅觉会对某些气味做出反应，以致可以只凭嗅觉就可能嗅出某些商品的滋味。例如巧克力、新鲜面包、橘子、玉米花和咖啡等，这些气味对增进人们的愉快心情是有帮助的。花店中的花香气味，皮革店中的皮革气味，茶叶店中的清香气味等，均是与这些商品协调的，对促进顾客的购买是有帮助的。在现实生活中，许多顾客是从商店中散发的气味来判断其商品的质量状况。比如在水果店中，水果的清香气味，可使顾客认定水果是新鲜的；如果散发出“霉味”就说明水果不新鲜或已开始霉烂变质。

气味同声音一样有正面影响也有负面影响。商店中，化妆品的香味，蛋糕食品的香味，糖果，巧克力的诱人味道都能对顾客产生积极的影响。商品与其气味的协调，对刺激顾客购买有积极的促销作用。不良气味会使人反感，有驱除顾客的副作用。令人不快的气味，包括有霉味的地毯，吸纸烟的烟味，强烈的染料味，残留的尚未完全熄灭的燃烧物的气味，汽油、油漆和保管不善的清洁用品的气味，洗手间的气味等，这些味道不仅刺鼻而且刺眼，使顾客感到极不舒服。

第四节　商品陈列

一、商品陈列的原则

卖场气氛是经营成功的重要因素，卖场气氛与商品陈列有直接的关系。合理的商品陈列要符合以下五项原则：

（一）充实感

透过商品陈列给顾客的第一印象极为重要，货架一定要摆满，不能空置，要展现出商品的丰富与充足，品种齐全，琳琅满目，给顾客充分的选择，使顾客产生一种想拥有的感觉。如果货架上商品摆放不满，会给消费者产生商品选剩下的感觉而失去购物欲望，也会给消费者产生商店衰败的印象而不愿再次光临。

（二）美感

商品陈列应是艺术的表现，要给人一种美的享受。商品陈列所体现的美感，既是商品本身所焕发出来的特性，也是商店的形象定位的综合体现。每种商品都有其优点，商品陈列要突出这一特点，如丝绸面料的服装要突出其轻盈飘逸，西服展现其挺直、潇洒，给顾客一种强烈吸引力。商店本身的定位也要通过陈列显示出来，或是雍容华贵之美，或是透过色调与整洁所营造出朴素淡雅之美。超级市场若讲究豪华之美，反而给光顾的消费者以心理压力，清爽之美使顾客轻松愉快地采购。而百货商店若简单整齐陈列会显得单调，降低了商品档次，使顾客失去“掘宝”的兴趣。

（三）亲切感

商品陈列仅有美感是不够的，因为商品毕竟不是供人欣赏的艺术品，而是具有使用价值，因此，商品陈列要使人产生亲切感，使人愿意拿取，希望拥有。商品陈列的亲切感应该通过商品布局、陈列方式以及货架 POP 广告体现出来。亲切感由商品陈列的吸引力和取购商品的方便两方面的因素所形成。包括容易看清楚和判断商品的品质，价格标签和条码清晰，有关的商品信息齐全，顾客举手易取。除了高档商品需要封闭的玻璃柜陈列外，其他商品的陈列要尽量裸露，鼓励顾客触摸。

（四）新鲜感

新鲜感主要有两层含义，一是对于生鲜食品而言，要尽量让顾客感觉商品非常新鲜，或是刚刚出炉，或是刚刚从果树上摘下，或刚从田地里运出来，这需要商店在各个环节对生鲜食品进行鲜度管理；二是对于一般商品而言，要不断推陈出新，有新的商品、新的式样或新的品种展示出来，卖场的特殊陈列或陈列焦点需要不断变化，不要总是一副老面孔，要给人一种常来常新的感觉。

（五）关联感

将关联性强的商品靠近陈列，凡是邻近的商品区域或商品货架，一定要彼此密切相关联。顾客在卖场中由一个商品区域到另一个商品区域时，其感觉应该是在关联中逐渐过渡。关联感能诱导顾客延长采购时间，走过尽可能多的商品区域，经过尽可能多的货架，从而增加采购量。

二、商品陈列的基本要求

（一）商品和价签、说明卡显而易见。卖场中商品成千上万，每一种商品都要让顾客容易看见，或容易判断商品在什么部位，商品附加的价签或说明卡也要突出，尤其是开架自选的超级市场，没有营业员的介绍，顾客往往通过写着商品的特点、品质、使用方法等有吸引力的说明卡，能唤起心中的购买欲望。

（二）尽量突出商品价值，促进购买欲望。例如，气味芳香的商品，摆放在柜台上最能刺激消费者嗅觉的位置；样式新颖的商品，摆放在消费者视觉最易感受的位置；用途多样的商品，摆放在消费者易于触摸、观察的位置；新商品、名牌商品、流行商品，摆放在显要醒目之处；玻璃制品，要充分显示其玲珑剔透的质感；黄金首饰，要显示出华贵高雅的质感。

（三）保证顾客容易拿取。顾客对商品产生了良好的视觉效果后，就有了触觉的要求，就会拿起来观赏，对商品做进一步的了解，因此，商品陈列的高度和货架的层隔应适宜，要使顾客摸得到、够得着，拿取方便。

（四）充分利用陈列面积。在不影响顾客顺利流动的前提下，凡是顾客能接触到的部位，应尽量利用各种陈列设施和方法陈列商品，以便顾客随时随地都可以看到商品，提高营业场所的利用效率。同时，还要注意陈列场地的合理使用，要将最好的位置用于冲动性购买的商品、重点推销的商品，充分发挥陈列场地的潜力。

（五）先进先出陈列。许多商品尤其是食品都有保质期限，顾客会很重视商品出厂的时间，用先进先出法来进行商品补充陈列，可以使先陈列的商品先销售出去，保证货架上商品的新鲜性。一般做法是：把货架上原来的商品取出来——放入补充的新商品——在新商品前面陈列原来的商品。

（六）同类商品垂直陈列。超级市场上敞开式的货架陈列商品，需要注意同类商品的垂直陈列，这样一方面可以体现商品的丰富感，起到促销的作用；另一方面是按人的视觉移动方式来安排陈列，避免顾客来回选择商品。此外，还有利于商店盘点商品。

（七）陈列与出售的商品相统一。做到没有不出售的陈列商品，而且，陈列时要尽量便于售货员取放、搬运、盘点、操作和管理。

（八）反差过大商品分开陈列。在形象上、档次上相差过大的商品不宜邻近陈列；在化学性质上有互相影响的商品，不宜就近陈列；而连带消费商品之间则要保持相互衔接、邻近陈列。

（九）食品陈列注意保鲜和卫生。食品的陈列器具要十分讲究，尤其是散装食品的陈列，既要考虑商品的新鲜度，又要保证商品的干净卫生。

三、商品陈列的方法

(一) 分类陈列

这是根据商品质量、性能、档次、特点或消费对象分门别类地展示陈列。例如，电器商品按电视机、电冰箱、洗衣机、空调、抽油烟机、消毒碗柜、电脑等商品分类展示；食品按糕点、饼干、面包、奶粉等分类排列；蔬菜水果按不同种类和品种排列展示等。分类陈列有利于顾客对卖场销售的商品一目了然，又可以在不同的种类、花色、质量、价格之间比较挑选，是零售商店运用最广泛的一种陈列方式。

在分类陈列时，如果不能把商品的所有品种都陈列出来，这时应把最适合本店消费层次和消费特点的主要商品品种陈列出来，或将有一定代表性的商品陈列出来，而其他的品种可放在货架上或后仓内，出售是可根据具体情况向顾客予以推荐。也就是说，分类陈列也要讲究陈列重点，如果只是一味地将同类商品全部摆放在一起，只注重齐全性，不注重焦点突出，容易出现单调乏味，会降低商品陈列的效果。

(二) 主题陈列

主题陈列又叫专题陈列，这是将商品陈列在一个主题环境中的一种形式。主题选择有很多，如各种节日、庆典活动、重大事件都可以溶入商品陈列中去，营造一种特殊的气氛，吸引消费者注意。如“六一儿童节”来临之际，可将各种儿童用品集中陈列在一个陈列台上，再加上鲜花等装饰品，渲染出一种活泼、热烈的氛围。

主题陈列在布置商品陈列时应采用各种艺术手段、宣传手段、陈列用具，并利用色彩突出某一主题商品。对于一些新产品，或者是某一时期的流行产品以及由于各种原因要大量推销的商品，可以在陈列时利用特定的展台、平台、陈列道具台、陈列具等突出宣传，必要时，配以集束照明的灯光，使大多数顾客能够注意到，从而产生宣传推广的效果。另外，商店还可与生产厂家合作，利用主题陈列的形式，共同开展某种商品的展销促销活动，将工厂生产的主要商品专门辟出一块场地，配以适当的用具展示出来，使这类商品同其他同类商品明显区分开来，一方面给商品陈列带来变化，另一方面又促进了这类商品的销售，扩大了市场。

主题陈列的商品可以是一种商品，如某一品牌的某一型号的电视，某一品牌的服装等，也可以是一类商品，如系列化妆品，工艺礼品等。不论是一种还是一类，应注意：①重点突出，主题明确；②陈列位置与其他商品有明显的陈列区别；③营造小环境，烘托气氛；④一般在陈列时，有推销人员配以解说，会加大商品的吸引力。

（三）端头陈列

端头即货架两端，这是销售极强的陈列位置，尤其在超级市场。端头陈列即在货架两端进行的商品陈列。端头陈列的商品可以是单一品种商品，也可以是组合商品，后者效果更佳。在美国曾进行过一项调查，调查资料显示：将单一的商品陈列改为组合商品陈列，销售额会大大提高。端头陈列的商品如果是组合商品比单件商品取得更大的利益，所以端头陈列应以组合式关联性强的商品为主。目前国内许多商店使用的中央陈列架有许多是半圆形端头，这等于白白浪费了黄金陈列空间。发挥端头的商品陈列优势，可将半圆形的端头去掉，放上一个单面货架，就可进行端头陈列了。

需注意的是：①端头商品组合陈列时商品种类不宜过多；②组合商品之间要有关联性，绝不可将无关联的商品陈列在同一货架内；③在几种组合商品中可选择一种商品为牺牲品，以低廉价格出售，目的是带动其他商品的销售；④端头的特殊位置可以用来专门陈列特价商品、高利润商品、新商品、重点推荐商品或热卖中的商品。

（四）突出陈列

即将商品超出通常的陈列线，面向通道突出陈列的方法。突出陈列有很多种作法，有的在中央陈列架上附加延伸架，据调查这可以增加180%的销售量；有的将商品直接摆放在紧靠货架的地上，但其高度不能太高。突出陈列打破了一般陈列的单调感，其陈列效果是：①商品的露出度提高，可增加商品出现在顾客视野中的频率；②突出商品的廉价性、丰富感，并使店铺给顾客一种非常热闹的感觉；③可实现单品大量贩卖。

需要注意的是：①突出陈列的高度要适宜，既要能引起顾客的注意，又不能太高，以免影响货架上商品的销售效果；②突出陈列不宜太多，以免影响顾客正常的行动路线；③不宜在窄小的通道内做突出陈列，即使比较宽敞的通道，也不要配置占地面积较大的突出陈列商品，以免影响通道顺畅；④适用于新产品、促销商品、廉价商品等希望特别引起顾客注意，提高其周转率的商品。冷藏商品避免选用此种陈列方法。

（五）关联陈列

关联陈列也称配套陈列，即将种类不同但效用方面相互补充的商品陈列在一起，或将与主力商品都有关联的商品陈列于主力商品的周围以吸引并方便顾客购买的陈列方法。例如，将浴液与洗发水、香皂与香皂盒、皮鞋与鞋油放在一起，顾客在购买了A商品以后，顺便会购买旁边的相关商品B或C。关联陈列增加了商店陈列的灵活性，加大了不同种类商品陈列的机会，是商品群原理在商品陈列中的一个集中体现。在运用关联陈列时一定要注意商品之间的相关性，确保顾客产生连带购买行为。

常见的关联陈列有：①用途上的关联。如空调、电视、影碟、立体音响、录像等商品相邻陈列；再如在销售家庭装饰用品时，把地毯、地板装饰材料、壁纸、吊灯等共同布置成一个色调和谐、图案美观、环境典雅的家庭环境，形成一种装饰材料的有机组合，让顾客在比较中感受到家庭装饰对居住环境的美化作用；②附属上的关联。如旅行用品如电动刮胡刀、电吹风、照相机、望远镜等陈列；③年龄上的关联。如老年用品助听器、按摩器、小型电器、电热毯、频谱仪等陈列；④商标上的关联。陈列商品以商标为纽带进行系列陈列，如强生（Johnson & Johnson）用品系列有婴儿润肤露、婴儿无泪洗发水、婴儿爽身粉、洗面露、面部调理液、面部凝露等产品可摆放在一起。

（六）悬挂陈列

悬挂陈列是用固定的或可以转动的有挂钩的陈列架来陈列商品的一种方法。悬挂陈列能使顾客从不同角度来欣赏商品，具有化平淡为神奇的促销作用。常规货架上一般很难实施商品的立体陈列，尤其是一些小商品如剃须刀片、电池、手套、袜子、帽子、小五金、头饰品等，使用悬挂陈列既方便顾客挑选，又方便商店修改陈列。

悬挂陈列的适用范围是：①中小型轻量商品；②常规货架上很难实施立体陈列的商品；③多尺寸、多颜色、多形状的商品。

（七）量感陈列

量感陈列一般是指商品陈列的数量的多寡。应指出只强调商品的数量并非最佳做法，现在更注重陈列的技巧从而使顾客在视觉上感到商品很多。例如，所要陈列的商品原本是5件的话，那么量感陈列要让顾客感觉不止50件商品。量感陈列一方面是指“实际很多”，另一方面则是指“看起来很多”。量感陈列一般适用于食品杂货，以丰满、亲切、价格低廉、易挑选等来吸引顾客。

量感陈列的具体手法很多，如店内吊篮、店内岛、壁面挑选、铺面、平台、售货车及整箱大量陈列等。其中整箱大量陈列是大中型超市常用的一种陈列手法，即在商场中辟出一个空间或拆除端架，将单一商品或2～3个种类的商品作为量感陈列。

（八）箱式陈列

箱式陈列也称为盘式陈列，也是量感陈列的一种方法。一般做法是将包装用的纸箱按一定的深度进行裁剪，以底为盘，以盘为单位，将商品一盘一盘地堆上去。箱式陈列主要是为了突出商品的量感，告诉消费者该商品是可以整箱出售的。在实际操作中，理货员只剪去商品包装纸箱的一半或1/3部分，主要露出纸箱中的一排商品即可。这种陈列方法给顾客的印象是：价格低廉、量感突出、亲切、易接近。它可以节省操作的人力、物力。易补充撤收商品。通常可布置成直线、V形、U形。

（九）岛型陈列

商店的入口处、中部或底部有时不设中央陈列架，而配置以特殊陈列用的展台，这种陈列方法就称为岛型陈列。岛型陈列可以使顾客从四个角度看到和取到商品，因此，其效果也是非常好的。这种陈列能强调季节感、廉价感、时鲜和丰富感，诱发顾客的购买欲望。

岛型陈列需注意的是：①陈列的商品应该是颜色鲜艳、包装精美的特价品、新产品，才能发挥招徕作用；②陈列工具一般适宜于放置在卖场的前部和中部，这样就能向顾客充分展示岛型陈列的商品，如果陈列在后部往往会被货架挡住视线；③陈列工具不易太高，不能超过普通消费者的肩部，以免影响顾客的视线；④陈列工具最好装有滑轮和搁板，以便根据需要而调整；⑤陈列工具要牢固、安全。

（十）散装或混合陈列

将商品的原有包装拆下，或单一商品或几个品项组合在一起陈列在精致的小容器中出售，往往是以一个统一的价格或在一个较小的价格范围内出售，这种陈列方式使顾客对商品的质感能观察得更仔细，从而诱发购买的冲动。例如，广州市各百货商店曾经流行的甘迪安娜糖果屋，即采用这一方法一炮打响，诱人的散装糖果陈列在各透明的容器中，十分引人注目。

（十一）墙面陈列

用墙壁或墙壁状陈列台进行陈列的方法。这种陈列方法可以有效地突出商品，使商品的露出度提高。对于一些高价格，希望突出其高级感的商品，可以采用这种陈列方式。适用范围有：葡萄酒等瓶装商品；中小型商品；可以悬挂陈列的商品。

（十二）交叉堆积陈列

一层一层使商品相互交叉堆积的方法。这种陈列方法可增加商品的感染力，具有稳定感。适用于此种陈列方法的商品有：中大型商品，可放入箱袋托盘中的商品；预计毛利低、周转率、销售额高的商品；希望充分发挥展示效果的商品。

（十三）缝隙陈列

缝隙陈列是将卖场的中央陈列架上撤去几层隔板，留下底部的隔板形成一个槽状的狭长空间，用来突出陈列商品的一种方法。缝隙陈列打破了陈列架上一般商品陈列的单调感，富有一定的变化，能够吸引顾客的注意力。但这种陈列方法要适度使用，用的不好会给人一种凌乱感，影响顾客的购买情绪。

（十四）投入式陈列

这种陈列方法是将商品投入某一容器中进行陈列，给人一种仿佛是将商品陈列筐中一样的感觉。投入式陈列给顾客一种价格低廉的形象，即使陈列量较少也易给人留下深刻印象。可成为整个商店或某类商品销售区的焦点。投入式陈列法操作简单，陈列位置易变换，商品易撤换，陈列时间往往较短。这种陈列方法适用于：中小型商品，一个一个进行陈列很费工夫的商品，其商品本身及价格已广为人知的商品；冲动性购买的商品，简便性较高的商品；低价格、低毛利的商品；不易变形、损伤的商品。

（十五）情景陈列

这是为再现生活中的真实情景而将一些相关商品组合陈列在一起的陈列方式。如用家具、室内装饰品、床上用品布置成一间室内环境；用厨房用具布置一个整体厨房等。目前，国外一些商店十分注重这种情景陈列，尤其是家具专卖店，其陈列组合如床头挂有艺术壁挂，床头柜上有雅致的台灯，餐桌上摆着精美的花饰，酒柜里陈列着各色名酒等。这种陈列使商品在真实性中显示出生动感，对顾客有强烈的感染力，是一种颇为流行的陈列方式。

附表

不同行业店铺色彩设计参考表

营业种类	主色	第1副色	第2副色	地板	天花板	墙壁	用具	照明器具	目的
女士服装店（高级）	茶色	白色	深蓝色	深蓝色	白色	白色	茶色	黑色	欧式风格
女士服装店（年轻）	灰色	银色	白色	巧克力色	巧克力色	灰色	银茶色	黑色	冷淡的现代风格
女士服装店（大众）	象牙	灰褐	橘	灰褐	白	象牙	茶	橘色	亲近感
女士饰品店（高级）	茶	白	灰褐	茶	灰褐	白	茶	白色	流行感
女士饰品店（大众）	牛乳色	橘	白	橘	白	乳色	乳色	白色	快乐感

续表

营业种类	主色	第1副色	第2副色	地板	天花板	墙壁	用具	照明器具	目的
男士服装店（高级）	深茶色	白	灰	灰	深灰	白	深茶	白或黑	绅士风格
男士服装店（大众）	深蓝	茶绿	白	深蓝	白	白或茶	茶	黑色	亲近感
鞋店	茶绿	红	白	红	白或茶	白及茶	茶绿	黄色	华丽感
药店	青草色	白	橘	青草色	白	茶绿	白及橘	乳色	健康性
化妆品店	淡紫	茶	白	灰褐	淡紫	白或淡紫	茶	白色、粉红色	纤细感
文具店	深蓝	茶	白	深蓝	白	白或蓝	茶	白色	丰富感
钟表眼镜店	深蓝	茶	白	深蓝	白及蓝	白，深蓝，黑	白色，银色	黑色	精致感
家电店	黄	橘	白	黄	白	白，橘	茶，银	黄色	快乐感
运动器材店	翠绿	乳白	白	翠绿	乳白	白或黄，翠绿	白	白色	运动感
玩具店	橘	淡蓝	白	橘	白及橘	白色，淡蓝	白	橘色	快乐感
超级市场	黄色，橘	乳白	白	黄或橘	白	依角度而变化	乳白	橘色	丰富感
便利店	橘	翠绿	乳白	橘	白	白色或翠绿	乳白	橘色	丰富感
面包店	黄	茶	白	黄	乳白	白色，橘色	茶	白色	明亮感
水果店	翠绿	黄	橘	翠绿	白	白色，黄色	翠绿	橘色	新鲜感

案例及分析

案例 1

国际 SPAR 十八超市——欧洲高端大卖场的中国化

国际 SPAR 与山东家家悦超市合作的第一家“十八超市”，是由家家悦已开业一年半的一个大卖场改造建成的。国际 SPAR 通过与家家悦的各级干部携手合作，花了半年时间，最终制订了一套密切结合中国国情的完整方案。在 SPAR 的经营理念中，超市设计是如何使一个店铺从视、闻、尝、听、触等各种角度让目标顾客全方位体验和感受店铺。SPAR 就是通过视觉要素、嗅觉要素、味觉要素、听觉要素、触觉要素营造卖场气氛，达到与顾客沟通的最佳效果。

视觉要素。SPAR 有一套“柔性指标”体系，用具体、优美的图像来代替文字说明。如婴儿用品区用一个活泼可爱的婴儿照片形象生动；女性内衣首先安排在卖场中较为私密的区域，并采用亲密、略显性感的大幅照片，配以温暖、柔和的灯光，营造温馨、浪漫的氛围；蔬菜水果区采用舞台射灯，商品摆放突出和谐的农场氛围，使顾客犹如身在农场中采购。欧洲 SPAR 外观设计非常艺术，大多采用全透明设计，门前的稻草和落地玻璃窗设计使得整个 SPAR 既古香古色，又充满现代气息。店内商品琳琅满目，透过玻璃窗看得一清二楚，强烈刺激消费者眼球和购买欲望。颜色的使用在 SPAR 的店内和店外也有严格规定——红和绿，二者搭配比率是 8：2。科学实验证明，这两种颜色的合理搭配不仅能使人感觉舒服，更会首先联想到新鲜的生鲜和熟食。

嗅觉要素。这是消除距离以后的沟通，尤其在面包、水果、化妆品区，恰到好处的气味对顾客的购买行为产生极大的影响。

味觉要素。能让顾客品尝在嘴里并心服口服就是促销最大的成功。SPAR 大多在熟食区设置专供顾客品尝的位置，类似于快餐店，但会更新鲜和健康。

听觉要素。这是在合适的季节、时间，配上恰当的背景音乐和宣传语言，不但能迅速告知顾客店内最新消息，也更使顾客有宾至如归的亲切感。

触觉要素。在 SPAR 店，所有商品不管多么高档，一律采用敞开式摆放，顾客可以轻松触摸到这些商品，充分感受商品的质感，更便于选购。

第一家“十八超市”在没有显著增加资金投入的情况下，营业额同比增加30%多。家家悦随后开出的第二家“十八超市”是接受一个原先营业额只有不到一万元的竞争对手的店，改造后平均日营业额超过20万元。

（资料来源：中国连锁经营协会：《零售创新案例》，中国商业出版社2005，第22页）

案例思考题

SPAR十八超市卖场设计的基本理念是什么？

案 例 2

芝加哥耐克城的设计

芝加哥耐克城（Nike Town Chicago，NTC）是耐克公司广告语“just Do It”的体现。NTC是美国各地其他耐克城的一个代表，反映了商店场景的设计在塑造商店气氛方面所起的作用，为顾客提供了与品牌之间的最佳沟通方式，使耐克品牌更富生命力。

NTC有什么特别之处？它同其他零售环境有所不同？NTC陈列展示耐克所有产品，商场里每个设计环节都在刺激顾客购买欲望，引起顾客对耐克品牌的好感。但是，这里的商品价格相当高，比其他店里同样花色的商品要高出很多，这是由于有设计的费用。NTC的店面设计在于塑造品牌，而不是必须卖出商品，特别是它不同其他耐克店和耐克经销商竞争。

当消费者进入NTC，他们会吃惊地发现大量的陈列商品。一楼给人一种身在户外的感受，让人觉得像是走在小镇的购物区内，街上鹅卵石铺路。名人的塑像和画框中的照片、大型鱼缸、反射水和水下景物的水池、摆放商品的柜子以及各种各样的纪念品纷纷映入眼帘。穿过前厅，迎面是耐克体育明星的签名照片和一排展示的运动鞋，上面的横幅上写着“没有终点线”。店堂的照片、著名运动员的塑像、篮球及各种运动的背景声，这一切使人感到回荡着的“触摸辉煌”的主题。

在二楼，迈克尔·乔丹的巨幅照片让消费者感到了自己身材的矮小，因为乔丹好像“飞人”的姿态正腾空入云。二楼还有半个篮球场地，可以听到芝加哥公牛队的入场音乐。虽然二楼也有其他运动（如健身运动、网球和高尔夫球）、展品甚至与之相伴的背景声音等，但最突出的还是篮球、迈克尔·乔丹和其他超级明星。游人甚至可以像查尔斯·巴克利和朋尼·哈得威那样把手放到篮框中。

在三楼消费者可以俯瞰店堂，能看到充气的乔丹帐篷——“飞人”的圣坛，而儿童帐篷也在三楼，另外还有展品展现耐克品牌的历史。门把手和栏杆设计均采用了耐克那鲜明跳动的标志，NTC 通过这些细节以及乔丹的巨幅照片使耐克品牌得以具体体现。顾客通过亲历商场布景而产生了自己与品牌之间的关系。

（资料来源：瓦拉瑞尔·A. 泽丝曼尔和玛丽·乔·比特纳著，张金成等译《服务营销》，机械工业出版社 2002，第 253 页）

案例思考题

芝加哥耐克城的设计有哪些特点？

本章思考题

1. 卖场总体布局的类型有哪些？各有什么优缺点？
2. 商品空间分配主要有哪几种方法？商品布局主要考虑哪些因素？
3. 卖场通道设计要注意什么？
4. 为什么要营造卖场氛围？在灯光、色彩、音乐、气味基本要素设计时要注意什么？
5. 商品陈列需遵循什么原则？试举例 10 种卖场中常见的一些陈列方法。

第四章 采购管理

本章提要

商品采购不仅直接影响企业利润，而且还影响着零售商店的一切经营活动。由于商品采购是零售经营的起点，也是商品流转的首要环节，采购工作的好坏直接关系着零售商店是否拥有可靠稳定的货源，关系着后续商品经营活动的正常开展。在营运中谁能采购到适销对路、价廉物美、独具特色的商品，谁就能拥有较其他零售商店更突出的竞争优势。本章主要介绍：不同采购制度的特点，采购组织的职能，人员管理与考核，供应商选择标准与采购谈判，商品采购的具体方法。

第一节 商品采购制度

一、分散采购

分散采购是指采购权分散到各个部门或各个分店，由零售商各商品部门或分店自行组织采购。这些部门或分店不仅负责本部的商品采购，还直接负责商品的销售，其特征是采购与销售合一。例如，一个拥有 15 家分店的连锁企业可能允许每家分店选择自己经营的商品。美国联邦百货商店有限公司（Federated Department Stores，Inc.）拥有大量的地区连锁店，包括 Burdines 公司、Rich 公司、The Bon Marche 公司、Bloomingdale 公司和 Mary 公司，该公司是采用分散式组织的一个范例，因为该公司的许多零售决策是由地区连锁店做出的，包括采购决策。

(一) 分散采购的优点

1. 能适应不同地区市场环境变化，商品采购具有相当的弹性；

2. 对市场反映灵敏，补货及时，购销迅速；

3. 由于分部拥有采购权，可以提高一线部门的积极性，提高其士气；

4. 由于采购权和销售权合一，分部拥有较大权力，因而便于分部考核，要求其对整个经营业绩负责。

(二) 分散采购的缺点

1. 部门各自为政，容易出现交叉采购、人员费用较大。如联邦百货商店有限公司有8名女装采购员（每个连锁店配备一位）和一位负责自有品牌女装总公司采购员，相比之下，The Gap公司只有一位在公司总部的女装采购员；

2. 由于采购权力下放，使采购控制较难，采购过程中容易出现舞弊现象；

3. 计划不连贯，形象不统一，难以实施统一促销活动，商店整体利益控制较难；

4. 由于各部门或分店的采购数量有限，难以获得大量采购的价格优惠。

由于分散采购制度存在许多弊病，这种方式正逐渐被集中采购所取代。只有在地区之间消费需求存在较大差异时，分散采购才适用于跨地区的连锁公司。

目前我国仍有一些百货商店采用采营合一的分散采购制度，主要出于以下原因：一是计划经济的影子；二是专业人才不足；三是经营手法多为代销或联营，商店自身危机感不强等；四是单店居多，未形成多店连锁。其实在国外，多数百货公司都采用采营分离的集中采购制度。相信随着市场环境变化，竞争日趋激烈，连锁经营不断发展，为追求规模效益和管理效率，将会有更多的零售商店放弃分散采购，转而实施集中采购制度。

二、集中采购

集中采购又称为中央采购，是指采购权限高度集中于商店总部或连锁总部，由零售商店设置专门采购机构和人员统一采购商店的商品，商品分部或分店则专门负责销售，与采购脱离。这是一种采营分离的采购制度。在这种制度下，商品的引入与淘汰、价格制定及促销计划等，完全由公司总部统一规划实施，分部或分店负责商品陈列、小仓的商品管理和销售等工作，各分部或店铺对商品采购无决定权，但有建议权。

(一) 集中采购的优点

1. 可以提高采购谈判中的议价能力。由于集中采购进货量大，零售商店在谈判中处于优势，可以获得优厚的合同条款，享受较高的价格优惠，这是许多连锁商店竞争力的主要来源之一。

2. 可以降低采购费用。连锁商店只需要在总部建立一套采购班子，而不必像分散采购需要各分部或分店建立自己的采购队伍，从而降低了采购人员费用；同时，采购谈判、信息搜寻、商品运输等费用也大幅度降低，这就大大降低了企业采购总成本。

3. 有助于保持企业统一形象。可以由公司统一规划、实施促销活动，使企业整体营销活动易于策划和控制，获得更好的品牌宣传效应。

4. 专业化分工带来更高效率。集中采购制度将采购职能集中于训练有素的采购人员手中，有利于保证采购商品的质量和数量，提高采购效率；同时使各店铺致力于销售工作，提高店铺的营运效率。

5. 配送体系的建立降低了连锁店仓储、收货费用。连锁公司在实施集中采购后，才可以建立与之相适应的统一配送。如果没有统一配送，各分店为保证不缺货，需要建立自己的仓库，同时需建立自己庞大的收货队伍。而集中采购，统一配送，可以保证各店铺大幅度压缩甚至取消仓库，收货队伍也可压缩至最少，这样就极大地降低了仓储及收货费用。

6. 可以规范采购行为。当前困扰零售商的一个很大问题是商业贿赂，所谓商业贿赂是指供应商给零售商的采购员提供金钱或有价值的物品以影响其采购决策。通过集中采购，建立一套行之有效的规章制度及制衡机制，可以有效解决这一问题。

（二）集中采购的缺陷

1. 购销容易脱节。集中采购制度在享有专业化分工效率的同时，也增加了专业化分工协调的困难。尤其是连锁商店，由于分店数量众多，地理分布又较分散，各分店所面对的消费和需求偏好都存在一定程度的差异，集中采购制度很难满足各分店的地方特色，物流人员配送商品也难以适应各分店的地方特点；

2. 采购人员与销售人员合作困难。销售人员的积极性难以充分发挥，维持销售组织的活力也比较困难；

3. 责任容易模糊，不利于考核。

（三）缺陷的弥补方式

目前，集中采购制度为大多数连锁商店所采纳。在保证集中采购制度优越性的同时，连锁商店针对其存在的弊病也进行了很多尝试，尤其是针对采购员不了解顾客真正所需，采购商品难以满足各地消费需求这一问题，许多连锁商店都在努力探索解决办法。下面介绍一些尝试的方法：

1. 完善信息系统

完善的信息管理系统是集中采购制度得以实施的保证，由于 POS 系统销售信息和库存信息及时准确地集聚到采购部门，采购人员可以随时了解门店的销售动态和库存状况，从而做出有效商品分析。这尤其对商品的补货和滞销商品的淘汰工作提供了极大的方便。目前国内外大部分连锁企业都安装了 POS 系统，此外还有 EOS（电子订货系统）也较好地弥补了中央采购制度的缺陷。

2. 岗前培训

大多数零售连锁商店都要求采购员在从事采购业务之前先在商店里工作一段时间。在为期 6～18 个月的培训期内，未来的采购员们要学会商店的运营、销售人员和商品经理面临的问题以及了解顾客需求等。这样做的目的，一是增加采购员与顾客的接触，使采购员懂得如何接近顾客并了解顾客需求；二是改善采购人员和负责销售这些商品的门店人员之间的关系，以保证日后的正式交流和非正式交流畅通无阻。

3. 经常参观门店

让采购人员经常参观门店并与他们采购的相应部门一同工作也是解决采购与销售脱节的一个办法。沃尔玛公司所有的经理（不仅仅是采购员）都要经常参观门店，并且练习他们的“漫步管理”哲学。经理们在星期天晚上离开位于阿肯色州的公司总部，然后及时返回，并在周六早晨例会上与其他人员交流他们的经历。诺顿（Nordstrom）百货公司不是将采购员集中在位于西雅图的公司总部，而是让采购员居住在他们负责采购商品的门店周围，由于这些采购员只和他的办公室周围数量有限的几家门店一同工作，所以他们经常光顾这些门店，了解门店经营情况和顾客信息以及竞争对手商品信息。

4. 委派专人负责协调

有些连锁商店设立专门的商品联络员负责协调购销活动。商品联络员向采购部门的商品经理提交报告，他们通常要在店中耗费大量时间协助门店人员进行商品展示和销售，还要负责通知采购员门店销售商品时遇到的有关问题。日本伊藤洋货堂公司在采购部门设立品种督导（Category Supervisors，CS）一职，主要作为总部采购人员和门店之间的中介。这些人由部门总经理管理，他们就流行趋势、商品销售等议题向品类经理通报信息、提供支持和建议，以便总部采购人员在引进商品时能够做出更准确的判断，同时引进的新商品能够在商店中更好地销售。

5. 加强部门间的联系

尽管采购是一项很专业的工作，但采购人员必须与企业内的许多部门保持联系，还要与外部的供应商和其他代理商保持联系。国外大型连锁商店十分鼓励采购组织与各部门相互合作，商品管理者、自有品牌经理、技术工程师以及质量控制员在采购功能中，合作很紧密。在一些大型连锁企业，这些管理人员被纳入企业采购团队的一部分或采购委员会的成员。而且，各部门与采购部之间的信息流动是横向的，这样就能够有效避免信息向上汇报后再转回时造成信息被延误和扭曲的情况发生。

三、分散与集中相结合

分散与集中相结合的采购制度是将一部分商品的采购权集中，由专门的采购部门或人员负责，另一部分商品的采购权交由各经营部门自己负责。

1. 优点：灵活性较强，商店可以根据所处地区和自己的实际情况，有针对性地采购部分商品，使商品更适应当地顾客的需要；能在一定程度上调动商店的积极性和主动性。

2. 缺点：若控制不当，也容易形成各自为政和采购腐败的现象。

“如果你能确定不同地方所需的商品品种，你差不多就赢得了零售生意。”西尔斯公司的某部门主管这样说。确实，每个零售商都在努力探索这个问题。

目前，国内一些连锁商店采取一定程度的分权以弥补集中采购制度的缺陷。比如，将全部分店按地理位置分区，每区拥有一定数量的分店，以区为单位设地区总店，实行连锁商店总部集中采购与地区总店采购相结合的采购制度，企业称之为“划片”管理。

另一常采用的方法是直接赋予分店一定程度的采购权。这可以按销售额的一定比例（比如10%）下放。各分店可用来采购本店的特色商品；也可以将某些商品类别、品种（比如地产地销的商品）交给分店自行采购。这种分权形式很受商店欢迎，但要注意避免成为另一个腐败的源泉。

第二节　采购组织与采购方式

一、采购组织设计

根据各零售商店采购制度的不同，商店采购业务一般交由商店内某些人或某些部门负责，因此而产生了正式的或非正式的采购组织。正式的采购组织是零售商店建立的专门采购机构，负责整个商场或整个连锁商店的采购任务。在一个正式的采购组织里，往往拥有专门的采购人员，这些采购人员分别负责某一类商品的采购，有明确的采购责任和授权，公司也对其实施严格的考核指标。非正式采购组织不是一个独立的专门的部门，它是由一群兼职采购人员负责，这些人既负责商品经营，又负责商品采购，有时也处理其他零售业务，责任和授权往往并不明确，但却具有充分的灵活性，这种形式常见于小型零售商店或实施分散采购制度的零售商店。

一般大型连锁商店的采购组织设计是：总部设立负责采购的总监，采购总监下设几个采购部（按照商品大类划分，如食品采购部、服装部等）。每一采购部又按照商品类别进一步细化为若干小组（如生鲜采购部可分为鱼类、肉类、蔬果类、熟食类、面包类）。每一小组包括买手、里手、排面员。买手是指与供应商进行业务谈判、签订采购合同的谈判员；里手是指根据采购合同以及门店销售、库存情况向供应商发出订单的下单员；排面员主要根据公司的商品经营计划、策略以及门店卖场布局和销售实际情况，制定、调整商品陈列配置表。如果该连锁企业总部对各分店的商品陈列没有硬性规定，只是一种原则上的指导，则采购组不设排面员，一般只包括采购主管和采购助理两个职位。

图 4-1 是一家大型连锁综合超市的采购组织设置。

零售商店采购组织的主要职责包括：

- 制订并执行商品采购计划和采购预算；
- 筛选合格的供应商并进行管理；
- 选择适合公司目前市场定位的商品，不断开发新商品，淘汰滞销品；
- 与供应商谈判获取最有利的供货条件；
- 负责开发或协助开发公司自有品牌商品；
- 制定有竞争力又能保持合理利润的商品价格；
- 制订或协助营销部门制订有吸引力的商品促销方案，并推动实施及效果评价；
- 与卖场销售人员沟通，确保商品畅销；
- 收集市场信息，掌握市场的需要及未来的趋势。

跨区域大型连锁商店，一般采购组织设置两个层次：一是连锁总部采购部；二是地区采购部。采购总部的采购部门职责主要是：商品采购制度的制定；商品结构的制定；采购作业规范手册的编制；全国品牌采购条件的年度谈判与全国性促销计划；地区采购人员的培训和考核；地区采购工作的指导和供

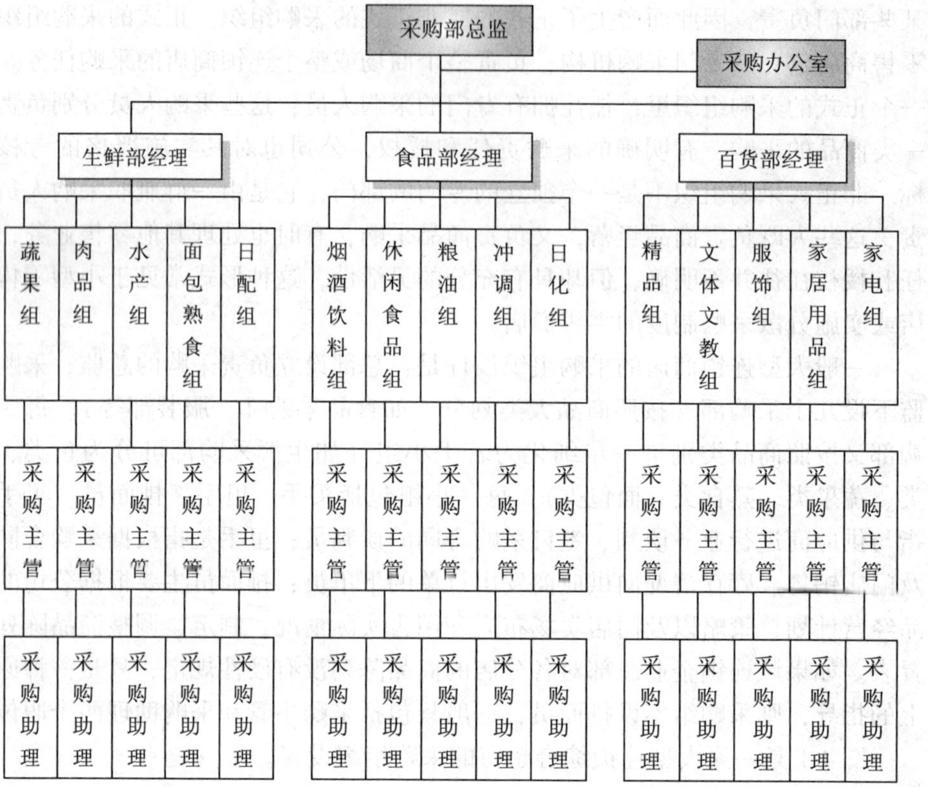

图 4－1　某大型连锁综合超市采购组织设置

应商关系的协调；协助新入市地区的商店采购工作等。

为了保证引进新商品及新供应商决策的科学性，很多零售商店成立了商品采购委员会这一非常设机构，该机构由采购人员、销售人员及财务人员等组成。该机构定期召开会议，对引进新供应商、新商品做出决策，采购人员根据采购委员会的决策具体与供应商进行谈判。

零售商店的上述采购组织均是将采购业务放在企业内部，由内部员工组织完成。其实，在费用更低或效率更高的情况下，零售商店也可以选择将采购业务转向外部，即依靠外部采购组织。在外部采购组织中，通常由零售商店支付一笔费用雇用外部的公司或人员，这笔费用比零售商店自建采购组织相对要低，且效率较高。外部采购组织通常被中小型零售商店或远离货源的零售商店所采用，它具有与供应商谈判的优势，通常服务于若干无竞争关系的零售商店，有时还提供营销咨询及自有品牌商品。

还有一种采购组织目前在国外中小型独立零售商中比较流行，这就是联合采购组织。联合采购组织是若干中小零售商通过签订一个有利于各方的协约进行联合采购而设立的组织，这种采购方式主要是为了对付日益成长的大型连锁企业的威胁，以便在采购业务上拥有更多的与供应商讨价还价的能力。联合采购一般是在中小型零售商中自愿组成的，有的也是由一家批发商发起，联合零售商以谋求一种规模效益的采购方式。

二、采购员及其考核

零售业是人的事业，零售采购管理水平也取决于采购人员的水平。采购计划的制订、采购资金的有效运用、货源的确定、库存的控制等一系列决策都与采购员的素质有关，企业拥有一流的采购人员，才能把握住商品经营的源头，实现商品经营的目的。

(一) 采购员的素质要求

几乎所有零售商店都对采购人员的素质提出了一定的要求，这些要求大同小异，主要是对采购员的品行操守、工作能力及性格特征给予了描绘。例如，国内一家大型连锁超市对采购员的要求归纳为 7 个方面：操守廉洁、掌握市场、精打细算、积极认真、创新进取、适应性强、团结合作。下面是零售业对采购员的基本素质要求。

1. 思想素质

采购员需要有强烈的责任感、事业心、良好的职业道德、遵纪守法、廉洁奉公。采购人员的职业道德关系着零售商店的整体形象，采购人员在业务活动中应注重个人修养。采取公正、公平的态度与各种商品的供应商建立起良好的相互信任的关系，不能在采购活动中营私舞弊，以个人利益侵害企业利益。要切实树立起采购为销售服务为消费者服务的观念。

2. 工作能力及个性特征

采购员的工作能力，除了具有较强的选择供货商，与供货商谈判等方面的业务能力外，还应具备较强的预测和决策能力以及人际关系协调能力等。这是因为采购人员与顾客及销售现场的接触较少，而一些连锁商店的分店又分布于各个地区，其面对的消费偏好存在着一定程度的差异，这些因素都给采购员预测商品需求变化趋势增加了难度；而且如果企业采购量大，时间性要求也高，采购员在业务活动中必须经常进行果断决策。同时，采购员必须善于与企业内有关部门人员，尤其是销售现场人员的关系协调中，善于把握消费需求信息，以保证采购商品的适销对路。

3. 知识结构

采购员应熟悉商品学、市场营销、经济法、数学和计算机管理等多门学科的知识。采购员需要有较深厚的商品知识，了解同类商品不同品牌、产地、质量和价格的特征，与本企业目标市场的适应性；有经济核算知识，熟悉商品成本构成，采购数量、时间、结算方式等对利润的影响；有政策法规知识，熟知合同签订的知识与技巧，防止签约失误造成损失；有市场预测知识与能力，掌握商品的产销规律；有企业营销知识，能科学合理地制定商场的促销策略。在工作阅历方面，不能仅限于采购工作经历。如日本西友公司规定采购人员必须担任过分店经理或商品部长，采购人员和中间管理人员及分店指导人员要定期轮换等，从而使采购人员具有丰富的商品知识和销售经验，熟悉商品运行的全过程，以便更好地承担公司的采购任务。

（二）采购考核

采购控制是零售商店实现经营目标的重要手段，在营运中谁能抓住商品采购控制这一环节，谁就等于找到了控制商品流通的源头。对采购的控制除了采购计划的控制外，还必须建立考核采购人员的指标体系对采购进行细化的控制。采购考核指标体系一般可由以下指标所组成。

1. 销售额指标

商品销售涉及商店销售部门和采购部门，有必要对两者实行捆绑式考核，指标相同权重不同。由于采购的商品是否适销对路、价廉物美，对商品销售影响至关重要，因而具体负责采购的人员必须对商店销售额计划的完成负有相当大的责任。销售额指标要细分为大类商品指标、中分类商品指标、小分类商品指标及一些特别的单品项商品指标。应根据不同的零售业态的特点来制定分类的商品销售额指标。

2. 商品结构指标

商品结构指标是为了使采购的商品体现业态特征和满足目标顾客需求的考核指标。尽管零售商店的商品组合千姿百态，但零售业态一经确定，其商品经营范围也就基本确定下来。有人曾经对一家便利店的商品结构分析发现，反映便利店业态特征的便利性商品只占8%，公司自有品牌商品占2%，其他商品则高达90%。为了改变这种不合理的商品结构，就要从考核指标上提高便利性商品和自有商品的比重，通过指标的制定和考核可约束采购员在进货商品上使商店的业态特征更明显。

3. 毛利率指标

毛利率是反映零售商店经营效益的一个综合性指标，直接关系着零售商店的盈利水平。在商品价格基本确定的情况下，采购员的进货成本直接影响着商店的毛利率水平。零售商店往往先确定一个综合毛利率指标，然后分解综合毛利率指标，制定比例不同的类别商品的毛利率指标并进行考核。毛利率指标对采购业务人员考核的出发点是，让低毛利商品类采购人员通过合理控制订单量加快商品周转，扩大毛利率，并通过与供应商谈判加大促销力度扩大销售量，增大供应商给予的“折扣率”，扩大毛利率。对高毛利率商品类的采购人员，促使其优化商品品牌结构做大品牌商品销售量，或通过促销做大销售量以扩大毛利率。

4. 商品周转天数指标

商品周转天数是指商品从购进到销售整个过程中所需要的时间。商品周转天数越长，占用的资金和场地越多，费用也越大。通过这一指标可以考核采购业务人员是否根据店铺商品的营销情况，合理地控制库存以及是否合理地确定了订货数量。

5. 商品到位率指标

这个指标一般不能低于98%，最好是100%。商店在营运中经常会发生畅销商品一旦摆在商品货架上，就会很快被抢购一空，变成脱销品种。从理论上讲，这种现象似乎天经地义，其实这只是一种表象，真正的实质在于脱销商品是构成具有商店代表性、体现竞争实力的关键性品种。而这一点，许多采购人员，尤其是管理人员依然停留在肤浅的认识上，没有认识到只有源源不断地保证畅销商品的供应，才能体现出商品结构的合理性和实惠性，为商店赢得更大利润空间。因此，能否做到迅速补充紧俏货源是衡量采购业务水平的一个重要指标。

6. 新商品引进率指标

为了保证零售商店的竞争力，必须在商品经营结构上进行调整和创新。使用新商品引进率指标就是考核采购人员的创新能力，对新的供应商和新商品的开发能力，这个指标一般可根据业态的不同而分别设计。如便利店的顾客是新的消费潮流的创造者和追随者，其新商品的引进力度就要大，一般一年可达60%～70%。当一年的引进比例确定后，要落实到每一个月，当月完不成下一个月必须补上。如年引进新商品比率为60%。每月则为5%，如当月完成3%，则下月必须达到7%。

7. 商品淘汰率指标

商店的商品是处于不停运动中的商品，由于商店面积有限，又由于必须不断更新商品结构，当新商品按照考核指标不断引进时，就必须制定商品的淘汰率指标，一般商品淘汰率指标可比新商品引进率指标低 10% 左右，即每月低 1% 左右。

8. 通道利润指标

通道利润是否应该作为采购员的一个考核指标，至今尚有争议。客观而言，在激烈的价格竞争之下，商品毛利率越来越低，以致在消化了营运费用之后，有些零售商店甚至出现了利润趋于零的情况，由此，通道利润就成为一些零售商店的主要利润来源，这种状况在一些竞争激烈的地区已经发生。一般通道利润可表现为进场费、上架费、专架费、促销费等。零售商店向供应商收取一定的通道费用只要是合理的就是允许的，但不能超过一定的限度，以致破坏了供商关系，偏离了经营的正确方向。因此，对采购人员考核的通道利润指标不应在整个考核指标体系中占很大比例，通道利润指标应更多体现在采购合同与交易条件之中。

三、商品采购方式

(一) 大量采购

大量采购，是商店为了节省采购费用，降低采购成本而一次性把一种商品大批量地采购进来。这种采购方式的优点是可以降低一次性的采购成本，获得进货优惠；缺点是需要占用大量资金和仓储设施。大量采购的商品数量一般很难找出规律性，主要依靠商店的经营需要、仓储条件和采购优惠条件等情况而定。一般适合以下几种情况：

• 该商品在市场中的需求量巨大，可以大量进货。有些价格弹性较大的商品，价格降低一定幅度以后，可以引起需求量迅速扩大。有些商店针对这一点，采取大量进货，压低进货成本，再通过薄利多销的促销策略吸引消费者购买，从而加速商品周转。对于这些价格比较敏感而大量销售的商品，可以采取大量采购的方法。

• 在共同采购方式下，可以大量采购。共同采购，即是许多独立中小商店为降低采购成本而联合起来的一种联购分销的采购方式，这在国外零售业非常普遍，而在国内这种联盟尚较少见。这种采购方式下，尽管具体到每一个企业采购量不大，但各个企业联合起来采购，聚沙成塔，可以采用大量采购方式。

• 对供货不稳定的商品，可以采用大量采购方法。有些商品的供应时断时续，没有规律可循。当市场上供应这种商品的时候，商店便大批量采购并储存起来，供以后陆续销售。这种情况下，商店必须准确估计需求量以及商品供应不稳定的缺货时间，否则商店会承担商品积压的风险。

资 料

新兴的大量采购——采购招标制

采购招标制是通过公开招标的方式而进行的大量采购。一般由购货单位或主办单位发出采购某种商品的通知，或是在媒体登出响应广告，说明拟购商品及相应的条件，请各方卖主在指定的期限内提出报价投标，招标人开标并比较各方报价，选择对其有利者达成交易。一般采取提前预付或货到付款方式，因此有人又将其称为招标买断制。

采购招标主要用于政府和某项大型工程的大宗商品采购。过去在我国零售业采购中使用不多。然而，自2000年以来，国内零售商开始尝试采用招标制进行大量采购，采购的商品通常是大众化的产品，主要目的是获取低价。例如，当年国美电器连锁公司采用公开招标的方式分别与夏华和索尼签订了1800万元、2564万元的彩电购货合同，并现款一次性付清；2002年4月，国美采用招标方式与国内十家空调生产企业签订了价值17亿的采购合同。采购招标渐渐成为人们关注的热点话题。

零售商实施采购招标制是与买断制（非代销）相结合的。这种现象的出现有其一定的必要性和可能性。从必要性来看，零售商实施采购招标制最重要的原因首先是降低商品价格。零售业竞争已进入微利时代，行业平均利润率已不到2%，大家电商品基本上是无利经营，但竞争仍是围绕着价格战来进行，商家商品降价空间越来越小，消费者降价胃口越来越大。这种矛盾迫使商家必须找到新的降低成本的方法，除了加强管理之外，最有效的就是改变采购方式。招标买断制与代销制相比，既可以使厂商及时收回货款，又可以使厂商多家竞标，大大降低进货成本和采购价格，因此招标制变得十分必要。其次，采购招标制使采购变得迅捷。采购招标制是在指定的时间和地点公开进行，优劣一目了然，交易双方不必耗时耗力进行反复磋商，没完没了地讨价还价，是高效率的一种采购方式。这在市场变化越来越快，消费者居于主导地位的今天，显得尤为重要。

从可能性来看，任何一种交易方式的出现与推行，都取决于交易双方的接受程度。多年来，厂家深受货款收不回来的痛苦折磨，也受某些商家的上架费、促销费、店庆费等名目繁多费用的盘剥。采购招标制的公开性原则，节省了厂家的关系费用；而它的买断制原则，又保证了厂家能及时回收货款，因此厂家欢迎商家的采购招标制。同时，经过这几年市场经济的磨练，厂商有能力完成商家的批量订货。对于商家而言，不少企业已具备相当实力和信誉，商业资本快速增加，有条件拿出一部分垫付资金进行买断制采购。

采购招标制的兴起，也说明了国内商业资本的成长，已使零售商与制造商的力量对比发生了变化。大型连锁零售公司利用完善的营销信息与后勤系统，向消费者们提供质优价廉的产品和服务。在一个以顾客为核心的时代，他们深信，在决定顾客需要方面，他们处于比制造商更为优越的位置。于是他们毫不留情地告诉那些甚至相当有实力的制造商，他们应该生产什么，生产多少，生产什么样的品种与款式，如何定价，如何做广告，如何进行产品促销，如何进行物流配送，甚至包括如何改进和组织其生产管理。

（二）适量采购

适量采购就是对市场销售均衡的商品，在商店保有适当的商品库存的条件下，确定适当的数量来采购商品。适量采购的关键是确定适当的采购数量，如果数量不当，将直接影响企业销售，增加进货成本。我们称这一适当的采购数量为经济采购批量。经济采购批量尽管是理论上的一个数字，但商店需要测算出这一时的经济采购批量，为实际的采购工作做参考。

对于商店而言，采购中常常会出现这种问题：如果采购商品过多，会造成商店商品的保管费用增多，资金长期被占用，从而影响资金的周转和利用率；但如果商品采购太少，不能满足顾客的需要，会使商店出现商品脱销，失去销售的有利时机。而且，每次采购商品过少又要保证商品供应，势必增加采购次数，频繁的采购会增加采购支出。

为了避免出现商品脱销和商品积压两种经营失控的现象，有必要确定最恰当的采购数量，即经济采购批量。经济采购批量与采购费用和保管费用有着密切的关系。首先，采购批量与采购费用呈反比例关系，因为在一定时期内的采购总量不变的情况下，每采购一次商品，就要耗费一次采购费用，因而每次采购批量大，采购次数少，采购费用也就少；反过来，采购批量少，采购次数就多，采购费用也就越多。其次，采购批量与保管费用呈正比例关系，因为在一定时期内采购总量不变的情况下，每次采购批量大，平均库存量也越大保管费用支出也就越多；反之，采购批量小，平均库存量就小，保管费用就少。它们之间的关系可用图 4－2 表示：

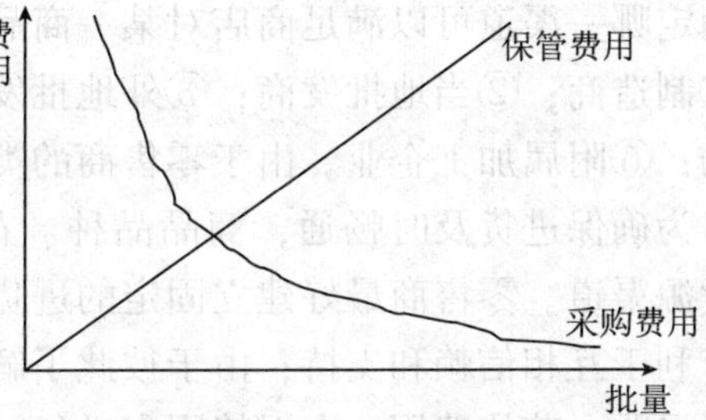

图4－2 保管费用与采购费用关系图

采购费用与保管费用对一次采购批量的要求是不同的。从商店经济效益来考虑，要使这两种费用都能节省，就必须寻找一个最佳采购批量，使两类互相矛盾的费用加起来的总费用为最小数。事实上，所谓的经济采购批量就是使采购费用与保管费用之和减少到最小限度的采购批量。其计算方法如下：

设：

Q＝每批采购数量

K＝商品单位平均采购费用

D＝全年采购总数

P＝采购商品的单价

I＝年保管费用率

则：

$$Q=\sqrt{2KD/PI}$$

【例】 某商店预计全年销售某种商品800件，已知每件商品的采购费用是0.5元，单价为20元，年保管费用率为2.5%，最经济的采购批量：

$$Q=\sqrt{(2\times0.5\times800)\ /\ (20\times2.5\%)}=40\text{（件）}$$

通过上述计算可以得知，每次采购数量在40件以上或40件以下的年度总费用都高于40件采购批量的年度总费用。只有每次采购批量在经济采购批量附近时，才使年度总费用最小，如果远离经济采购批量而去盲目进货，都不可能取得良好经济效益。

零售商在计算出来商品的经济采购批量后，还要考虑到实际需求、数量折扣及可变的订货成本和占用成本等方面的变化，来确定实际的采购数量。

第三节 供应商选择与考核

一、供应商准入制度

选择供应商及其货源是零售商店开展采购活动的重要环节，零售商店需要在各种货源渠道中确定哪一渠道可以满足商店对某一商品的需要。零售商店的进货来源主要有：①制造商；②当地批发商；③外地批发商；④代理商和经纪人；⑤批发交易市场；⑥附属加工企业。由于零售商的类型和规模不同，进货渠道也会有所不同。为确保进货及时畅通，商品品种、花色、式样丰富多彩，零售商店必须广开货源渠道。零售商最好建立固定的进货渠道和固定的购销业务关系，这样做，有利于互相信赖和支持；由于彼此了解情况，易于符合进货要求，可以减少人员采购，节约费用。在保持固定进货渠道的同时，零售商还要注意开辟新的进货点，以保持商品品种的多样化。

选择供应商是一个非常复杂的工作，美国西尔斯百货公司的全部供应商超过 10000 家，还有更多的供应商纷纷要求进入，这给选择工作带来了一定的难度。为了从一开始就淘汰和筛选出不合格供应商，节约谈判时间，提高采购效率，零售商店必须先建立一个供应商准入制度，设立一个选择标准，以对供应商进行资格审查。

供应商的选择标准主要有：

- 信用情况。零售商在进货前必须了解供应商以前是否准时收款发货，遵守交货期限以及履行采购合同情况，以便同诚实、信用好的单位建立长期合作关系，稳定货源；
- 商品价格。价格是零售商进货的主要依据之一，只有价廉物美的商品才能吸引消费者，增强企业竞争力。因此，在保证商品质量的基础上，价格低廉的供应商是商店进货的首选；
- 品质保证。零售商进货时要明确了解对方商品质量如何，比较不同供应商的商品性能、寿命、经济指标、花色品种、规格等，择优进货；
- 交货时间。包括供应商发货后商品的在途时间及结算资金占用情况等；
- 费用。比较不同供应商、不同地区的进货费用和进货成本进行选择；
- 服务情况。即比较不同供应商服务项目的多少和服务质量的高低作为选择标准。例如，是否送货上门、是否负责退换商品，是否提供修理服务，是否赊销，是否负责介绍商品性能、用途、使用方法，是否负责广告宣传等；
- 管理规范制度。管理制度是否系统化、科学化，工作指导规范是否完备，执行的状况是否严格。

供应商准入制度的核心是对供应商资格的要求，包括供应商的资金实力、技术条件、资信情况、生产能力等。这些条件是供应商供货能力的基础，也是将来履行供货合同的前提保证。这些基本的背景资料要求供应商提供，并可通过银行、咨询公司等中介机构加以核实。采购员应主动开发收集具有合作潜力的供应商相关资料，并记录在供应商资料卡上。然后根据资料卡内容及选择标准评定该供应商是否列为开发对象或合作对象。

目前，越来越多的跨国公司进入中国市场寻找供应商，他们的一些做法值得借鉴。跨国公司对供应商的选择原则是：具有高度专业技术核心能力的、长期的、少而精的、有足够合作精神的、互惠互利的、最好的供应商。大多数跨国公司选择供应商的基本标准是“QCDS”标准，也就是质量、成本、交货和服务。第一，要确认供应商是否建立了稳定有效的质量保证体系和持续可靠的测试系统，这是保证产品质量的关键；第二，运用价值工程的方法对商品的成本进行分析，并通过双赢的价格谈判实现成本节约；第三，确定供应商是否有足够的生产能力、生产设备、人力资源是否足够，有没有扩大产能里潜力；第四，供应商的售前、售后服务记录是否良好。

近年来，跨国公司的采购标准日益提高，新增加了环保认证考核、电子商务应用程度和安全品质考核三大考核指标，一些公司甚至将企业的社会责任情况也列为选择的标准之一。沃尔玛的整个采购系统都是实实在在以顾客需求为中心，每种产品的采购是否合乎要求，沃尔玛有 4 个检验标准，即产品会不会提高沃尔玛的质量，会不会使沃尔玛的价格得以改善，会不会增加沃尔玛的价值，会不会丰富沃尔玛的种类。

反观国内，许多零售商店在选择供应商问题上不同程度地设了一道门槛，即进场费。有些企业甚至将其作为第一条件，供应商若不能交纳进场费，则一概免谈。由于各商家进场费的数额比较混乱，由此引来众多争议，也导致零售商与供应商之间关系日趋紧张。随着市场竞争的日益加剧，这种一味地收取进场费而不顾供应商商品质量和市场反应的做法是不足取的。

二、供应商货品识别

准确识别供应商提供的货品质量，认定其货品是否合乎要求，这对采购员是一个最基本的要求。许多零售商店都将供应商的商品质量及价格列为一项重要选择标准，一些国际零售巨头更是对商品质量进行严格鉴别。例如，法国家乐福公司对采购产品的选择就很慎重，生产厂家必须通过包括工厂检测、产品测试直至装运检验等一系列的长达半年时间的考核，才能向家乐福供货；德国麦德龙公司对产品质量的要求则永远排在第一位，进入麦德龙采购系统的产品先要在国内的一个区域销售，如销路好再进入全国市场，最后才能分销到国外；日本大荣公司最看重产品的安全性，因为进入大荣连锁采购系统的产品将有可能出口日本，而日本对进口产品都有严格的标准，尤其是产品的安全性。

沃尔玛对产品质量的要求也很严格，特别是涉及出口的产品还要符合进口国标准。

如何鉴别其商品真伪或品质级别呢？以下介绍几种常用的方法：

（一）感官识货法

这是利用人的视觉、触觉、味觉、嗅觉、听觉等器官，来识别商品优劣真伪的一种方法。这种方法主要用于鉴别商品的色泽、气味、滋味、透明度、音质、硬质、弹性、外观疵点以及外形结构、包装结构、装潢等，是目前商品流通领域应用较为广泛的一种识货方法。感官识货法又可分为五种：味觉识货法、嗅觉识货法、视觉识货法、触觉识货法、听觉识货法。

（二）标志识货法

这是一种根据商品的外观或包装上的特有标志或标记，来识别商品真伪的识货方法。标志识货法主要有以下几种：商标标志识货法、质量标志识货法、商品标记识货法、激光全息防伪标志识货法、条码标志识货法。

（三）包装识货法

包装识货，通常可以从以下几个方面入手来进行识别：从商品包装标志上鉴别、从包装装潢上鉴别、从包装标签上鉴别、从包装材料上鉴别。

（四）专家识货法

专家识货法是运用专家的专业知识和经验，对商品的真伪优劣进行分析和评判。一般是在提出问题的基础上，征求或调查专家的意见并加以整理，从而认定商品的品质。这种方法一般有两种形式：专家会议法、现场指导法。

（五）文件识货法

又称凭证识货法。购进耐用家电商品，如电冰箱、电视机、录像机、音响、空调等商品，按国家有关部门规定，除当面通电试机外，还应索取发票和“三包”（包修、包退、包换）等凭证。

（六）测试识货法

这是一种较常见的识货方法。即通过测试商品的有关技术参数是否符合规定标谁，性能是否正常，运行是否良好等，来鉴别商品的真伪优劣。

（七）试销识货法

试销识货法就是通过商品的销售状况和顾客的反映即实际使用效果，来判断和鉴别商品的优劣。顾客是商品的直接使用者，他们对商品的感受和体会非常深刻；营销就是服务，为顾客服务的销售人员对商品的质量的反映和意见，也至关重要。用这种办法来检验商品质量比测试识货法更直接和更实际。

三、采购谈判及签约

（一）谈判前的准备

当货源已经确定、购买前评估也已完成时，零售商店采购员开始与供应商就商品采购具体事宜进行谈判。谈判并不是要争得面红耳赤，或不欢而散。谈判是为了达成“双赢”而进行的一种“协商过程”。谈判是一种艺术，谈判能力与每一个人的经历、商业经验、生活经验及个人的综合素质有关。为了使采购谈判达到预期目标，采购员在谈判前必须做好充分的准备工作。

1. 明确谈判目标

具体明确的谈判目标有助于谈判的成功，盲目、含糊不清的目标将导致谈判的失败。采购谈判通常有五项主要目标：

- 为相互同意的质量条件的商品取得公平而合理的价格；
- 要使供应商按合约规定准时与准确地执行合约；
- 在执行合约的方式上取得某种程度的控制权；
- 寻求供应商给本公司最优惠的交易条件及最大的合作；
- 与表现好的供应商取得互利与持续的良好关系。

确定谈判目标时，一般将目标分为两个层次：一是理想目标，即谈判者期望通过谈判所要达到的上限目标；二是现实目标，即谈判者期待通过谈判所要达到的下限目标。采购员应该对目标的可行性进行充分分析，以便在谈判过程中掌握主动，在保证现实目标的基础上尽量争取实现理想目标。

2. 列出谈判内容

零售商店采购谈判中涉及的内容主要是：

- 采购商品。包括商品质量、品种、规格、包装等；
- 采购数量。包括采购总量、采购批量、单次采购的最低订货量和最高订货量等；
- 送货。包括交货期、频率、交货地点、最高与最低送货量、保质期、验收方式、交货应配合事项等；
- 退换货。包括退换货条件、退换货时间、退换货地点、退换货方式、退换货数量、退换货费用分摊等；
- 价格及折扣。包括新商品价格折扣、单次订货数量折扣、累计进货数量折扣、年底进货奖励、不退货折扣（买断折扣）、提前付款折扣等；
- 售后服务保证。包括是否负责保换、保退、保修、安装等；
- 付款。包括付款天数（账期）、付款方式等；

• 促销。包括促销保证、广告赞助、各种节庆赞助、促销组织配合、促销费用承担等。

在上述内容中，采购员要明确重点谈判项目，即谈判中重点讨论的问题。对于这些重点问题，采购员要找出分歧点，明确重点问题的预期目标和自己的态度。

3. 搜集谈判资料

在谈判之前，采购员需要搜集与谈判内容有关的各种资料，包括供应商的详细情况、市场行情和价格动态等。特别是商品价格信息，采购员需要对所购商品的成本进行详细分析，并对供应商提出的价格与其他价格进行比较。比价是采购员在正式谈判之前要做的一项重要工作，比价主要是指把供应商的报价与采购的底价、供应商过去的报价、供应商商品的成本以及其他供应商的价格比较，判断是否合理。为了更好地控制采购价格，采购员还需要了解市场上该商品的价格水平，因而需要进行访价工作，了解同业态竞争对手、其他业态商店出售该商品或同类商品的价格水平。

在搜集到的所有资料中，有些因素对采购人员或供应商而言是有利的或是不利的，采购人员应设法先研究这些因素，进而采用不同的谈判策略。因此，在全面掌握资料的基础上，采购员要详细分析谈判双方的优势和劣势所在。例如，供应商的供应能力、订单积压状况和盈利能力如何？供应商价格与质量的优势或缺点何在？供应商的兴趣何在？谁在谈判中处于更有利的地位？哪些关键点可以使双方都能得到最大的好处？只有资料掌握得越充分，后面的谈判就会越主动。

4. 制定谈判策略

制定谈判策略，就是制订谈判的整体计划，从而把握在谈判中的整体进程。谈判策略应包括：先讨论什么问题？后讨论什么问题？在哪些方面自己愿意妥协？妥协的程度有多大？在哪些方面应立场坚定？谈判团队由哪些人组成？谈判时间如何安排？等。

（二）正式谈判

1. 开局阶段

谈判开局对全局及走向有很大的影响，必须精心安排，创造一个和谐的谈判气氛。为实质性谈判取得成功奠定良好基础。开局阶段往往需要阐述为什么要谈判，谈判的内容是什么，谈判的程序，预计谈多长时间等。双方各自表明自己的态度。这个阶段虽然不长，但却建立了洽谈的格局，双方都从对方的言行、举止中观察和判断对方的特点和心理状态，以调整自己的谈判策略。

2. 正式洽谈阶段

正式洽谈阶段具体又可分为摸底阶段和磋商阶段。摸底阶段是对对方的态度、希望得到的利益，可能出现的让步等情况进行了解。磋商阶段是通过对商品质量、价格、交货方式、付款条件等各项议题的反复讨论，互作让步，寻找双方都有利的最佳方案。这一阶段，要注意做好谈判记录，把双方已经同意解决的问题在适当时机归纳小结，请双方确认。当一个具体问题上谈判陷于僵局，应暂时绕过难题，转换另一个问题进行磋商，以便通过这一议题解决打开前一问题的僵局。如果通过反复磋商，所有议题得到圆满解决，谈判进入成交阶段，即正式签约。

谈判成功的关键因素主要有：

- 坚持必胜的信念，敢于面对任何困难和挑战；
- 有耐心，很好地控制自己的情绪；
- 采用稳健的谈判方式，不要激化矛盾；
- 语言表述准确、干脆和有效；
- 善于应用谈判技巧，赢取主动。

（三）签约及合同管理

对于新供应商，其商品第一次进场销售，往往先签一个商品试销协议。期限不等，一般为三个月或更短。待三个月试销期满，零售商视销售情况再决定签正式采购协议。试销成绩合格的商品，零售商可以与供应商签订正式的采购协议，建立长期的供销关系。

采购合同是买卖双方为实现一定的经济目的而依法订立的明确双方有关权利义务的一种书面协议。它对双方当事人具有法律约束力。合同一旦签订，任何一方不得强迫对方接受不平等条件，也不能单方面撕毁合同，否则将受到法律制裁。

任何一个经济合同都包含基本条款和普通条款。采购合同的具体内容有以下几方面构成：

- 采购商品的名称；
- 采购商品的数量、价格和质量；
- 采购商品的交货地点及交货时间；
- 采购商品货款的支付；
- 其他事项。包括供应商的售后服务，对消费者的承诺，应支付的各种入场费、赞助费等；
- 违约责任及违约金。

采购合同一经签订就正式生效，买卖双方必须严格执行，任何一方不得随意毁约。如遇特殊情况，一方需要修改的，需经对方同意。在合同执行过程中，如果发生纠纷，双方应充分协商，尽量要求合理解决。协商不成的，可由中介机构出面调解，调解不成的可直接向经济法庭起诉，由法院做出裁决。

四、供应商考核

（一）供应商考核目的

商品正式销售后并非万事大吉，企业还可以设置专业部门监控商品销售动态，对列入排行榜的滞销商品随时予以淘汰；同时对供应商定期评估，只有评估合格的供应商才能成为企业长久的合作伙伴。有些企业还设立事后追查制度，一旦发现商品质量和价格问题便追查到采购环节。

供应商考核的目的在于：

- 培养有实力且愿与零售商店同步成长的合作伙伴；
- 淘汰没有潜力或商业道德，且对商店无益的供应商；
- 尽量减少中间环节的不合理加价，以降低进货成本；
- 争取最好的商业交易条件；
- 将营业额与利润额最大化。

一般而言，大型供应商（例如，跨国性消费品制造商或国内的知名品牌制造商）在商店的供应链占主导地位，他们的商业行为比较规范，较少以贿赂采购人员的方式达成其业务目标，大部分都凭其品牌实力、有优势的价格、有力度的广告与促销及良好的售后服务完成交易。而中小型的供应商（例如，一些私营的批发商、经销商、工厂或个体户）比较偏好与采购人员私下打交道，给予各种好处（包括：私人回扣、赠品、娱乐、招待、开支报销……），进而控制采购人员。

所以"筛选供应商"成为供应商管理的一个最重要课题，其实只要采购人员立场端正，要挑选好的供应商不难，零售商店可以通过制定"供应商政策"，里面明确"选择要求"，并通过"供应商基本资料表"、"供应商简介"、"供应商报价单"、"新供应商问卷调查表"及"新供应商产品问卷调查表"等资料基本上可以看出一个端倪。对于零售商店而言，要与优良的供应商建立长期的伙伴关系，不断淘汰表现差的供应商，需要定期对供应商进行考核。

（二）供应商考核方式

引入的商品在商场正式销售后，采购人员仍要追踪管理，不能放任自流。对于供应商需要定期进行考核。主要考核内容有：商品质量和创新情况、商品销售情况、商品价格竞争力和毛利率、供应商的配送能力、供应商促销配合情况、供应商的发展潜力等。

所有旧供应商每半年或一年考核一次，考核时应由负责人填写《供应商考核表》(参考本章附表)，会同采购评估小组进行“价格”、“品质”、“交货时间”、“配合度”等指标进行考核，确定评定等级。一般可以将供应商的考核结果分为三个等级：

1. 考核优秀

对于考核优秀的供应商，零售企业可以予以表彰和奖励，并进行排名，对排名前列的供应商在信息交流、货款上给予优待。零售企业也可以选择单项优秀的供应商给予表扬，如最佳促销配合供应商、最佳商品毛利率供应商、最佳营业额供应商、最佳准时交货供应商等。

2. 考核合格

对于考核合格的供应商，继续留在企业采购名册上，同时对其商品和管理提出改进意见，希望其继续努力，成为企业的优秀合作伙伴。

3. 考核不合格

对于考核不合格的供应商，应决定暂停或减少采购数量，并通知该供应商进行改善，或由商店派员进行辅导。采购部门人员追踪评估供应商改善成效，成效不佳视情况要求该供应商于展延期内改善。复核为合格者，方可继续登录于《合格供应商名册》内。复核不合格者，零售商店可以规定采购部一定时期按一定比例替换供应商。多数商店一般在年底顺便决定年度10% ~20%应替换的供应商。若总数有500家供应商，则应在此时替换50~100家供应商，汰劣择优，形成一种“良性循环”。

淘汰的供应商要及时清场。其实，一些不合格的供应商在平时供货中就表现出来。有些供应商言行不一致，表现欠佳，呈现一些问题，例如，产品没有优势、促销也不积极、产品质量不稳、包装不良、送货不及时、赞助费用很少、拒绝退换货、供货价格经常调涨、账期太短、账额太小、沟通困难、服务不佳……。这些都是应该“清场”的微兆，但“清场”不能单凭采购主管说了算，否则因为个人恩怨，变成公报私仇，暗箱操作，这是采购工作的大忌。“清场”与“进场”一样应该按规定程序进行，可由采购主管填写“旧供应商清场申请表”，经由采购总监同意下，正式办理“清场”手续。清场时，应先通知“财务部”暂缓付款，等与供应商谈判库存清理办法之后，获得妥善的解决办法（例如，供应商补价差或做清仓处理）后，才可做最后的货款结算。

（三）年度供应商大会

多数零售商店都十分重视年度供应商大会，将其视为与供应商建立良好关系的一次重要机会，并于每年年底择期召开。年度供应商大会主要有两个内容：一是介绍本公司的发展情况和目标；二是对优秀的供应商进行表彰。召开年度大会的目的是：感谢供应商一年来的配合及支持，同时展现商店的发展实力和潜力，吸引更多的有实力的新供应商前来接洽。

美国西尔斯百货公司每年都要表扬150名最好的供应商，其在1995年度总结报告中写道：

“那些自高自大的供应商不会出现在我们前进中的伙伴名单中。西尔斯持续获得成功，满意的消费者一次又一次地回头购买我们独特的产品和服务。为了赞扬供应商们对西尔斯整体顾客满意承诺的突出贡献，西尔斯授予优秀供应商‘前进的伙伴’的荣誉。这些入选者从10000多家供应商中选出，他们在产品创新、质量和服务方面处于领先地位。他们帮助西尔斯将其自有品牌带给了全国范围内数以百万计的西尔斯顾客。对这个非凡的群体，我们怀着十分感激的心情向他们道一声‘谢谢’。”

国内大型连锁商店也会召开年度供应商表彰大会，表彰大会可以是有偿的（例如，由供应商自费参加有餐宴的“颁奖大会”）或无偿的。也可以仅有精神奖励（例如，奖状或奖牌等），或同时给予物质奖励（例如，奖金或提前付款等）。更可以请新闻媒体参加报道，以扩大影响力。表彰的内容主要包括：营业额、营业额增长率、毛利额、毛利增长率、准时交货率、低或无退货率、售后服务水平、商品创新、促销支持力度、广告支持力度、综合配合度等项目。也可以针对供应商的业务人员及商店的采购人员颁奖给“最佳业务能手”及“最佳采购能手”等，以激励买卖双方关键人员，奖项可以是：奖状、奖牌、奖金、或国外旅游等。

总之，越来越多的零售商已经认识到，与优良的供应商建立长期稳定的合作关系对事业发展是至关重要的。过去，零售商只要专注于企业内部管理，包括对商品的管理、财务的管理、人员的管理便能在市场中获得竞争优势。后来随着竞争的加剧，零售商又通过发展连锁经营、降低库存来赢得优势。然而，在今天的信息社会中，这种独自挖掘潜力的竞争方式已不能适应竞争的要求，零售商要将自已放在整条商品供应链中考虑自已的地位和价值，通过与供应商建立战略伙伴关系，才能不断提高对顾客要求做出迅速反应的能力、企业各部门的应变能力和优化企业外部资源管理能力，从而建立起自己的竞争优势。

附表

供应商评估考核表

项目	评估考核等级			
	A	B	C	D
商品质量	品质佳 （15）	品质尚可 （8）	品质差 （6）	时常出现坏品 （2）
畅销程度	非常畅销 （10）	畅销 （8）	普通 （6）	滞销 （2）
商品价格	比竞争对手优惠 （20）	与竞争对手相同 （12）	略高于竞争对手 （8）	大高于竞争对手 （2）
配送能力	准时 （15）	偶误 （10）	常误 （8）	经常误 （2）
促销配合	配合极佳 （15）	配合佳 （10）	配合差 （5）	配合极差 （3）
欠品率	2%以下 （15）	2%～5% （12）	5%～10% （8）	10%以上 （2）
退货服务	准时 （10）	偶误 （8）	常误 （6）	经常误 （2）
经营潜力	潜力极佳 （10）	潜力佳 （8）	普通 （6）	潜力小 （5）
得分	110	79	53	20

说明：

1. 对供应商应定时评估考核，一般隔半年或一季度进行一次
2. 得分80分以上为A，60～80分为B，50～60分为C，50分以下为D。A类供应商应给予表扬和奖励

案例及分析

案例 1

王府井百货上收采购权，麦德龙下放采购权

2005 年 9 月，在王府井百货 50 年庆典活动上，中国最大的百货集团——王府井百货董事长总经理郑万河宣布：王府井百货为了能与国际零售企业接轨，不断扩充企业规模，准备在明年实现门店商品的统一采购。“我们在明年初将对北京市所有门店的采购系统进行统一切换，实现北京门店所有商品 100% 集采，接下来对外地门店的商品进行渐进式的集采。”郑万河介绍。为了能实现这个目标，王府井百货已经与麦肯锡合作，设计了连锁战略、业务体制、业务流程等运营手册，引进了安达信成熟的连锁信息系统，并搭建了百货连锁信息管理平台。

与此同时，锦江麦德龙现购自运有限公司总部透露：麦德龙在中国推行的采购新政，将使区域公司在生鲜、蔬果的当地采购上获得一定的自主权。实行采购新政之后，总部采购部门将与区域采购部门联合采购，华北、华南、华中和华东四大区域的区域采购部，将取代总部担负起收集资料、与当地供应商洽谈业务等工作。但是，放权会否导致管理混乱？对此，麦德龙负责人表示，区域采购部门的权力仍受总部很大的限制，不仅在供应商最终决定时要与总部协商，日常的供货过程，也将受到总部质量监督单位与区域的质量监督部门的共同监督。

（资料来源：中国商报网站 http：//www. cb－h. com）

案例思考题

王府井上收采购权和麦德龙下放采购权各自出于什么考虑？

案例2

采购腐败严重侵蚀家乐福利润

家乐福某些采购经理侵蚀企业利润的行径似乎已不是秘密。在众多供货商提供的证据中，单店采购黑幕可谓触目惊心，已经变成家乐福采购管理中最头疼的问题。

在零售业内有这样一句话："家乐福是最本地化的外资超市。"为了快于其竞争对手在中国完成战略布局，家乐福打破了常规集中采购的管理体制，采取了"各自分散作战"的方式，赋予门店很大的权利，使每家店面都拥有独立的采购和销售体系，物流成本非常低。

然而，这虽为家乐福赢得了发展的时间和消费者的青睐，却给采购腐败造成了可乘之机。家乐福中国人力资源总监杨孝全曾经表示，在权利下放的同时，这些持有"生杀大权"的采购中层拥有相当大的权限。

为家乐福供应日化用品已经两年的王先生坦言，业内的一个"标准"是，某些月薪3000元的采购经理，每年在采购中收取的回扣、贿赂可能高达几十万、上百万元。他所熟悉的某些采购经理，一般做不到两年，就可以全额付款购买住房和汽车了。这些超常购买能力都是通过其他渠道来获得的。王先生透露，"吃回扣"的方式很多，每当一个新采购经理上岗，一定会有很多供应商排着队请他吃饭，夹寄、送信用卡，比较新兴的方式还有"抽奖"、答谢会、产品介绍会、演示会。

采购岗位动荡早已成为了零售商店见怪不怪的现象，家乐福采购部门换人的频率更是高过同行。家乐福中层采购经理被调职或免职，大部分原因就是收受了某些供应商大量的"好处费"，大额采购该商品并压缩竞争对手的采购量，被竞争对手供应商举报而引致盘底调查，最后终因难以收场而东窗事发。目前，家乐福内部采购中暴露的腐败问题已经极大影响了家乐福的利润，引起了高层管理者的重视，并决定采取一定措施进行整治。

（资料来源：中国经济网 http：//www.ce.cn）

案例思考题

请你给家乐福高层领导提出如何整治采购腐败的合理化建议。

本章思考题

1. 零售商店的采购制度主要有哪几种？各有什么优缺点？
2. 零售商店采购部的主要职能是什么？考核采购工作的指标有哪些？
3. 零售商店的采购方法有哪些？各适用于哪些情况？
4. 选择供应商的标准是什么？如何识别供应商的货品？
5. 为什么要对供应商定期考核？如何进行考核？

第五章 库存与配送管理

本章提要

库存配送管理尽管是零售商店的内部运作管理，但每一个环节直接和费用产生相关。许多连锁商店的物流费用已经占整个商品经营费用的主要部分，因而降低物流成本成为连锁商店的利润来源之一，甚至构成了一个连锁商店的核心竞争力。本章主要介绍：商品补货方式与补货量的确定，仓库作业管理中的收货、存货与盘点作业管理，零售商店的配送模式，配送中心功能及配送作业管理。

第一节 补货管理

一、商品补货方式

如果一个供应商已经成为零售商店正式的供货伙伴，其商品已经正式进入商店采购目录，则该商品的采购就不是一次性行为，而是一种连续发生的行为，我们称之为补货。补货不需要再签订采购合同，通常只涉及一份格式化的订单，双方都清楚补货的程序，补货过程按例行方式处理。

商品补货是库存管理的一个重要内容，其目标是将必要的商品以必要的数量在必要的时间送达配货中心的仓库或商店仓库。科学的补货策略可以使得库存商品积压达到最小，同时保证配货或销售的不间断，这需要零售商店根据当前的库存数量和对未来销售趋势作出准确预测，再根据送货周期的约束确定一个合理的补货数量，以保证在一个送货周期内库存量足以满足销售的需要。目前，零售商店的补货方式主要有三种：定时补货、定点补货和持续补货。

（一）定时补货

定时补货就是零售商店确定一个固定时间即补货周期，每隔一个补货周期就集中补进一批商品，此时补货数量以这段时间销售掉的商品为依据计算。

补货周期是根据商店补进该种商品的备运时间、平均日销售量及企业储备条件、供货商的供货特点等因素而定，一般由商店预先固定，或10天，或15天，或更长不等。补货批量则不固定，每次补货前，必须通过盘点了解商店的实际库存量，再订出补货批量。计算公式为：

$$采购批量 = 平均日销售量 \times 采购周期 + 保险储备量 - 实际库存量$$

上式中，保险储备量是防止由消费需要发生变化和延期交货引起脱销的额外库存量。

【例】 某商店日销售某商品30件，保险储备定额为5天需求量，订货日实际库存量为500件，补货周期为30天，则：

$$补货批量 = 30 \times 30 + 5 \times 30 - 500 = 550$$

从资料中可看出，补货周期为30天，一般情况下，补货批量应为900件，而现在这批只需补货550件，说明实际库存严重超储，必须在补货时作适当调整。

定时补货的优缺点是：补货时间固定，因而可以作周密的补货计划，便于补货管理，并能得到多种商品合并补货的好处；但由于这种补货方法不能随时掌握库存动态，易出现缺货现象，盘点工作较复杂。

由于该补货方式容易出现缺货现象，为了使可能的缺货损失降到最低，该方法一般适用于非主力商品或非重要商品，这些商品即使缺货也不会对企业经营造成太大影响。为此，企业可以采取ABC分类法对商品重要性进行分析。

ABC分类管理法的操作步骤是将各种商品按金额大小顺序排列，计算出各类商品的金额比重和品种比重（单项比重和累计比重），再将商品划分A、B、C三种类别。A类商品是指获利高或占销售额比重大，而品种少的商品，一般金额比重为70%～80%，品种比重为5%～10%；C类商品是指获利低或占销售比重小，而品种多的商品，一般金额比重为5%～10%，品种比重为70%～80%；B类商品是处于A类和C类商品之间的商品，其金额比重为10%～20%（如图5-1所示）。

将商品划分成ABC三类后，再根据分类结果实施分类管理。C类商品和B类部分商品可以采用定时补货法，由于这类商品所占销售额比重较小，而品种比重较大，因而需要对每种商品的库存量控制在最小限度内，可以固定补货时间。而A类商品是重点商品，应进行重点控制，要注意防止脱销，因而不适合采用定时补货。

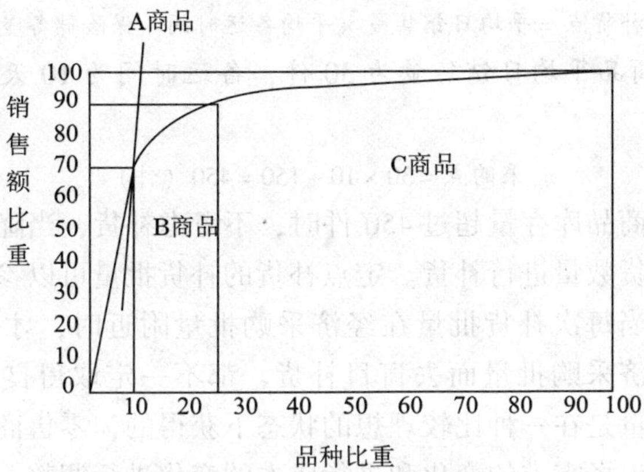

图 5－1　ABC 商品分类图

（二）定点补货

定点补货也称为补货点法，是指零售商店根据库存水平降到某一点来确定补货时间。定点补货的特点是补货批量固定，补货时间不固定。这种补货的关键实际上是确定补货点的库存量（见图 5－2）。

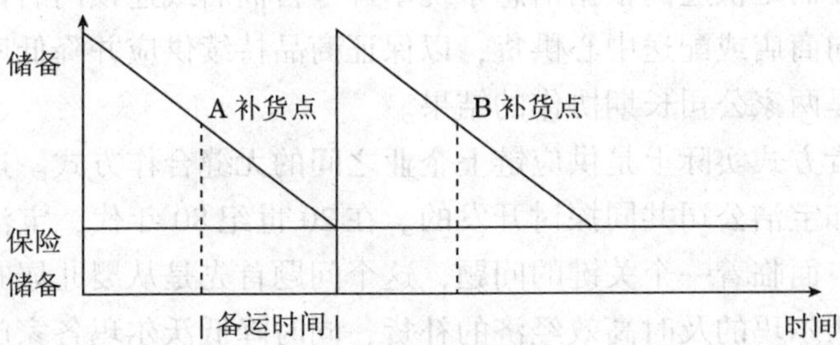

图 5－2　定点补货的补货点及库存

从上图中可知，从 A 补货点开始到可以销售，一般需要一定的间隔时间，不可能随进随销。这段间隔期也称备运时间，包括：①商品在途运输时间；②商品验收入库时间；③销售前整理加工时间；④其他时间。

在这段时间内，存货通过逐日销售下降，如果存量下降到 A 补货点而不开始补货，则商店就会冒脱销的风险；如果存量尚未下降到 A 补货点就提前补货，则仓库要冒积压的风险。因此，当库存量下降到 A 或 B 补货点时，是开始补货的最适当时间。

补货点的计算公式如下：

$$补货点 = 平均日销售量 \times 平均备运时间 + 保险储备量$$

【例】 某商品平均日销售量为30件，备运时间为10天，保险储备额为150件。

则：

$$采购点 = 30 \times 10 + 150 = 450\ (件)$$

说明：当该商品库存量超过450件时，不考虑补货，当降到450件时，就及时按预定的补货数量进行补货。定点补货的补货批量可以参考经济采购批量的计算方法，即当每次补货批量在经济采购批量附近时，才使年度总费用最小，如果远离经济采购批量而去盲目补货，都不一定取得良好经济效益。当然，经济采购批量是在一种比较理想的状态下获得的，零售商店往往以此作参考，还要考虑到市场需求的变化和进货成本的变化进行调整，来确定实际的补货批量。

定点补货的优缺点是：能随时掌握商品变动情况，补货及时，不易出现缺货现象。但是，由于各种商品的补货时间不一致，难以制定周密的补货计划，不便于补货管理。

（三）持续补货

持续补货也称为自动补货，是指零售商店与供应商一体化运作，零售商店无需下订单，而是供应商根据信息系统掌握零售商店或连锁门店销售情况和库存情况随时向商店或配送中心供货，以保证商品持续供应并降低库存。这种运作方式通常是两家公司长期协作的结果。

这种补货方式实际上是供应链上企业之间的无缝合作方式。这种方式最早是由沃尔玛和宝洁公司共同探讨开发的。在20世纪80年代，宝洁与沃尔玛在合作过程中，面临着一个关键的问题，这个问题首先是从婴儿尿布引起的，即如何确保对沃尔玛的及时高效经济的补货，同时降低沃尔玛各家门店销售过程中的缺货机会。于是，两家公司坐下来认真探究，最终发展出了一套持续补货系统。下图（见图5－3）显示了持续补货的发展历史。

到了20世纪90年代中期，随着信息技术的快速发展，持续补货系统得到进一步完善和发展，成为了沃尔玛核心竞争力所在。事实上，越来越多的零售商店已经认识到，与优良的供应商建立长期稳定的合作关系对事业发展是至关重要的。过去，零售商店只要专注于企业内部管理，包括对商品的管理、财务的管理、人员的管理便能在市场中获得竞争优势。然而，在今天的信息社会中，这种独自挖掘潜力的竞争方式已不能适应竞争的要求，零售商店要将自己放在整条商品供应链中考虑自己的地位和价值，通过与供应商建立战略伙伴关系，才能不断提高对顾客要求做出迅速反应的能力、商店各部门的应变能力和优化企业外部资源管理能力，从而建立起自己的竞争优势。

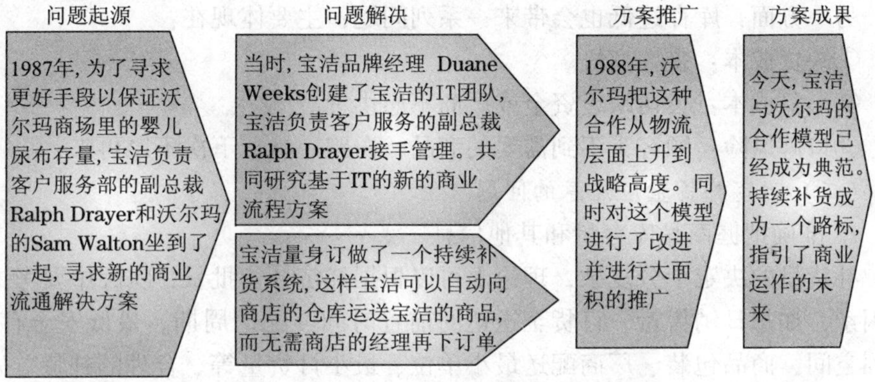

图 5－3　持续补货的发展历史

二、合理确定补货数量

上述各种补货方式虽然已经涉及了补货数量的计算，但零售商店要真正做到补货数量既不能造成仓库积压，也不能造成商品缺货却是非常难的。库存水平过高和过低都将给零售商店带来损失。

（一）库存水平不当的影响

1. 库存过高的影响

库存过高会增加商店的库存成本，主要体现在以下三个方面：

①资金成本：库存积压商品占用的资金将产生利息费用。

②仓储成本：商店仓储空间是有限的，有限的空间必须合理运用才能达到最佳效果。库存过高，导致一些仓储空间被浪费在不需要的商品上，造成仓储成本增加。

③商品损耗风险。库存过高带来商品损耗的可能性增大，表现在：

- 商品过期或过季。
- 商品保质期接近必须降价求售。
- 商品被盗。
- 商品压坏（纸箱变软）。
- 商品撞坏或摔坏（运输不当）。

- 商品变质（保存状况）。
- 商品被老鼠咬坏。
- 盘点困难（放在不同位置）。

2. 库存过低的影响

另一方面，库存过低也会带来一系列问题，主要体现在：

①缺货成本：丧失商机。

②形象成本：公司缺乏资金或厂商不愿供货。

③口碑风险：顾客买不到需要的商品，白跑一趟，下次不愿再来。

（二）确定补货量应注意的问题

1. 准确把握商品库存量和其他信息

补货量的决定十分复杂，理论上可以根据经济补货批量，实际中要考虑诸多因素，如每日销售量、订货至送达的前置时间、配送周期、最低安全存量、陈列空间、商品包装、厂商配送最小单位、最小订货量等。合理的补货首先来自于对现有库存量的准确把握。库存量除了连锁商店总部仓库或配送中心的库存量外，还包括商店临时周转仓库中的商品存量，以及卖场陈列货架上的商品数量。不管库存表现为何种形态，要想补货有较高的科学性，必须随时准确了解库存商品的实际状态，做到心中有数。

2. 实施细致的商品管理

商品补货既要满足商店不断货的需要，又要尽量降低库存成本，因而在日常商品管理中要形成具体、细致的商品管理制度，商品管理要具体到每一个单品，对商品陈列位置、陈列方式、陈列量、标价、进货时间、保质期、温湿度控制等有关具体品种的各方面特征，都应实行细致的管理。同时采取 ABC 分类管理法，对重点商品的信息详细掌握。这些基本情况和数据是确认商品现有存货量和需求量的基本依据。

3. 分析和把握商品销售趋势

补货数量不一定是个常数，常常随着各种因素的变化而不同，因而需要对日常商品销售动态进行分析。管理者可以根据日常销售动态记录、POS 资料分析、总部销售动态信息通报、新闻媒介宣传、顾客意见和反映等多种途径了解，也可运用一定的调查和分析手段了解。此外，根据产品生命周期变化，也可以在一定程度上了解商品销售的动态。

4. 分析节假日和企业促销活动对销售的影响

不同时间的补货量是不同的，要注意分析节假日和季节的变化。季节变化，每年固定的节日如“五一”、国庆等，地区举办的大型活动，以及商店实施的促销活动，都会影响一定时期某类商品销售变化。商店应根据过去类似活动期间商品销售的实际情况进行预测并调整补货量，在季节性变化来临之前，或在节假日、大型活动日之前适当增加某些商品的订货量，可以更好地适应消费需要。

三、如何防止商品缺货

一般情况下，商店是不允许缺货的，缺货不仅造成商店原本可以实现的销售额无法实现，也给顾客造成极不好的印象，等于将顾客推给了竞争对手，因此商店都把缺货当成是营业中的最大敌人。业界常常有“缺货也是成本”、“缺货会影响商店形象”、“缺货会流失顾客”、“绝对不能缺货”之说法。因此，防止缺货是非常重要的。但目前我国许多商店还有一部分没有采用电脑的销售与订货管理系统，因此缺货率还是较高的。对于缺货现象，事先应做好预防工作，一旦缺货应及时采取补救措施。

(一) 商品缺货的原因

- 库存有商品，由于库存未定位或理货员工作不主动，未能及时陈列；
- 消费者指名购买，商店没有订货；
- 商店已订货，但商品尚未进场，备运时间过长；
- 商店已订货，但订货量不足，未能掌握消费者购买规律；
- 由于某种原因而引起销售量急剧扩大，造成商店缺货；
- 商店进行促销活动，促销商品准备不足，一时短缺；
- 广告商品尚未引进，而消费者有购买意向。

(二) 商品缺货防止的对策

- 属于库存有货但未及时陈列的，应加强库存管理和补货频率，制定补货标准，尤其注意在营业高峰前及时补货；
- 商品买完而商店没有及时订货，应加强卖场巡视，掌握库存动态，商品要定位管理，订货周期要相对稳定；
- 商店已经订货，但商品未到，应根据商品备运时间重新确定补货点，建立商品配送时间表，寻找其他替代商品，或到其他商店购入补上。如果是连锁经营，可在不同店铺之间调配；
- 商店已经订货但订货量不足，应按照 ABC 管理法重新制定重点商品安全库存量表；
- 如果是配送中心不能及时配送商品，进货应以商店的日常销售，商店的库存和配送中心的库存三者结合为依据，不能光看配送中心的库存量；对于重要商品，应提前订货；

• 如果是商品销售量急剧增大，应做好市场调查工作，做好促销前的准备工作，每日检查销售状况，注意同行销售动态，了解消费趋势，密切关注紧急事件的发展状况；

• 如果是广告商品未引进，商品采购人员应积极引进广泛宣传的新产品，尤其是电视广告，应快速引进。此外，采购人员应与商店保持密切的联系，采购人员应掌握市场商品信息；

• 如果是消费者指名购买而商店未进货，商店人员应向购买者表示歉意，并做好缺货登记，督促采购员及时进货，最好能与顾客保持联系，一旦货到应立即通知顾客或亲自上门送货；

• 对经常出现仓库有货但货架上缺货的现象，应对理货员采取必要的处理措施；如果消费者经常指名的商品而商店未订货，应对采购人员进行相应考核；

• 要定期或不定期对缺货情况进行分析，使商店管理人员和采购人员随时了解商品经营情况，尽量减少经营的商品缺货现象。

第二节 仓库作业管理

一、收货管理

收货作业是从货车上把商品卸下、开箱，检查其数量、质量，之后将有关信息书面化等一系列工作。收货作业的流程是：收货准备——货车到达——卸货——检查单据——商品核验——收货记录——入库。下面对收货作业的几个重要步骤进行解释。

（一）卸货

收货作业是从商品自运输工具上卸下来开始的。为了高效率地完成每次卸货作业，管理人员必须事先做好准备：掌握大略的到货日、商品品种、货量及送货车型式；尽可能准确预测送货车到达日程；配合停泊信息协调进出货车的交通问题；为方便卸货及搬运，计划货车的停车位置；预先计划临时存放位置。其中，时间安排是收货控制的重要问题，一定要避免收货在时间上过度集中，因为收货时间太集中会使作业人员无法对所进商品进行合理有序的处理，同时，还要保证所进商品有序堆放，以便能对其进行正常的检查检验。

卸货作业要尽量配合储存作业的处理方式，以免增加不必要的环节。仓库储存商品一般有托盘、箱子和小包三种形式，同样货车送货时也有这三种形式。如何连接送货与储存两者间的三种形式转换是重要的。第一种情况是进货与储存都是同一种形式，可以原封不动地将商品转入储存区；第二种情况是当送货是托盘、箱子形式，而储存要求是小包和箱子形式时，则必须在卸货点把托盘和箱子拆装后并以小包的形式放在输送机上，从而进入储存区；第三种情况是送货是小包或箱子的形式，而储存要求是托盘形式时，则必须首先把小包或箱子放在托盘上，或把小包放入箱子之后再储存。

（二）商品核验

商品验收工作是一项技术要求高，组织严密的工作，关系到整个商品储存业务能否顺利进行，所以必须做到及时、准确、严格、经济。商品验收内容分为数量验收和品质验收，数量验收又可分为全验和抽验，一般在进行商品数量和外观验收时要求全验；但当批量大、规格包装整齐、供应商信誉较高或验收条件有限的情况下，也可以采用抽验的方式。全验具体的验收方式有以下三种：

1. 直接核对法

即根据送货单逐项核对进货数量，这是最普遍使用的方法。直接核对法的优点是：除了在送货单上逐项作记号外，不必作任何文件，验收员的工作快速而方便；如果送货单与验收员的记录不符时，验收员可很快地重新核对；在送货单上都写有商品的品名，验收员不必再花时间猜想。但直接核对法的最大缺点是容易失之大意，因为核对是一项单调乏味的工作，验收员已从送货单上知道了数量后，容易麻痹大意，核对粗略，易出差错。

2. 障蔽核对法

这是验收员先不看送货单，而是边验货边制单，验收完后再与送货单核对，检查有无错漏短缺。这种方法工作量较大，所需时间较长，如果出现差异，重新核对会托延很长时间，但它能让验货员更认真、更仔细核对，遗漏现象较少发生。

3. 半障蔽核对法

这是综合直接法和障蔽法两者的优点而设计的。验收员使用一张订货单副本，上面除了数量之外，所有内容都包括其中。验收员边核对边填上数量，再与送货单上的数量核对无误后签单。这种方法不仅可以免去烦琐的制单工作，同时由于单上没写明数量，故要求验收员必须很仔细地核对。

在食品验货管理中，要特别注意食品保质期的检验。仓库一般都对食品入库时的有效期占食品有效期的百分比作出规定，超出范围的食品拒收。如某品牌奶粉的有效期规定是1年，规定入库时未达到原有效期的70%，不准入库，即供应商送来的货物必须是在生产日期的3个月内，那么它在入库时至少还有7个月的保质有效期。

对于其他商品品质的检验，可以采用不同的技术检验措施，如技术性能检测（如电器产品）、化验室分析（如化学半成品）、断裂强度测试（如皮包）等。一般对进货进行的上述检验工作都是在供应商送货员离开后进行，因此，采用保留接货法是企业惯用的做法，即对所进商品进行简单的目测检验后，签字证明供货无误是有条件的，即保留以后对进货做进一步细致检验的权利。在2005年我国发生苏丹红事件后，食品安全问题再次引起国人极大关注，商务部发布国内首份调查流通领域食品安全的报告指出，目前全国5万多家食品零售企业中，99%的企业未建立检测中心，其带来的直接结果是消费者对任何一类食品安全性的信任度均低于50%。

国外连锁商店对商品质量问题非常重视，为了在售前对商品质量有效控制，许多连锁商店配送中心成立了专门的商品检验室。如美国著名的西尔斯连锁百货公司建立了商品质量检验室。该公司多年来一直坚持商品检验制度，在自己建立的商品质量检验室里，各种检验设备一应俱全。例如皮鞋，若厂家注明鞋底可以经受三万次弯折，西尔斯质检员就用检验仪器抽样实地测量，达到标准才允许上柜台；又如皮箱，质检员将其放在零下20度的低温室中老化，还要在60厘米高度进行几次跌落试验。由于售前严格把关，尽管西尔斯公司一直坚持“保证质量，包退包换”，但真正因质量问题前来退货的顾客是绝少的。

（三）收货记录

当商品验收后，验收员还必须作好验收记录。验收记录是进行商品验收的重要书面记载，内容一般包括：收发货单位名称，凭证号码，实收商品数量、规格、质量，数量差额和质量不符程度，验收日期、地点、验收人等。许多商店直接以送货单作为收货记录，上面注明实收商品数量及差额并有验收员及司机的签名，作为日后会计记账和商店盘存的依据。如有任何破损或已开的箱子，或箱数短少，都应在司机带来的送货单上注明。送货单一式三份，供应商保留一份，商店收货员保留一份，另一份在收到货后两天内送交财务处记账。无论是否短缺，送货单都必须有司机签名，如果将来对破损有争议的话，司机的签名是很重要的依据。

对于核验过程中有不符商品（数量不符、证件不符、质量变化等），可以拒收，在未处理前应作出详细记录，将其单独存放，或使用标签以示区别，并迅速通知供应商或采购部门。特别注意不能与合格商品混放，以防不合格商品流入商场。

在企业管理规章中，必须明确规定哪些人有资格负责商品进货和进货控制工作。实践证明，进货和进货控制工作对盘点账实差有非常直接的影响，因此，除了经营场所的负责人以外，必须尽可能以书面形式明确规定哪些员工还有资格承担这项工作，绝不能让企业的所有员工甚至是没有任何经验的新员工负责进货和进货控制。

（四）直进商品的验收

直进商品是连锁商店配送中心不宜有存货，而由门店直接从生产厂家或批发企业处进货的商品，包括生鲜商品、冷冻品、奶制品、新鲜面包等，这些商品零售价一般按公司统一规定订价，不可私自订价，如果竞争对手同样商品价格较低即向公司总部反映，由公司决定是否调整价格。各门店有权利决定进货的数量。直进商品验收要注意几点：

• 供货单位的送货单要盖用公章，送货人签名及写明送货日期才予以验收；

• 验收员要认真核对送货单商品数量、产品有效期和不含税单价无误后才能验收签名，写明收货日期，再由值班主任核对签名，然后集中制单，作好收货记录；

• 验收员在验收商品时，发现短缺应及时要求供货单位补足；商品质量不符或有残损时，根据不同情况或要求退换，或经双方协商按质论价、降价接收；对于危及消费者利益的商品，应当场拒收；

• 各商场对滞销商品要及时列表上报采购部，以便调整品种。

二、存货管理

（一）商品储存的类型

1. 周转性商品储存，它的作用是保证商品销售连续不断地进行。

2. 季节性商品储存，商店为了保证季节性销售的需要而进行的储存。

3. 专用性商品储存，这是商店为了应付市场销售的特殊变化，而保持的一定量的机动储存。

（二）存货方式

1. 定位储存。即每一项商品都有固定的储位，不同的商品按分类分区域管理的原则来存放，并用货架放置，勿在指定的场所外放置商品。该方式的特点是易于管理，搬运时间少，但是需要较多的储存空间。

2. 随机储存。即每一项商品的储位不是固定的，而是随机产生的。这种方法的优点在于共同使用储位，最大限度地提高储区空间的利用率。但是，对商品的出入库存管理及盘点工作带来困难，特别是周转率高的商品可能置于离出入口较远的储位，增加了出入库的搬运距离。这种方法适用于空间有限以及商品品种少而体积小的情况。

3. 定位随机储存。这种方法是每一类货物有固定的存放储区，但在各类的储区中，每个储位的指定是随机的。其优点在于吸收定位储存的部分优点，同时又可节省储位数量，提高储区利用率。

随机储存和定位随机储存方式对电子自动化管理技术要求较高，要特别注意电子仓储管理设备的安全运行系数，一旦电子仓储管理系统出现故障，仓库管理工作就会陷入瘫痪，因为只有电子中央处理器知道哪种商品存放在哪个位置，所以电子设备出现故障后，商品出入库操作根本无法用人工替代。由于国内一般零售商店仓库存货主要是靠手工操作，因而采用定位储存方式较多。在采用定位储存方式中，区位确定后应制作一张配置图，张贴在仓库入口处，以方便存取。一般而言，小量存储区应尽量固定位置，整箱存储区则可弹性运用。

（三）存货原则

1. 周转率原则。按商品在仓库中的周转率来安排储位，周转率越高的商品离出口越近；

2. 相关性原则。即应当把同一类型或具有互补性的相关商品安排在相互靠近的储位上，因为相关性大的商品在要货时往往是同时要货；

3. 相容性原则。相容性低的商品决不能储存在一起，以免损害品质，如烟、香皂和茶不可放在一起；

4. 先入先出原则。即先入库商品应先出库。这一原则特别适用于保质期短的商品，如食品、药品、感光材料等，以免出现老化、变质、损耗等情况。也可采用色彩管理法，如每周或每月采用不同颜色的标签，以明显识别进货的日期。

5. 堆高原则。即为提高物流配送中心的空间利用率，能用托盘堆高的商品尽量用托盘储存；

6. 面对通道原则。为了使商品上的标志、名称等信息便于查找，方便对商品的搬运、拣选等作业，应将商品面向通道保管；

7. 产品尺寸原则。为有效利用空间，在布置仓库时必须知道商品单位大小和相同物品的整批形状。包装标准化的商品应当放置在货架上保管，非标准化的商品应当依据其形状，考虑整批数量分配特殊储位；

8. 重量特性原则。即是按商品重量大小来安排储位高低，通常情况下，重者置于地面或货架下层，轻者置于货架上层；

9. 商品特性原则。即易燃易爆物储存于有防火设备的空间，易窃物储存于加锁之处，易腐物储存于冷冻之处，易污物加套储存等，对某些化学品应当隔离放置，以免对其他商品产生影响。根据商品储存特性，要注意仓库区的温度（冷冻 -18℃以下，冷藏 0℃ ~5℃，常温等）和湿度，保持通风良好，干燥，不潮湿。

三、盘点管理

（一）盘点的目的和流程

商品盘点可以分为定期盘点和临时盘点两种。定期盘点是指商店制度规定的在固定某个时期进行的商品盘点，如年末、季末、月末的盘点；临时盘点则是在调整零售价格、改变陈列方法、调动商品负责人或发生其他变故时，对商店内全部商品或一部分商品所进行的盘点。

商店盘点需要投入大量的人力、时间，还会影响商店的经营业绩。但盘点仍是商店的一件非常重要的工作，它可以达成以下目的：

- 了解商店在经营一定时期内的经营业绩；
- 了解商店的存货情况、积压资金情况和商品周转情况；
- 了解目前商品存放的位置和缺货情况；
- 发现商店存在的滞销品、快过期商品并及时处理；
- 发现盘盈、盘亏情况，并尽早采取防范措施；
- 对异常的部门和分店，采取抽查方式盘点，可以发现管理弊端并及时制止不轨行为出现；
- 对环境进行整理并清除卖场死角。

盘点作业的流程如图 5 -4 所示。

（二）盘点前的准备工作

为使盘点工作有条不紊地进行，在实地盘点前，商店应作好一切准备工作，包括以下几个方面：盘点计划、盘点时间、盘点目的、盘点范围、盘点人员、盘点注意事项、商品整理、账目及单据整理方法等。

为使盘点工作有序有效，盘点组织者应该将所确定的责任区域落实到人，并且告知各有关人员，一般可用盘点配置图来分配盘点人员的责任区域。商店开业前所设计的卖场商品配置图和仓库存货配置图可作为盘点用图。但在盘点

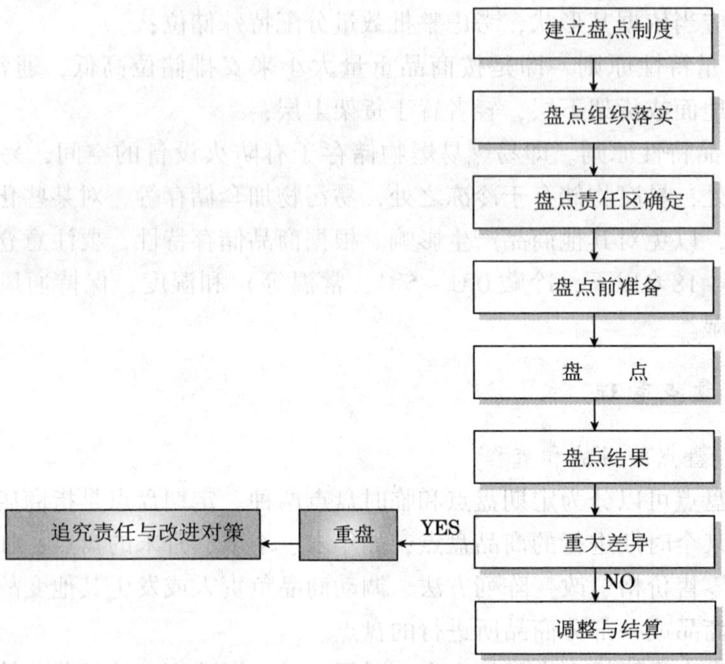

图 5-4　商店盘点流程图

时还应另外制作一张配置图，应包括卖场的设施（冷冻冷藏柜、货架、大陈列区等）、后场的仓库区、冷冻冷藏库等，凡商品储存或陈列之处均要标明位置，以便分区负责实施盘点作业。其运作办法是：确定存货及商品陈列位置；根据存货位置编制盘点配置图；对每一个区位进行编号；将编号做成贴纸，粘贴于陈列架的右上角。做好上述工作之后，就可以详细地分配责任区域，以便使盘点人员确实了解工作范围，并控制盘点进度。在落实责任区域的盘点人时，有些企业采取互换的办法，即商品部 A 的作业人员盘点商品部 B 的作业区域，依次互换，以保证盘点的准确性，防止了“自盘自点”而可能造成的不实情况发生。

卖场盘点前要提前贴出告示，告知顾客，以免顾客在盘点时前来购物而徒劳往返。告示最好于盘点前 3 日贴出，同时还要告知厂商，以免厂商直送的商品在盘点时送货，造成不便。

（三）盘点中的作业

盘点作业可分为初点作业、复点作业和抽点作业。

1. 初点作业：

- 盘点人员根据责任区同时进行盘点，若是专门的盘点人员，则一般先点仓库，后点卖场；若在营业中盘点，卖场内先盘点购买频率低的商品；
- 盘点作业可以两人一组进行盘点，一人点一人记；
- 盘点单上的数据应写清楚，以免混淆；不同特性的商品盘点应注意计量单位的不同；
- 盘点时应顺便观察商品的有效期，过期商品应随即取下，并做记录；
- 盘点负责人应掌握盘点进度，对各小组和各责任人员的盘点结果要认真加以检查，看每一类商品是否都已经盘点出数量和金额，并有签名。

2. 复点作业：

复点可在初点进行一段时间后进行。

- 复点要与初点互换责任人；
- 复点人员应手持初点的盘点表，依次检查，把差异填入差异栏；
- 复点人员用红色笔填写。

3. 抽点作业：

抽点办法可参照复点办法。

- 抽点的商品可选择卖场内死角，或不宜清点的商品，也可选择单价高，金额大的商品；
- 对初点与复点差异较大的商品，要加以实地确认，确保无差错；
- 确认劣质商品和破损商品情况。

手工盘点差错率较高，往往会在商店里产生这样一种现象，在正式盘点的前几天，商店为了降低盘点的差错率，就较大幅度地降低订货量，从而直接影响了商店的正常销售，这是应该防止的。商店通常可以采用两种方法：一是使用手掌型 POS 机进行盘点，以提高盘点人员点数的速度和准确性；二是成立专门的盘点队伍，这种方式较适用于小型连锁超市、连锁便利店或连锁专业店。

(四) 盘点后的处理

商店和仓库在运转一段时间后，盘点商品时难免发生盘盈、盘损状况。一般多数情况为盘损，即实际值小于账面值，只要盘损是在合理范围内，应视为正常。商品盘亏的原因主要有：

- 忘记填写降价传票，传票上价格错误，收银员价格打错；
- 盘点过程不正确，如盘点数字不实，计量错误，商品漏盘、串号等；
- 收货过程中出现差错，如收货时原包装的数量短少，规格牌号等级不符，计量单位折算差误等；

- 仓库管理不严格，移出库未登记或商品被盗等；
- 生鲜商品自然损耗；
- 其他人为造成的差错事故。

当盘点出现差错，账实不符时，应填写盘点差异记录表和商品处理报告单，并交由店长或主管人员处理。商品盘亏的多少，反映出商店店长和仓库人员的管理水平及责任感，有必要对管理优异者予以奖励，对表现较差者给予处置。一般的做法是事先确定一个盘损率［盘损金额/（期初库存＋本期进货）］，当实际盘损率超过标准盘损率时，商店各类人员都要负责赔偿；反之，则予以奖励。若发生重大盘亏差异，需要进一步查明原因，追究责任，并改进管理。

（五）商店负库存的防止

商店负库存就是销售商品数量的总数大于进货商品数量的总数和退货商品数量的总数之和，这种情况通常会在电脑中反映出来。负库存与盘盈不是一回事，盘盈是盘点时实物商品大于账上记录商品。传统商业经营很少出现负库存这种情况，但现代商店使用电脑管理之后，负库存在我们日常的零售管理中经常会碰到，一旦发生负库存的现象，对于商店的日常经营管理会带来极大的障碍。第一，它会使商店的要货订单发生偏差，致使商品的订单不准确；第二，对于计算商店的经营指标，会产生一定的偏差；第三，使商店的日常经营分析不准确。因此，科学有效地防止负库存可以提高我们的管理水平。

商店负库存出现的原因主要有以下方面：

1. 收货部收货后没有及时处理。

收货部已经收下商品，但未及时记录或输入电脑，或者由于收货部的收货错误，将商品实收数量填错，导致商店库存虚增，也会影响商店的正常库存。对于这种问题的解决方法是：第一，在收货时，加强对于收货员收货的二次验收的管理，杜绝此类事件的发生；第二，补货下订单时，需要参考营业现场的信息反馈和后台的电脑库存信息两方面的结果，以避免重复要货或长期断货的现象发生；第三，收货部收进商品后，应立即根据记录单录入电脑。

2. 商品窜码销售，或收银员操作失误。

条形码粘贴不合格、错贴或掉码，从而导致收款台的扫码错误，造成门店库存不准的现象发生。收银台扫码错误或手输条码时发生错误，也会将商品错误地售出，有时会因为条码扫描器的识别错误或者商品包装的条码不规范，而使收款台发生收款错误。对于这类问题的解决方式是：第一，对收银员进行培训，熟知收款程序；第二，要求理货员经常检查商店条码的商品，防止漏贴和错贴；第三，对出现识别有误的码扫描器要及时更换。

3. 上次盘点库存错误，或错误的库存修正。

前一次盘点出现错误，没有被复查出来，使得库存修正发生错误而出现负库存。另外，计算机没有及时调入修正数据，或由于计算机的系统故障，当日结转商品的销售情况时出错，也会发生此种现象。返厂单的数量填写不正确。在商品退回厂家或库房时，数量填写错误，进而影响到商品的库存准确性。对于此类问题，盘点是要严格按照程序进行，并进行充分准备，将责任区域落实到人，属于谁负责的商品盘点出现失误或不及时进行修正，应事后追究其责任。

4. 捆绑商品拆零销售，或赠品当作商品销售。

应当捆绑或批量销售的商品，被当作拆零销售。一般这种现象往往会在收款时被及时发现，因为其价格差比较大。如 3 盒牛奶 5 元，被前台看成每盒 5 元，而扫描了 3 次，那样的价格往往一下就能看出；还有就是促销商品的赠品，如买奶粉送奶瓶，而奶粉和奶瓶都是店内的商品，前台将奶粉和奶瓶当两个商品扫码，也就会发生奶瓶的负库存。对于此类事件的解决措施是：第一，在每天早上收银员熟悉商品时间段内，应当加强观察此类商品，以减少此类事情的发生几率；第二，各个商品部门应当在此类商品上架前，及时通知门店的收银员，以便减少错误；第三，对于捆绑销售的商品实行单独贴店内码销售的方式，从而解决这个问题。

5. 其他原因。

如顾客预先付款打单商品不取走；顾客图小利，调换价格不同的商品外包装，就会使价格高的商品的库存虚增，而价格低的商品的电脑库存减少；顾客服务部退换货的错误导致库存不正确。由于顾客服务部对于商品不是很熟悉，将退换的商品错退或错换，就必然会影响到商品库存的准确性。所以，一般的退换货商品须经各个商品的部门经理签字认可无误后，才能予以退换。

第三节 商品配送管理

一、商品配送模式

所谓配送是指将各商店所需货物在规定时间安全、准确地送达的活动。一个高效的连锁商店，必须有一个高效的配送体系来保障。但是，这并不等于说每一个连锁商店必须要有自己的配送中心。实际上，随着储运设施的现代化和信息技术的普及，社会化和专业化的物流系统已为借助他人配送中心或共建配送中心提供了可能。因此，在考虑连锁商店配送中心建设时，第一个要进行决策的问题是自己兴建配送中心，还是与人合建配送中心，或者干脆委托他人进行配送，也就是配送模式的选择问题。

（一）委托配送

这是指连锁商店不设自身所有的配送中心，而是将商店的配送业务委托或外包给其他专业化物流配送公司。专业化配送中心主要有两大类：一类是其他连锁商店的专业化配送公司，这些配送公司不仅承接本企业的配送业务，同时也承接其他企业的配送业务，作为事业部形式独立运营；另一类是专门从事配送的物流企业即第三方物流。这种配送模式可以使连锁商店节省大量的建设资金，并将精力更多地放在经营活动上，更好地满足顾客需求，也可转移积压与缺货风险。这种模式对于一些实力有限或规模有限的中小型连锁商店尤为适用。

（二）共同配送

这是指连锁商店与其他公司联合共同投资兴建配送中心，共同经营管理配送中心，并共享配送中心的服务。联合的对象一般有两类：一类是其他物流企业，共同利用其先进设施与设备，以及多功能的服务水平，取得规模效益；另一类是其他连锁商店，这里往往不止两家企业，也可能是多方合作，主要是受规模和资金限制没有能力自建配送中心的中小型连锁商店。该模式最大特征就是共同配送，将各个企业的配送需求组织化，在配送时间、数量、次数、路线等诸方面做出最佳选择，进行合理有效的配送。

（三）自行配送

这是指连锁商店根据自身门店规模和分布情况，选择适宜的地点自己投资兴建配送中心，主要为企业内连锁门店提供配送服务。配送中心作为连锁商店的一个分部或分公司进行管理，以连锁商店的综合利益为主，最大限度地满足各连锁门店的需求，使门店享受优质配送服务。这种模式对于一些实力雄厚又对配送要求较高的连锁商店比较适用，美国沃尔玛便是采取这一配送模式。

对于一个连锁商店来说，选择何种配送模式，需要依据配送环境和自身条件进行选择，前者需要对现有配送中心进行评估，后者需要对企业财力进行筹划，尔后进行效益比较分析，决定选用哪种类型。从投资决策分析，应首先寻找理想的专业化配送中心，其次再寻求共有型配送中心。如果前两者都没有可行性，再考虑自己投资兴建配送中心。

连锁商店自建配送中心一般发生在下列条件：没有可利用的专业化配送中心，找不到合资兴建配送中心的理想伙伴；拥有一定的资金实力并预测未来配送中心有很好的效益；连锁组织能较快实现规模效益；同时，配送中心能提高专业化水平，使其提供或配送商品的费用低于其他配送机构。

二、配送中心功能

配送中心是从供应商手中接受多种大量货物，进行分装、储存、加工、分拣和信息处理等作业，按照众多需要者的订货要求备齐货物，以令人满意的服务水平进行配送活动的设施或机构。配送中心是承担零售企业物流专业化管理职能的组织机构，是零售连锁经营最基本的支撑条件。这是因为连锁经营的集中化、统一化管理，在很大程度上是靠配送中心来具体实施的。配送中心其功能如下：

(一) 集货

主要是对供应商送来的商品集中收货并核验。货物由供应商送达配送中心，在中心进行核对货单、检查货物外包装是否有损伤、核查数量、检验货物的质量等工作。有些企业设立检验中心，专门负责对采购的商品进行二次检验，向消费者保证其商品品质。

(二) 储存

商品配送是靠集货来实现对各个连锁门店的配送的，因此储存职能一般必不可少，它起到调剂入和出，保证供给源源不断的重要作用。配送中心除了对一些品种多、一次采购批量较小、各连锁门店需求不同的商品集中储存外，对于长年销售、采购数量大的商品，配送中心应保持一定的库存储备，随时满足各连锁门店的要求，同时也采用科学的管理方法保证货物在储存期间保证品质、数量不发生变化。

(三) 加工

也许有些配送中心并不承担加工职能，但对于某些配送中心而言，加工是其重要的一项工作，尤其是生鲜食品配送中心，加工场地面积较大。鲜活商品和农副产品，供应商提供的往往是原始形态的实物，不能直接分送到各连锁分店销售，配送中心几乎对这类商品都要进行不同程度的加工，如肉类的分割、计量、分装，蔬菜的分拣、计量、包装等。

(四) 分装

这是将不同份量的商品在配送中心按配货指令进行分解和组合，根据连锁门店的要求形成新的组合。对于小商品，往往为了降低进货价格和进货费用，采取大批量进货的方法，或者供应商提供的商品一个包装的数量较大，对于单个门店来讲容易造成积压或不利于销售。于是，配送中心根据各连锁门店销售的要求，必须对这些商品进行分装，缩小包装以满足各门店的要求。

（五）分拣、配货

这是按门店的不同要求，对各种商品进行有效选择，按照一定的种类、规格、数量进行理货。由于各连锁门店在同一时间提出的要货在品种上不完全相同，要货数量也不等，同时供应商提供商品的时间也不会一致，这就要求配送中心将供应商提供的商品进行汇集后，根据各门店的要货进行分拣配货，然后准备分送。

（六）送货

送货是将分拣、配组好的商品按规定时间和路线送到各个门店。送货的起点是配送中心，虽然送货的全过程已超出了物流配送中心的范围，但送货的指挥和管理也在物流配送中心。所以，可以说送货是物流配送中心所实现的最后职能。

（七）信息处理

物流配送中心所实现的各种职能之间的衔接不仅要靠实物的配送，也要靠信息的衔接，信息处理职能是所有职能中起连接作用的一环。配送中心同时也是连锁企业的信息中心，它一头连着采购；另一头连着销售，各方面实际经营中所取得的经验和暴露的问题均可以在配送中心得到全面反映。

三、配送中心类型

当连锁商店在经过慎重的考虑，决定自己投资或者与他人合作共建配送中心后，接下来的问题是组建哪种类型的配送中心。不同类型的配送中心其功能、设施、规模、投资和辐射范围是不一样的，连锁商店需要确定自己的配送中心类型，才能确定配送中心的内部设施和投资决策，见图 5－5。

（一）以配送中心的功能为标志，可以分为多功能型配送中心和少功能型配送中心

配送中心的功能尽管有很多，但并不意味每一个配送中心都必须具备所有功能。各种功能都齐全的配送中心，可以称之为多功能型配送中心。以某一种功能为主，兼有其他少量功能的配送中心，称之为少功能型配送中心或单功能型配送中心。少功能型配送中心主要有三种类型：储存型、流通型和加工型。

1. 储存型配送中心（简称 DC），是根据总部的决策预先将大量商品储存

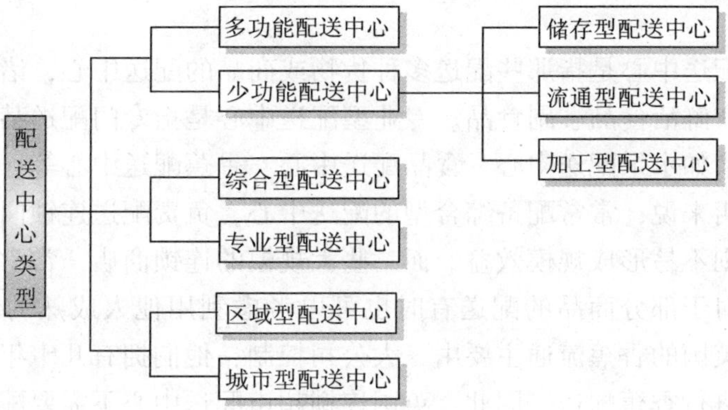

图 5－5　配送中心的不同类型

起来，再依据各门店的订货要求进行商品配送，这种配送中心具有很强的储存功能，一般拥有较大规模的仓储设施，其目的是把门店的商品储存时间和空间减至最低程度。

2. 流通型配送中心（简称 TC），是以暂存或随进随出的方式进行配货、送货，一般不具有长期储存商品的功能。通常情况下，配送中心是大批量进货，尔后马上分装或组配，及时地分送到各客户货位或直接装载，商品在配送中心的储存时间一般不超过 24 小时，储存量很少。如日本的全家便利商店，门店每天两次向总部订购日配品，然后由总部向工厂订货，工厂将商品送到配送中心后，配送中心立即分拣配货，分几批向门店送货。

3. 加工型配送中心（简称 PC），主要对生鲜原材料进行解冻、清洗、整理、分割、加工、包装后，分送到各门店，保证其上市即可出售并消费。采用这种类型时，商品储存必须采取非常温储存，商品配送也必须采取非常温运输，所以鲜度管理是一个十分突出的问题。

连锁商店配送中心究竟应该选择哪些功能，应综合考虑企业的业务类型、业态类型、经营战略、商品结构、门店布局等各种因素。目前，我国连锁商店在选择配送中心问题上存在一些模糊认识，有人仅把配送中心视为传统的仓储或一般的运输公司，有些人则相反，把配送中心视为高不可攀的全功能型，不是全功能就不算配送中心。这两种观点都有失偏颇。实际上，配送中心的功能选择必须根据连锁商店发展的实际需要确定，还要考虑整体经济效益，并非功能越全越好。例如，有些连锁商店着重于配送组织，租用他人仓库和卡车，也实现了配送高效益，当然，这需要社会配送体系的健全和规范。

（二）以配送中心的商品为标志，可以将其划分为综合型配送中心和专业

型配送中心

综合型配送中心是指那些配送多种货物或商品的配送中心，诸如既有日用工业品，又有鲜活食品、副食品。专业型配送中心是指专门配送某一类商品的配送中心，诸如水果配送中心、食品配送中心、香蕉配送中心等。对于规模不大的连锁商店来说，常常配备综合型的配送中心，负责配送连锁门店的绝大部分商品，否则不易形成规模效益。而一些大规模的连锁商店，常常选择专业型配送中心。对于部分商品的配送有时也可以考虑利用他人成熟的专业配送系统，例如，英国的香蕉流通主要由三大公司控制，他们拥有几十年的经验，能规范有效地进行香蕉配送，因此，英国连锁超市配送中心不需要配送香蕉。

（三）以辐射范围为标志，可以分为区域型配送中心和城市型配送中心

区域型配送中心是指辐射范围跨省、市，甚至全国的配送中心，其配送规模较大，主要向城市配送中心进行配送，较少直接配送给商店。城市型配送中心是以所在城市为配送范围的配送中心，一般直接配送至各个连锁店铺。是否决定建设区域型配送中心主要考虑两个因素：一是连锁门店的分布范围；二是每个配送中心的辐射能力。这一问题在中小型连锁企业中无需考虑，但对于辐射全国的大型连锁集团公司而言，区域配送中心的建设就显得非常重要了。

从国外配送中心的发展情况来看，大型连锁商店一般都有多个配送中心，如美国的沃尔玛公司共有 25 个配送中心，荷兰的阿霍德超市公司建有一个全国性配送中心、四个区域性配送中心、五个蔬菜配送中心、四个肉食品加工配送中心、一个鲜花配送中心和一个乳酪配送中心。中小型连锁商店往往只有一个综合性的少功能的城市型的配送中心，随着企业规模不断扩大，配送业务逐渐增多，配送功能也逐渐完善，待企业跨区域加速发展时，区域型的专业化的配送中心随之产生。我国连锁商店的配送中心目前大都是综合型的，将来随着企业规模的发展，也会逐步建立专业型的配送中心。

四、商品配送作业

（一）分拣配货作业

在配送中心所涵盖的作业范围中，分拣配货作业是其中极为重要的一环，其重要性相当于人体的心脏部分。分拣配货作业的目的在于正确而迅速地把门店所需商品集中起来。一般说来，分拣配货成本是其他堆叠、装卸和运输等成本的总和的 9 倍，占物流搬运成本的绝大部分。为此，若要降低物流搬运成本，首先必须以分拣配货作业着手改进，这样才能达到事半功倍的效果。

分拣配货作业主要有两种方式：

1. 摘果式配货

这是按订单为单位，对订单中的商品进行配货后汇集成一个出库单位的配货方式。它可以利用人工或者机械在每个较为固定的货堆中分别取出商品，很像农民的摘果，因此被称为摘果式配货。这种方法主要适用于多品种、小批量的订单。这种配货方法的缺陷是对于每份门店订单，配货员都要在整个仓库内转一圈，在库存成千上万种商品的配送中心仓库中，配货员为寻找商品往往耗费大量时间，特别是对于那些新配货员更是如此。

2. 播种式配货

这是将计算机系统中存储的各个订单内容，以一天中一定时间段为订单截止时间，按每一种商品的汇总进行配货清单的打印，然后从商品的保管场所将每种商品拣出，在商品分货区将商品再按订货方进行分配的方式。这种方法主要适用于品种少但是批量大的订单。

分拣和配货以前主要是靠人工，而现在一般都是由机械流水线完成，国外近年来开发的自动分拣系统，应用效果显著，受到企业的欢迎。分拣的作业速度、作业效率和出错率直接影响配送中心的作业效率和顾客满意程度。

资料

自动分拣系统

配送中心包括众多项作业，其中分拣作业是一项非常繁重的工作。尤其是面对门店多品种、少批量的订货，配送中心的劳动量大大增加，若无新技术的支撑将会导致作业效率下降。与此同时，门店对物流服务的要求也越来越高，致使一些大型连锁企业把分拣作业视为一大难题。

随着科学技术日新月异的进步，特别是感测技术（激光扫描）、条码及计算机控制技术等的导入使用，自动分拣机已被广泛用于配送中心。自动分拣机的分拣效率极高，通常每小时可分拣商品6000~12000箱；在日本和欧洲自动分拣机的使用很普遍。特别是在日本的连锁商业（如西友、日生协、高岛屋等）和宅急便中（大和、西浓、佐川等）自动分拣机的应用更是普遍。自动分拣机种类很多，而其主要组成部分相似。基本上由下列各部分组成：

①输入装置：被拣商品由输送机送入分拣系统。

②货架信号设定装置：被拣商品在进入分拣机前，先由信号设定装置

（键盘输入、激光扫描条码等）把分拣信息（如配送目的地）输入计算机中央控制器。

③进货装置：或称喂料器，它使被拣商品依次均衡地进入分拣传送带。

④分拣装置：它是自动分拣机的主体，包括传送装置和分拣装置两部分。前者的作用是把被拣商品送到设定的分拣道口位置上；后者的作用是把被拣商品送入分拣道口。

⑤分拣道口：是从分拣传送带上接纳被拣商品的设施。可暂时存放未被取走的商品，当分拣道口满载时，由光电管控制阻止分拣商品不再进入分拣道口。

⑥计算机控制器：是传递处理和控制整个分拣系统的指挥中心。自动分拣的实施主要靠它把分拣信号传送到相应的分拣道口，并指示启动分拣装置，把被拣商品送入道口。

（二）送货作业

送货作业是利用配送车辆把门店订购的商品从配送中心送达到各门店的活动。送货作业在配送中心的物流成本中占有重要地位。一般来看，物流成本包括包装费、搬运费、运送费、保管费及其他费用，其中运送费所占比率最高，约占35%～60%，为此，降低运货费对提高配送中心的效益有极大贡献。实际的货物运送过程受多种动静因素的影响，静态因素有门店的分布区域、道路交通网络、车辆通行限制、送达时间要求等；动态因素有车流量变化、道路施工、车辆变化等。为此，必须制订一个科学的送货规划，通过提高车辆出车率、装载率，降低空车率，合理规划运输路线等，来提高配送效率和效益。

送货过程如下：首先必须制订详细的运输计划及运输调度作业，包括送货路线的规划、送货人员及送货车辆的管理等。送货人员则必须完全根据调度人员的送货指示（出车调派单）来执行送货作业，当送货人员接到出车指示后，将车辆开到指定的装货地点，然后清点与装载已理货完成的商品上车，对于所驾驶的车辆也要在出库前进行例行安全检查。商品送达要货门店后协助指挥将商品卸下车，协助门店有关人员将商品放到指定位置，并要求门店有关人员完成确认工作（送货单签收回单）。如果门店有退货、调货的要求，则应将退调商品随车带回，并完成有关单证手续。

（三）退换货作业

退换货主要由如下原因造成：品质不良、订错货、送错货、过期品、滞销品、商品标识不符等。商品退换，一般不大为厂商所接受，除非证明品质不良或标识不符，因此必须事先有协议约定。退换货作业可单独进行也可与进货作业相配合，利用进货回程将退换货带回。在退换货作业上应注意：①厂商确认，即先查明待退换商品所属的厂商或送货单位；②填写退货申请单，注明其数量、品名及退货原因；③退调商品要妥善保管，应规划专门区域暂存，整齐分类才易管理；④一旦确认商品不符合要求，要迅速联络厂商办理退调货；⑤退货时确认扣款方式、时间和金额，退换货最好定期办理，如每周一次或每10天一次。

（四）加工包装作业

加工包装作业是对进入流通领域的产品或半成品按销售要求进行再加工，包括：①包装加工。如大包装的商品根据销售起点进行重新包装，散装的日用杂品改装成包装商品，对促销赠品进行搭配包装等；②分选加工。如农副产品按质量、规格进行分选，并分别包装；③贴标加工。为了规范经营，方便顾客，促进销售，在商品的外包装贴付标记、标签、价格、条码等；④食品精加工和深加工。精加工是将农副产品去除没有食用价值及不卫生的部分，进行切分、洗净、包装等加工；深加工是将农副产品加工成半成品或成品（熟食品），以节省门店厨房内工作时间和提高效率。

并非所有连锁商店的配送中心都必须设置流通加工部，对于加工功能是放在配送中心还是放在连锁门店是值得认真权衡的问题。大型综合超市一般将加工功能设在超市内部，以适应该门店商圈顾客的需要；而有些连锁便利店，门店对配送中心的加工功能较为依赖，这类企业的配送中心有必要设置加工场所。

案例及分析

案例 1

中商平价——有效提高补货能力

武汉中商平价连锁公司（简称中商平价）是“中国连锁企业30强”——武汉中商集团股份有限公司下属的四大连锁公司之一。该公司2005年本着简化补货流程，提高订单生成效率，减少缺货，提升销售的目的，着眼于中商邮件系统平台而开发了全新订单系统——VMI邮件订单系统。

该系统一改以往下订单需层层签字、层层录入、层层审核的繁杂过程，由连锁公司下属各门店柜、组长根据商品每天的销售和库存情况，在VMI邮件订单系统里输入订单，确认无误后，发送到邮件服务器，系统将自动生成的有效订单传给供应商邮箱，同时生成确认函到柜、组邮箱，提示生成订单成功，整个过程5～10分钟即可处理完成。

VMI邮件订单系统带来了以下变化：

第一，订单处理速度加快了。过去，一张订单的处理周期平均在1.5天，而现在的整个处理过程仅需5～10分钟即可完成，大大缩短了补货周期，使卖场的货源得到及时供应。

第二，将采购部要货变为门店柜组要货。以前采购部要货，门店与总部订货两条线并行，时有矛盾。现在门店柜组直接要货，对订单负责，对商品库存负责，管理更有效，也进一步发挥了卖场销售人员的积极性和对市场反应的灵敏度。

第三，转移重心，提高经营效率。新系统将采购人员从繁杂的订单录入工作中解放出来，减轻了采购人员的压力，使其有更多时间了解市场，提高了工作专业化程度；同时，也避免了层层签字审核的繁琐程序，提高了工作效率。

第四，缩短理货区订单处理周期。原先门店理货区按照订单录入、打印验收单、再收货、再审核的流程，有大量重复工作。目前，供应商直接从网上收取订单，并对录入人员报出订单号，按单入库，订单处理周期缩短，特别是减轻了理货区的录单、审单环节，减少了人为失误的几率，差错率大大降低。

据悉，VMI 邮件订单系统已得到供应商与门店的认可，由上线初期的 5 家供应商、每日十几封邮件，拓展到后来已经有 1000 家供应商上线，每天有效订单达 800 余封，供应商使用率达到了 100%，有效提高了企业的竞争力。

（资料来源：中国连锁经营协会，《零售创新案例》，中国商业出版社 2005，第 214 页）

案例思考题

中商平价的 VMI 邮件订单系统在给企业带来好处的同时，企业实施这套系统可能会遇到什么问题？必须做好哪些准备工作？

案 例 2

上海可的便利店 提高物流效率

上海可的物流中心是为上海可的便利店有限公司遍布上海、江浙 18 个城市 1100 家门店进行常温商品配送作业的专业职能部门。由于可的门店每年以 300 家速度发展，对物流配送要求也越来越高。而在原便利店物流中心作业时，绝大部分的作业是无效劳动，如拣货员的拣货时间只占其整个作业时间的 20%，而大部分时间是无效走路；所以在物流中心设计如何降低无效劳动成为设计是否成功的关键。

首先，可的对配送的商品进行 EIQ（拣货频率）分析，并进行 ABC 分类，对不同的分类商品（A 类、B 类、C 类）配置不同的资源（在不同的流水线上分别完成拣货作业），也就是将门店的订单进行拆分，在 6 种不同的拣货流水线上进行拣货作业，拣货完后再在集货区进行集货运输到各门店。

整箱商品拣货作业流水线：便利店中大约 10% 的商品是整箱配送的（如饮料、啤酒和方便面），总量约 300 种。在进行 EIQ 分析和 ABC 分类后，形成以下整箱作业模式：①对拣货频率最高的十种商品（整箱品类数占 3.3%，而出货数量占 20%），实行 Cross－Ducking 作业模式，直接在集货区采用播种法进行配货；②将 A 类商品储存在货架最前面，而 C 类商品储存在货架的最后面，在拣货的过程中，拣货工只需走一半的路程就能够完成 80% 订单的拣货，效率大幅提高；③对于 C 类商品拣货频率最低的 100 种，采用收货后直接移入拣货位的作业模式，减去了上架和补货两个流程。

拆零商品拣货作业流水线：便利店中大约 90% 的商品是拆零配送的，总量有2700种左右。在进行EIQ分析和ABC分类后，形成以下的拆零作业模式：①对拣货频率高的A类商品（500种，品类数占18.5%），采用琉璃式货架、“一对一”电子标签和动力输送线，确保在较短时间内完成拣货；②对拣货频率低的C类商品（2200种，品类数占81.5%，而出货数量占20%），采用隔板式货架、“一对多”电子标签和动力输送线。

贵重商品拣货作业流水线：便利店有部分体积很小但价格很高的商品，如IP卡、邮票等。这些商品配送采用“中分”+电子标签拣货+扫描全复查和数码录像系统，确保配货的100%准确性和全程配货过程录像监控。

越库配送作业流水线：在夏季高温季节，便利店的有些商品（主要是饮料和水）配送会呈现爆发式的增长，现有的作业资源很难满足，必须采用越库配送模式。即每天收货后，存放在暂存区，晚上按照出车线路，直接拿出车配货的总量进行装车，然后到门店直接配送。

逆向物流作业流水线：所有退货作业全程数码录像，确保门店的退货有据可查；系统在退货作业同时减去门店的库存，确保门店库存的及时准确性。

可见，物流配送中心采用了最新的IT技术和效率优先的作业理念，对提高物流的作业效率、提升物流作业质量、大幅降低成本起到了关键作用。

（资料来源：中国连锁经营协会，《零售创新案例》，中国商业出版社2005，第202页）

案例思考题

可的便利店物流配送中心在改进配送作业方案时做了什么分析工作，其改进方案对其他连锁企业有什么借鉴意义？

本章思考题

1. 商店补货方式主要有哪些类型？如何合理确定补货量？
2. 仓库作业管理中的收货作业、存货作业和盘点作业流程是什么？
3. 连锁商店的配送模式主要有哪些类型？
4. 配送中心的功能主要是什么？其类型主要有哪些？
5. 分拣配货作业主要有哪两种方式？各适用于哪些情况？

第六章 价格管理

本章提要

商品定价是零售商店最重要的决策之一。一方面，商品价格直接影响着零售商店竞争力的高低；另一方面，在市场竞争中，价格策略的灵活性，价格对消费者的心理作用，以及价格对商店财务状况的影响等，都是其他策略所无法替代的，并直接关系到零售商店能否有效地实现经营目标。本章主要介绍：影响商品定价的五个重要因素，两种价格政策的利弊分析，商品定价的成本导向法、需求导向法和竞争导向法以及各种心理价格策略、低价竞争策略和价格调整策略。

第一节　影响商品定价的因素

一、零售商店的本身特征

零售商关于商品价格的决定，不是一个独立的决策过程，而是企业市场营销组合的一部分，一定要与企业目标市场和其他条件相匹配。具体地说，零售商品价格定在某一水平上，应当与零售商的市场定位、开设地点、促销活动、服务水平以及希望传播的关于商店的印象等因素互相配合。

零售商的市场定位会直接影响其价格水平。例如，一家服装专卖店确定为富裕阶层的顾客设计豪华的礼服，那么这就意味着收取较高价格。因此，定价策略在很大程度上由最初的市场定位决定，零售商的市场定位越明确，价格的确定就越容易。

零售商店的开设地点，对商品价格的确定有着显著的影响。与业态相近的竞争对手相距越近，在价格的确定上更多地受竞争对手的价格影响。与目标顾客距离越远，零售商希望能吸引较远的顾客，那它的商品价格就必须定得更低一些，除非它在商品种类和其他方面具有特色。

零售商的价格策略与促销策略是紧密相关的，很多商家便利用价格手段达到促销的目的。如果零售商在促销上很积极，而在价格上很有竞争性，那么，它在促进消费需要上产生的累积效应，要比积极促销，但在价格的确定上比较随便，策略较差所获得的效果要好得多。

零售商为顾客提供的服务项目也与商品价格的制定关系密切。提供的服务项目越多，服务水准越高，所产生的经营费用也越高。零售商为弥补这一经营费用，不得不提高商品价格。因此，在一些服务相对较少的商店，如实施自助服务的货仓式商店，其经营费用低，价格自然就低；而提供服务项目多，购物环境好的百货商店，其竞争优势便不是商品的价格，而是商店的服务。

此外，顾客从商店中接受的最频繁的暗示之一是商店的零售价格。价格可以帮助顾客确定对这个商店的印象。如果某个售价较高的高级妇女时装专卖店开始经常性打折出售，那么，在顾客的心目中，就会冲乱原先持有的印象。商品的名称、店内的装饰、销售人员尽管保持不变，但如果价格战略变了，就会显著地改变顾客对整个商店的印象。因此，价格政策和策略与商店印象上的政策和策略是密切相关的。

二、消费者价格心理

零售商的价格水平既受消费者收入水平的制约，也受消费者价格心理的影响。消费者收入水平与价格心理其实是互相联系的，人们研究发现，同一收入层次的消费群体往往具有类似的价格心理。消费者价格心理也就是消费者对商品价格水平的心理感知。它是消费者在长期的购买活动中，对商品价格认识的体验过程，反映消费者对价格的知觉程度及情绪感受。因而，对消费者价格心理的研究，在制定零售价格上很有帮助。常见的消费者价格心理有以下几种：

(一) 习惯性价格心理

这是指消费者对一定商品价格水平的心理习惯性。这种对价格水平的习惯性，是消费者在长期购买一定商品的频繁交易中形成的。某种商品需支付多少金额，已在消费者心目中逐步形成某个固定标准，消费者往往以这个标准去联想和比较价格的高低涨落。产品价格在这个习惯性标准以内，被消费者认为是正常的、合理的；如果超过或低于这种标准便被认为是不合理或不正常的。习惯价格的变动，不仅影响消费者购买行为，也影响商店在消费者心目中的印象，因此，对习惯性价格的调整，要持慎重态度。

（二）敏感性价格心理

这是指消费者对一定商品价格水平变动的心理反应程度。通常消费者对各种商品价格在心理上有一个大致的标准。这种心理价格标准，是消费者在长期购买活动中，由于人的意识、想象、习惯以及人们对商品品质的体验而形成的。日常用品的心理价格标准较低，非生活必需品的价格标准较高。从消费者对价格变动的敏感性来看，心理价格标准较低的商品，价格敏感性强，心理价格标准较高的商品，其价格敏感性相对较弱。例如，蔬菜、副食品等价格较低的商品价格上涨，即使幅度不大，也易引起消费者强烈反应；而那些高档电器、豪华家具等商品价格上涨，即使幅度较大，消费者反应并不敏感。

（三）倾向性价格心理

这是指不同的消费者群体，对商品的档次、质量、商标都会产生不同的倾向性。消费者价格倾向心理的形成，主要受消费者所处的社会地位、经济收入水平、消费水平、消费方式及文化素养等方面因素的影响。一般来说，倾向于选择高价商品的消费者，心理上总认为高价意味着高质量，即“好货不便宜”。所以倾向于选择高价名牌商品。而倾向于选择低价商品的消费者，则心理上认为，价格并不完全代表质量，商品价格上的不同档次并非意味商品质量存在很大差别，只要经济实惠即可满意，所以比较倾向于选择低价商品。

（四）感受性价格心理

消费者对价格高低的判断，往往是在同类商品中进行比较，或是在同一商店中对不同商品进行比较而获得的。但是，消费者的判断知觉并不永远一致，有时也会出现错觉，因而对价格的高低判断也会不准确。价格错觉大都是在客观条件有了一定变化的情形下产生的，其中受背景刺激因素的影响较大。零售商在定价时有意识地调整价格背景因素，可以改变消费者对价格的判断。例如，由于周围陪衬的各类价格的不同，而显出价格的高低不同，有些商品尽管价格一样，但放在高价格系列中显得低，放在低价格系列中显得高。

三、竞争对手的价格策略

零售市场不是封闭的、独家经营的市场，零售市场是一个高度竞争的市场，在这个市场中有众多的零售商经营同样的商品与服务，相互之间的竞争不可避免。价格竞争可以说是零售商之间的一种本能性的竞争形式。由于价格高低直接影响着顾客对不同商店的选择，因此，零售商在定价时需要考虑竞争者的定价，需要比较自己与竞争对手的商品价格、质量、服务等各种因素。一个零售商，如果与竞争者比较，缺乏非价格方面的差别，那么就可能直接参照竞争者的定价；如果它拥有比竞争者在地点、商品组合、商店形象等方面的优势，则可以不同于竞争者定价。所以，零售商不需要和竞争者的商品价格一样，可以制定高于或者低于竞争者的价格，但是提供的不同价格必须能说服顾客接受，使顾客有理由在这里购买商品。

四、商品的成本费用

商品定价首先必须考虑的是商品的成本费用，它是商品定价的基础，也是定价的最低界限。商店只有使价格高于商品成本费用，才能收回总耗费并获得一定利润，保证商店正常运营。若商店以低于进货成本费用的价格出售商品，则不可避免地产生亏损，时间一长，商店的经营必然难以为继。

商品成本费用包括进货成本和经营费用。进货成本包括商品购进价格、采购费用、仓储运输费用等。商店通常按商品的进货成本加上一定百分比来给商品定价，这一百分比就是所谓的毛利率，当然，不同的商品毛利率可以是不一样的。有时候，商店将某种商品作为招徕商品以吸引更多消费者前来购物，这些招徕商品的定价有时会比较低，甚至低于进货成本，但在大多数情况下，商品进货成本仍然是商店定价要考虑的一个重要指标。

商店定价除了考虑商品的进货成本，还必须考虑商店的经营费用。经营费用由固定费用和变动费用所组成，固定费用是指不受商品销售数量影响而发生的经营费用，变动费用是指随商品销售数量的变动而变动的费用。从长期来看，商品的零售价格必须高于商品的进货成本和平均经营费用，商店才能获得利润，并可持续发展；从短期来看，商品零售价格必须高于商品的进货成本和平均变动费用，商店才能获得边际利润，否则，销售越多亏损越多。

五、国家法规政策

零售商对价格的制定既要受到国家有关法规的限制，也要受到当地政府指定的政策影响。国家和地方政府对零售价格有相关的法律和政策，如我国的《价格法》、《消费者权益法》和《反不正当竞争法》等以及有关的价格政策对企业定价都有一定的约束。

第二节 价格政策

零售商店在经营过程中会制定一系列的价格政策，包括新商品价格政策、面对不同群体的价格折扣政策和降价政策等。这里，我们主要介绍两种基本价格政策，即高/低价格政策和稳定价格政策，这是目前国内外零售界流行的两种对立的基本价格政策，不同的价格政策使得零售商的价格管理和竞争策略有明显的区别，也形成了两种鲜明的经营特色。由于两种价格政策各有优势，且均为广大的零售商所普遍采用，在这里有必要介绍一下各自的特点。

一、高/低价格政策

高/低价格政策是指零售商制定的商品价格有时高于竞争对手，有时低于竞争对手，同一种商品价格经常变动，零售商会经常使用降价来进行促销。高/低价格政策目前在国内变得越来越流行，过去，零售商仅仅只是在季末降价销售，现在，一些商店几乎每天都有特价商品。一些新近成长起来的国内零售商已能熟练地运用该价格政策同强大的外资零售商展开竞争。

高/低价格政策主要有以下几方面的好处：

1. 刺激消费，加速商品周转。一般情况下，消费者的需求往往与商品价格的高低成反比，价格提高，需求量减少，价格下降，需求量上升。采用此政策的零售商善于利用降价来促销，并提醒顾客“过时不候”。在一种大打折的氛围下，常常可以见到商店人头涌动，消费激增，这无疑加速了商品周转，尽快回笼资金。

2. 同一种商品价格变化可以使其在不同市场上具有吸引力。尤其是对于时尚商品而言，当时尚商品刚刚进入市场时，零售商制定最高价格，吸引那些对价格不太敏感的时尚领导者抢先购买。而随着时间的推移和降价的实行，更多的顾客进入市场，最后是善于讨价还价的搜寻者进入购买市场。这样，同一种商品价格变化迎合了不同顾客的需要。

3. 以一带十，达到连带消费的目的。实行这种价格政策的零售商往往会选择一些特价商品作为招徕品，以牺牲该商品的利润吸引顾客前来购买。顾客进入商场一般不会只购买特价品，在卖场气氛的影响下往往会购买许多原先无计划的其他商品，于是，零售商的降价促销目的便达到了，通过特价商品吸引顾客，通过高价商品或正常价商品实现利润。

4. 对于以价格作为竞争武器的零售商而言，稳定的低价政策很难长期保持。每日低价确实是对零售商经营管理的一个考验，它需要更低的进货成本、更严格的作业规范、更快捷的物流配送体系等作支撑。如果没有这种低成本运作为基础，每日低价只是意味着每日低利润或无利润，这种情况是不可能长期维持企业运转的。

二、稳定价格政策

稳定价格政策是指零售商基本上保持稳定的价格，不在价格促销上过分做文章。主要形式有：每日低价政策（everyday low pricing，EDLP）和每日公平价政策（everyday fair pricing，EDFP +）。

每日低价政策的零售商总是希望尽量保持商品低价，尽管有些商品价格也许不是市场上最低的，但给顾客的印象是所有商品价格均比较低廉。美国四个最成功的零售商便是这一价格政策的实施者，它们是沃尔玛、Home Depot、Office Depot、Toys R'Us，始终如一地采用这一价格政策需要零售商具备不同寻常的成本控制能力。

每日公平价政策的零售商是在商品进货成本上附加一个合理的加价，它并不刻意寻求价格方面的竞争优势，而是寻求丰富的花色品种、销售服务、卖场环境及其他方面的优势，给顾客的印象是零售商赚取合理的毛利，以弥补必要的经营费用和保持稳定的经营。尽管每日公平价政策的零售商可以在商品进货成本上附加一个他们认为合理的毛利，但如果忽视了控制进货成本和管理费用，而使价格过高，同样不能被顾客所接受。

稳定价格政策主要有以下几方面好处：

1. 稳定价格政策可以稳定商品销售，从而有利于库存管理和防止脱销。频繁的、大打折扣的减价销售造成顾客需求上的大起大落，而稳定的价格可以使顾客的需求趋于稳定。平衡的需求可以减少需求预测上的失误，因而产品脱销的现象很少发生，顾客不满意的现象减少了。减少需求预测上的失误，也可以使安全库存量减少，这意味着库存周转加快，从而能更有效地利用商店的储货室和仓库空间。较为准确的需求预测和货物周转稳定还可以提高配送效率，从而降低物流费用。

2. 稳定价格政策还可以减少人员开支和其他费用。减价销售渐渐少后，重新为商品标价的人员也随之减少，尽管由于条码计价代替了每个产品的单独标价而节省下来的人力很有限。在减价促销期间，需要有人处理顾客需求方面的问题，也需要有人安装、拆卸临时性的货物展台。由于实行稳定价格的策略，这其中的一些人力费用支出都可以节省下来。由于价格稳定，零售商可以减少做广告的次数，商品的广告册子更新也不快。沃尔玛商店在媒介广告上花的钱不到销售额的1%，而凯玛特商店则为2.5%。

3. 稳定价格政策能为顾客提供的更优质服务。稳定的顾客人流与减价刺激顾客一哄而上是不同的，前者可以使销售人员有更多的时间和顾客在一起。从理论上讲，价格忽高忽低的零售商投入销售人员的数量同价格稳定的零售商是一样的，但是前者在销售高峰期间要额外更多的雇用销售人员，到了非促销时期又要解雇他们。雇用临时销售人员既花钱又不划算。这就足以说明，在销售服务方面，价格忽高忽低的零售商要想达到与价格稳定的零售商相同的质量水平，是非常困难的。

4. 稳定价格政策还可以改进日常的管理工作。因为管理人员将工作重点从管理减价销售活动转移到管理整个商店的日常工作上来，可以完善销售计划，增加产品的花色品种，组织更能吸引顾客、更井然有序的商品展示活动等。

5. 稳定价格政策可以保持顾客的忠诚。目前许多顾客尤其是年轻顾客，对经常大降价的商店里其他商品的标价持怀疑态度，他们甚至养成了一种习惯——只在减价销售时才买东西，如果一种商品在顾客购买之后商店不久即降价，顾客会产生一种被欺骗或吃亏的感觉，并由此对商店的标价更不信任。而稳定价格政策会让顾客感觉标价诚实可信，不必延迟购买，不会产生被欺骗的感觉，因而会对商店更忠诚。

第三节　商品定价方法

一、成本导向的定价方法

成本导向定价法又称为成本加成定价法、毛利率定价法、加额法或标高定价法。这是零售商店经常采用的一种定价方法。其计算方法是按商品的成本加上若干百分比的加成（预期毛利）。具体计算公式如下：

$$商品零售价格 = 商品进货成本 \times (1 + 毛利率)$$

【例】　假设某一商品的进货成本为100元，零售商希望经营这种商品获得30%的毛利，则该商品的零售价格为：

$$100 \times (1 + 30\%) = 130（元）$$

不同商品的加成率差别很大。在美国超级市场上，婴儿食品的一般加成率为9%；烟草商品为14%；面包商品为20%；干货食品和蔬菜为27%；调味品和食品精为37%；贺卡为50%。对于季节商品（为了弥补无法销售的风险）、特殊品、周转慢的商品、储存和保管费用高的商品，以及需求缺乏弹性的商品来说，加成一般都比较高。

过去，成本导向定价法是商店最常用的定价方法，目前大多数零售商仍然使用这种定价法。这是因为，首先，它简便易行。销售者对成本的了解要比需求方多，将价格同成本挂钩便于企业简化自己的定价任务；其次，当行业内所有企业都使用这种定价方法时，它们的价格就会趋于相似。这样可以尽量减少价格竞争；第三，许多人认为成本导向定价法对买卖双方来讲都比较公平。在买方需求强烈时。卖方不会乘机抬价，同时仍能获得合理的利润。

然而，成本导向定价所注重的是成本，而忽略了市场需求的状况，缺乏灵活性，会使商店失去许多获得利润的机会。有些人将这种方法看做是一种导致平庸财务绩效的计划，因为任何定价方法如果忽视了当前的需求、预期价值和竞争，就不可能制定出最佳价格。为了修正以成本导向定价法可能产生的价格偏差，经理们往往允许有关部门在一定范围内有调整价格的机动性。

二、需求导向的定价方法

需求导向定价法更多是考虑消费者需求对价格变动的反应，是零售商以最大利润为目标在充分考虑价格需求弹性对定价的影响基础上形成的定价方法。零售商总利润大小并不完全取决于单个商品价格中利润的高低，有些商品价格高，单位利润大，但由于销售量会受高价的影响大幅下降，企业的总利润未必会大；而有些商品虽然价格较低，单位利润小，但总销售量因此大幅上升，企业总利润未必会低。因此，要选择一个最佳价格以使企业获得最大利润，必须考虑价格需求弹性的作用。

（一）价格需求弹性

价格需求弹性是指顾客需求相对商品价格变动的敏感程度。价格需求弹性的大小用弹性系数来衡量。弹性系数是需求量变化的百分比与商品自身价格变化的百分比之间的比值。其计算公式是：

$$弹性系数=\frac{销售量变动百分比}{价格变动百分比}$$

如果用E代表弹性系数，Q代表需求量，P代表价格，则上述公式可以表述为：

$$E = \frac{\Delta Q/Q}{\Delta P/P}$$

值得注意的是，由于需求量与价格之间一般是负相关关系，故弹性系数一般为负值。但我们需要了解的主要是弹性系数的绝对值，因此我们常常将弹性系数的计算公式的负号省略。

根据计算的结果，我们可以将不同商品的价格需求弹性划分为五种类型：

1. 需求富有弹性（$E>1$）

这是指需求量变化的幅度大于商品价格变化的幅度，即商品价格有较小的变化，会引起顾客需求量有较大的变化。这种情况下，当该商品的价格下降时，需求量增加的幅度会大于价格下降的幅度，所以降价可以提高企业的总收益，企业对这种商品可以采取“薄利多销”的定价策略，以求增加总体收益。

2. 需求缺乏弹性（$E<1$）

这是指需求量变化的百分比小于商品价格变化的百分比，即商品价格即使有较大的变化，对顾客需求量的影响也不大。如果一种商品的需求是缺乏弹性的，当该商品价格下降时，需求量增加的幅度小于价格下降的幅度，企业总收益会随着价格的下降而下降。反之，当该商品价格提高时，需求量减少的幅度会小于价格提高的幅度，企业总收益会随着价格的提高而提高。

3. 需求弹性单一（$E=1$）

这是指需求量变化的百分比等于商品价格变化的百分比。如果一种商品的需求具有单一价格弹性，则意味着价格下降会导致需求量同幅度增加，价格上升会导致需求量同幅度下降，所以，不管价格如何变化，企业总收益都会保持基本不变。

4. 需求完全有弹性（$E=\infty$）

这是指商品价格的任何微小变化都会导致需求量的无穷大的变化，即商品价格稍有提升，商店会失去所有顾客，商品稍有下降，又能吸引到所有顾客。这种情况一般在实际中不会存在。

5. 需求完全缺乏弹性（$E=0$）

这是指不管商品价格如何变化，需求量都保持不变。这种情况在生活中也极少见。

(二) 影响价格敏感性的因素

在零售商以需求导向确定商品价格时，他们必须考虑顾客对价格的敏感程度，通常零售商会对那些顾客对其价格不太敏感的商品制定较高的价格，对那些顾客对其价格比较敏感的商品制定较低的价格。下面我们研究几个影响顾客对价格敏感程度的因素。

1. 认知替代品效应

认知替代品效应是指：顾客对该商品的其他替代品了解、认知得越多，对价格越敏感。对可替代品的认知，会由于顾客和购买环境的不同而存在很大的差别。初到市场的消费者对折价商品的了解要远远少于那些有购买经验的消费者，因此，他们经常付高价从常见的零售商处购买商品。有效的商品销售方法，能影响顾客对替代品的认知。如零售商可以通过将某商品与相应高价值品牌商品摆放在一起展示的方法来影响顾客对替代商品的认知。

2. 独特价值效应

所谓独特价值效应是指：顾客对某种商品区别于竞争商品的特色评价越高，他对该商品的价格就越不敏感。一些公司投以重资来重新设计和宣传商品，希望给消费者带来独特的价值。之所以要努力地这样做，是因为消费者对商品独特的款式、品味或性能评价越高，决定是否买时越不看重价格。例如，一件夏奈尔晚礼服的定价可能是一个百货商店同质礼服的10倍，购买夏奈尔礼服的消费者认为购买该品牌晚礼服得到的自信和满足感十分有价值，所以他们对价格并不敏感。

3. 转换成本效应

转换成本效应是指：更换商品的附加成本越大，顾客挑选商品时的价格敏感性越低。这是因为一些商品需要顾客进行一系列的配套投资以保证使用，如果从商店购买现用商品就不必追加投资，而购买别的商品就需要新的配套投资，这就会限制品牌间的价格需求弹性。由于这一效应经常是由消费者的“惰性”造成的，人们往往低估它的影响，事实上，即使是最具有理性、追求价值的消费者也会被它影响。

4. 困难对比效应

困难对比效应是指：当顾客很难比较替代品的优劣时，购买者对已知的或声誉较好的原有商品的价格敏感性较低。顾客愿意去信得过的商店购买他们信得过的商品，他们对商品或商店的信任可能来自于自己的或是他们所信任的人的经验。一些商店经营相同品牌的商品，这使得顾客对产品的价格很容易做出比较，而单个零售商很难定出高一些的价格。为了克服这一问题，使商品的比较变得困难，许多零售商开发了自有品牌，这样就增加消费者对同类商品的困难对比效应。

5. 支出效应

支出效应是指：当某商品的费用支出较大（总额或占家庭收入的比例较

大）时，顾客对该商品价格敏感性较高。由于顾客必须在有限的收入和有限的购物时间之间进行权衡，就造成了顾客对价格的敏感性和商品支出占收入比例的正比关系。高收入的顾客可以购买很多不同的商品，但他们的时间宝贵。因此，他们不能像低收入的购买者那样费时地挑来选去，宁可购买价格较高的商品。

6. 公平效应

公平效应是指：如果商品价格超出顾客理解的“合理”、“公平”的价格范围，顾客的价格敏感性会提高。有三个因素影响顾客对公平价格的理解：第一，最明显的是商品当前的价格与原先价格的比较。消费者一般认为大幅度提价是不公平的，即使这种提价是为了平衡供求；第二，类似产品和类似购物环境下支付的价格也会影响对合理价格的理解。例如，多数品牌的瓶装纯净水定价在2元以下，若某种牌子的纯净水超出2元太多则会被认为不合理；第三，不同的使用目的也影响人们对公平价格的理解。维持当前生活水平所必需的商品被看成是必需品，将必需品的价格提高往往被理解为不公平。相反，人们对非必需品价格提高反应不太激烈。

7. 存货效应

存货效应是指：消费者具有储存产品以备未来之用的能力，这增加了他们对商品价格的敏感性。不过，这种影响只是暂时的。超级市场的番茄罐头优惠一个星期，其销售量提高的比例会高于同样减价幅度的新鲜西红柿。顾客可以轻松地储存今后几个星期使用的番茄罐头，却不能储存同样多的易腐烂的新鲜西红柿。当然，这种影响是短时间的，如果该品牌不优惠，他们也会购买，只不过每次购买的数量不会这样大，因此，他们实际的总购买量增加得并不多。

（三）需求导向的定价策略

我们下面来看一下零售商是如何使用需求导向的定价方法给商品定价的，当然，这个案例比较简单，零售商的实际定价往往比这种方法要复杂得多。

假设一个服装专卖店要推出一种新款式的T恤衫，开发该产品的固定成本是30000元人民币，可变成本为每件20元。固定成本是不随生产和销售产品的数量的改变而改变，可变成本是随生产和销售产品的数量改变而改变的。该T恤衫以四种不同的价格在四家商店销售，从表6-1中可以发现，每件T恤衫定价40元是获利最高的价格。

表6-1　需求导向的定价实验

市场	单位价格(1)/元	该价格下的需求(2)/件	总收益(3)=(1)×(2)/元	总成本(4)/元	总利润(5)=(4)-(3)/元
商店1	30	20000	600000	430000	170000
商店2	40	15000	600000	330000	270000
商店3	50	8000	400000	190000	210000
商店4	60	3000	180000	90000	90000

三、竞争导向的定价方法

竞争导向定价法是零售商在制定商品价格时以竞争对手的价格或市场价格作为参考依据，而不是以商品成本或需求作为参考依据。一家竞争导向的商店可能不会因需求或成本的变化而改变其价格，除非竞争者调整了它们的价格。与此相似，若竞争者改变了定价，即使需求或成本没有变化，这类企业也可能随之调整价格。

竞争导向的零售商可以将价格定得低于竞争对手价格或等于市价或高于市价。

（一）高于市场价格

高价策略是商店制定的商品价格高于市场价格或竞争对手价格。商店要实行高价策略，必须具有高水平的非价格竞争上的独到之处。这种独到之处可以由以下因素中的任何一种因素或所有因素来证实。这些因素是：开设地点上的优势，为顾客提供高水平的服务，经营的商品声望较高，商店的气氛有异乎寻常的吸引力，独家专卖，专门促进销售的有吸引力的措施等。如果商店拥有以上优势，尽管顾客购买同样的商品付出了更高的价格，但是顾客仍会觉得物有所值。

高价策略往往在以下情况运用：

1. 为标志消费者地位和财富的商品制定高价

在商品价格与需求的关系中，存在一种凡勃伦效应，这是指价格相对高和与之相联系的社会购买信誉高，从而使商品和服务受到欢迎。这种效应一般指那些处于级别顶点的社会群体，他们追求的是自己独占某些奢侈品，所以高价是需求增加的重要原因之一，而削价则会导致需求的下降，因为削价意味着有社会声誉的物品的贬值。当顾客去某家商店购买某种商品是为了显示其与众不同的地位和财富，换句话来说，当商店的目标顾客是那些社会阶层比较高的人士时，商店必须采取高价策略，例如某些名牌服装专卖店。

2. 为标志商品高品质而制定高价

在商品价格与需求的关系中，还存在一种质价效应，即消费者通常把高价看做是优质商品和优质服务的标志，因而在商品价格较高的情况下，也能刺激和提高需求的效应。一般情况下，许多消费者往往以“一分价钱，一分货”、“好货不便宜，便宜无好货”的观念去判断商品的质量，因此，高价能给人们以高级商品、优质商品的印象。对于一些无法凭充分资料判定商品价值和质量的商品，消费者往往根据价格的高低得出结论。尤其是对一些需要较长时间才能分清质量好坏的商品，如化妆品等，采用高价位，反而能让顾客对商品质量产生信任。

3. 为标志商店服务高水平而制定高价

如同商品高价位能显示商品高品质一样，高价位同样能显示服务的高水平。对于以高价定位的商店，除了要时刻注视消费者对商品的反应，不断提高商品质量，增加商品功能，创造更新的款式外，还要搞好服务工作，增强消费者对商品使用的安全感和信赖感。高价位所标志的高水平服务，也能满足一些人的需求，因而也是企业定价的一个空隙。

（二）低于市场价格

许多零售商采用了每日低价（EDLP）策略，这种策略总强调把价格定得低于正常价格，但高于其竞争对手大打折扣后的价格。最成功的零售商沃尔玛就是使用的这一低价策略。

低价策略在通常情况下是具有竞争力的。但是并非“价格低廉”就一定好销售。这是因为过于低廉的价格会造成对商品质量和性能的“不信任感”和“不安全感”。顾客会认为，“那么便宜的商品，恐怕很难达到想象的质量水平，性能也未必好”。要卓有成效地运用这一策略，商店必须具备的条件是：

1. 进货成本低，业务经营费用低。低费用才能支撑低价格。

2. 存货周转速度快。所有商品都能被卖掉，问题在于价格如何。经常降价尽管使得利润受损，但零售商可以尽快把商品销售出去。

3. 顾客对商品的性能和质量很熟悉，价格便宜会使顾客大量购买。例如，日常生活用品，食品等。

4. 能够向顾客充分说明价格便宜的理由。

5. 商店必须在顾客心目中享有较高的信誉，不会有经营假冒伪劣商品之嫌。

（三）同竞争者保持一致的温和价格

这是商店定价的中庸之道，当商店的地理位置以及所经营的商品不具有独特的竞争优势时，商店通常宜采用温和价格策略。温和价格策略就是将商店的商品价格与市场价格保持一致，这样，商品价格较容易得到消费者的认可，又不会招致竞争对手的敌意行为。温和价格策略可以增强顾客对商店价格的信任感，因此，绝大多数商店乐于采用温和价格策略。

表 6－2　竞争定价的因素分析与价格策略

零售组合	价格策略的选择		
变　项	定价＜市价	定价＝市价	定价＞市价
地段	不便的地方	靠近竞争者，无地段优势	没有强大竞争者，位置对顾客方便
服务	自助服务，员工商品知识贫乏，无商品陈列	导购员提供适度的帮助	高水平的服务，有推销技巧，送货上门
花色品种	集中于畅销货	花色品种适中	花色品种丰富
店内环境	廉价的固定装置，没有镶嵌板壁和配有货架	店内环境中等	吸引人的装饰和大量的陈列
专门服务	现购自运	不提供专门服务或顾客收额外的费用	服务费用包括在价格内
品牌	他人的商标	名牌货	独家经营商标

竞争导向定价从计算的角度看十分简单，但从是否见效、利弊得失方面看又有相当的难度。因为价格竞争是公开化的竞争，商店每采取一种行动，都会招来竞争者的反应。这种反应会削弱商店价格决策的作用，甚至带来副作用。在采用此方法时，零售商应充分估计竞争对手的反应，要了解主要竞争对手的优势所在、目前的财务状况、顾客的忠诚度和企业目标等，并在估计竞争对手可能的反应基础上预先设计好自己的对策。

第四节　价格竞争策略

一、心理价格策略

（一）声望定价

它是以商店的名声、威望和名牌商品的市场地位，把价格定得高于同类商品。这种定价方法有利于树立商店形象，提高商品的市场地位，增加单位商品的盈利。尤其是某些消费者以出入高级商店为荣耀或以能买到名牌、数量受控制和稀有商品为自豪，当他们购买到某种商品或得到特定服务时的心理满足感，会大大超出所支付的价格。声望定价便符合了这一类别消费者的心理需要。

一般来说，声望定价最适用于服装、化妆品等质量不易直接被消费者鉴别的商品。对这类商品，消费者常以价格的高低来判断其质量的优劣，因此，商店或商品的声望与商品的高价格之间具有相互推动的作用。商店或商品的声望越高，零售定价就越高；零售定价越高，促销的效果就越好，商店或商品的声望越高。

（二）巧用数字定价

1. 整数定价

这种方法又称“零数定价”，就是指商品价格是以零数为结尾的非整数价。零头的意思有两种：0.99 元相对于 1 元来说是零数价，199 元相对于 200 元来说也是零数价。例如，在英国伦敦牛津街商店里，一些标价以“99”作为尾数的商品往往销量非常好。例如：一磅带骨兔肉为 0.99 英镑，一条普通的腰带为 1.99 英镑，一双女士皮凉鞋为 12.99 英镑，一把折叠伞为 2.99 英镑，一件男士雨衣为 65.99 英镑，一架佳能 AE－1 型 135 照相机为 199.99 英镑，一台 20 厘米的索尼彩电为 399.99 英镑等。“零数定价”适用于一般生活消费品。对这类商品价格，消费者往往认为这是一种经过精确计算得出的价格，产生信任感，比较容易接受。同时，这种价格给人低一级数目的感觉，从而产生便宜、合算感，促使消费者购买。

2. 整数定价

整数定价与零数定价相对应，即将商品价格定为整数。这种定价虽然会让人认为是一种概略性价格，不很准确，但对于一些礼品、工艺品和高档商品制定整数价，会使商品愈发显得高贵，满足部分消费者的虚荣心理。例如，高档时装、皮衣等，商店可把基础价格略作变动，凑成一个整数，使顾客对此类商品形成高档印象以吸引社会上高收入阶层，这样不仅不会失去顾客，还能增强顾客的购买欲望。原因在于此类高档品的购买者多系高收入者，或是虚荣心较强的人，他们重视质量而不很计较价格，认为价格高就是质量好的象征。如果以零数订价则会给人一种低价感，商品反而少人问津。当然，对于一些方便食品、快餐以及在人口流动比较多的地方的商品制定整数价格，适合人们的“惜时心理”，同时也便于消费者做出购买决策。人们容易记住商品的整数价，因此，会加深商品在消费者心理上的印象。

3. 吉祥数字定价

近年来，我国消费者对吉祥数字越来越敏感，吉祥号码被炒得热火朝天。吉祥数字在各大商店被视为座上宾，频繁地出现在五花八门的商品标价上。这种顺应消费者心理需求，用吉祥数字为某些商品定价，就称为吉祥数字定价法。在我国的文化中，6、8、9 都是吉祥数字。例如，某女士衬衣标价 88 元，皮鞋标价 98 元等俯首皆是。吉祥数字价格之所以流行，是一些人对于象征兴旺发达、一路顺风的吉祥数字十分看重。但是，不要所有的商品都采用吉祥数字定价法，因为用得太多太滥，反而会使消费者感到麻木，甚至反感。

（三）招徕定价

这是商店常用的价格促销策略，即利用消费者对低价商品的兴趣，有意将若干商品的价格定在市场通行价格之下，甚至低于进货成本，以此招徕顾客，其目的是吸引顾客购买降价商品时，也即兴购买商店内其他商品，以扩大总体销售量，增加商店总利润。

运用招徕定价法主要有三种情况：第一，将少数几种本小利薄的日用品或消费者对价格十分敏感的商品以超低价出售，使消费者受此吸引而经常光顾本店；第二，把相互有补充关系的商品区别定价，有意识地把主要的耐用商品价格定得低些，把从属的消耗大的商品价格定的高些。由于主要商品价值大，消费者购买次数少，对价格又比较敏感，所以适当降低这种商品的价格，既能使消费者满意，商店损失又不大。最主要的是，以此种商品的低价招徕消费者，诱导消费者购买主要商品后，继续大批量地购买消耗大的从属性商品等，就可以保证商店最好的整体利益；第三，把商店销售的不同商品按不同的原则定价，有些商品价格调高，有些商品价格调低，以便招徕顾客。

（四）购买习惯定价

购买习惯定价法是根据消费者在购买商品中形成的习惯价格作为定价的依据。对经常性购买商品的价格，会有比较固定的认识，形成对某些商品价格的习惯性，在消费者心目中，这种习惯性价格形成判断商品价格高低的标准，符合其标准的价格，就能被接受，偏离其标准的价格则会引起疑虑。高于习惯价格的往往被认为是乱涨价，而低于习惯价格的又使顾客对商品质量产生怀疑。

（五）拆零定价

顾客在购买商品时，多注意的是单位价格的高低，而较少注意计价单位的大小，因此，价格贵且一次购买量较小的商品，利用较小的计价单位定价，顾客会产生价格便宜的感觉。拆零标价是将销售标价的单位拆小、分解进行定价。由于计价单位大小不同，顾客的心理感受不同。大包装商品改为小包装，价格进行拆零计算，其实价格是相同的，但顾客的感觉却不一样。例如，茶叶店将每公斤500元的高档茶叶，分装为每50克一包，每包定价为25元，这既符合顾客少量购买的习惯，又给顾客留下价格不高的印象。

（六）组合定价

组合定价是将既可以拆零单买，又可成套购买的商品，采用配合成套的方式统一定价，成套商品价格略低于单件购买的价格之和。商店采取组合定价，可以省去顾客成套购买时的一物一价，加零集整的烦琐，也可以给顾客一个总体的价格印象。例如，商店在销售配套的客厅家具或卧室家具时，配套陈列整体定价，可以给顾客完整和身临其境的感觉。

（七）复合单位定价

顾客在购买商品时，为了计算方便，往往乐于购买整数单位的商品，如1000克，500克等。针对顾客图便利的心理，商店可以将顾客经常购买的商品采取复合定价。例如，苹果10元3斤。顾客为了计算方便，往往会一次性购买5元或10元苹果，而很少购买一公斤。采用复合单位定价，可以引导顾客一次多购买商品，这种定价法多适用于日用品或食品。

（八）陪衬定价

顾客在购买商品的过程中，总是希望有较大的选择机会，通常对商品进行反复的挑选，以合适的价格买到满意的商品。为了适应顾客这一心理，商店应以主力商品的价格为核心，制定主力商品价格后，补充适当的廉价辅助品，以衬托主营商品的优良品质；补充高价格商品，以衬托主营商品的价格合理性。这样不仅可以刺激顾客购买主营商品，而且还可以利用低价格的辅助商品吸引求廉的顾客，同时可以利用陈列高价格的辅助品来提高商店的档次和格调，吸引求新、求好、求美的顾客。陪衬定价增强了顾客的价格选择余地，又增加了商店的销售额。陪衬定价要注意陪衬商品的价位，使他们能充分地衬托出主营商品。陪衬商品的价位可以与主营商品的价格形成层次感。

（九）错觉定价

错觉定价是利用顾客对商品价格知觉上的误差性，巧妙地确定商品销售价格的一种定价方法。在生活中，由于主客观的原因，顾客会对商品价格产生错觉，巧妙地利用顾客的错觉，可以收到较为理想的效果。例如，在商品销售中，常见到这样的情况：某些袋装食品500克，价格5元一袋，而同样的商品450克，价格为4.85元，很多顾客乐于购买后者。错觉使他们觉得后者比前者便宜。因为顾客在购买袋装食品时的心理计价单位是袋，而不是重量克，所以，他们只注重5.00元和4.85元的比较，而没有进行500克与450克的比较。错觉造成价格高的商品比价格低的商品更受欢迎。商店在制定商品价格时，利用顾客的理解错觉，可以起到促销的作用。

二、低价竞争策略

目前，国内许多新兴零售商在运用价格竞争策略方面已是非常娴熟，并以此形成了自己的竞争力。这些零售商的低价竞争策略十分灵活多样，并不仅仅是在低成本上直接低定价那样简单。而且，许多商品的价格与其他零售商并无多大区别，却能给人们形成低价印象，这其中奥秘何在？这些零售商除了切实奉行"低费用、低毛利、低价格"的经营原则之外，更重要的还在于他们着眼于消费者心理感受所形成的效应，娴熟运用定价艺术，采用高超的价格策略，实施完善的价格管理。

（一）先入为主，努力营造价格低廉的第一印象

先入为主是人们对一切事物形成第一印象的一般规律，而第一印象一旦形成，往往会在头脑中留下深刻烙印，形成思维定式，产生较长时间的持续效应。作为商家，其市场定位不论是以价格低廉作为竞争优势，还是以优质服务作为竞争优势，还是以时尚潮流作为竞争优势，要想把自己的定位准确告诉消费者，必须在开业之初便着力营造这一形象，以期形成消费者的第一印象。一些注重价格形象的零售商在这方面十分重视，往往在开业初的一段时间把商品价格定得很低，给消费者造成一种十分"便宜"印象，此后再有计划地逐步提高某些商品价格，使消费者在形成第一印象之后不知不觉地忽略了商品价格上调的事实。这种做法不同于原先一些百货商店开业初的价格促销，过去，国内百货商店往往大肆宣传开业时的让利促销，很容易在消费者心中形成开业过后价格会大幅上调的印象，完全起不到价格促销的长期效果。

（二）实行差别毛利率定价法

低价策略并不意味着所有商品都实行最低毛利和最低价格，对不同商品采取差别毛利率定价，既能保证较高的利润水平，又能达到低价促销的效果。被人们称为"价格最大破坏者"的美国"超级市场之父"迈克尔·卡伦在创新一种零售业态的同时，也创新了一种定价方法，他在商品定价时即采用了差别毛利率定价法，他的做法是：27%左右的品种按进价出售，18%的品种在进价上加5%毛利出售，27%左右的品种在进价上加成15%出售，剩下28%的品种按进价加成20%出售，所有商品平均毛利率在9%左右。目前，一些低价竞争的零售商均采用这种定价策略，如一般食品杂货商品所加毛利率仅为5%～

6%，生鲜食品的毛利率为15%～16%，百货商品毛利率为15%～25%，它们的零售价格大部分比其他商场低10%左右，一部分与其他商场持平，从而保证了商场的低价定位和盈利水平。

（三）严格控制敏感商品价格水平

据有关调查资料表明，70%的消费者，其购买决定是在商场做出的，而他们只对部分商品在不同商场的价格有记忆，这部分有记忆的商品被称之为敏感商品。敏感商品往往是消费者使用量大、购买频率高、最受欢迎、省时、便利的商品，实行低价销售，可在市场上拥有绝对竞争优势，并树立价格便宜的良好形象。一些零售商十分注重控制"敏感商品"的毛利率，他们在靠全面低价策略打开市场后，随后则靠敏感商品的低价来巩固和发展市场。他们往往进行深入详细的调研工作，经过精确计算确定无利、低盈利、高盈利的商品范围，长期保持大约10%的敏感商品实施较低的定价政策，用这部分敏感商品的低价位维持并强化其定位形象，并带动90%左右的正常价格的商品销售，从而达到以点带面，以小带大的促销目的。

（四）精心挑选"磁石"商品，常年不断进行特价销售

一些低价竞争的零售商每隔一段时间都做一次例行促销活动，而促销活动的主要内容就是价格促销，他们往往会选择一些商品以非常低廉的特价形式招徕顾客，节假日、双休日更是促销的大好时机，且常年不断，周期性循环，一方面吸引大量的顾客光临，同时持续反复地向消费者传送价格低廉的冲击波，形成强烈的低价印象。用来作为特价的商品也叫"磁石"商品，主要由两种类型商品组成，一类是低值易耗、需求量大、周转快、购买频率高的商品，由于这类特价商品消费者经常购买，价格耳熟能详，又便于比较，往往成为零售商价格特别低廉的标志性商品；另一类是消费者购买频率不高，周转较慢，在价格刺激下才偶尔购买的商品，这类商品主要是为了引发消费者购买欲望、加速商品周转而特价销售的。

（五）采用多种促销降价策略，不断变化价格注意点

低价竞争的零售商除了直接采用降价促销方式外，往往还特别擅长运用攻心战术，实施心理价格策略，制定能拨动消费者心弦的价格。如商场内商品价格每每渗入8、9等所谓"神奇数字"，使消费者一方面产生吉利的好感；另一方面对价格产生一种错觉。又如，零售商还经常在某个特定时间提供优惠商品刺激消费者狂热购买活动，如限定下午4时～6时面包一个1元。这种活动以价格为诉求重点，利用消费者贪小便宜的心理，刺激其在特定时段内采购特定优惠商品。不同的包装和商品分量也常用作辅助价格促销，例如，某种品牌

的奶粉为500克装，定价为9.30元，又推出一种450克装的产品，定价为8.5元，后者一时销路看好，因为消费者对重量的敏感要远远低于价格，尽管两种包装的商品单价相差无几，但后者却更容易吸引消费者注意。

（六）将低价促销策略与其他促销策略联合使用，增大促销效果

低价竞争的零售商在实施低价策略时，往往会将其与其他促销手段结合起来运用，如经常推出特惠包装、捆绑包装、奉送赠品、买二送一、优惠券等措施，尽管这些都是常用的陈年招式，但效果依然良好，为消费者所接受。又如充分利用店内POP广告、推头陈列等方法营造商品价格低廉的卖场气氛。他们尤为重视特价品的陈列，将最吸引人的特价品放置在商场入口特设的陈列架上，其余的则分别陈列在店内各处，力求使消费者走完商场一周，才能全部看完商场推出的特价品，这样无形中延长了消费者的逗留时间，促使消费者在寻找特价商品时顺便购买其他的非特价品，这才是他们热衷于特价品促销的真正原因。在营造卖场气氛上，一些零售商几乎到了“草木皆兵”的地步，卖场内到处贴有不同颜色的POP标志，显示某种商品以特价出售，以唤起消费者的购买欲。遇到圣诞节、元旦、春节等大节日，更是张灯结彩，大肆宣传，大幅度降价，将价格促销策略发挥到了极致，显示出其游刃有余的娴熟促销技巧。

三、价格调整策略

（一）降价

1. 有计划降价

零售商经常会对商品实行降价出售。尽管降价有多种原因，归纳起来无非两个：清仓（处理商品）和促销（促进销售）。当商品销售缓慢、商品过时时，在销售季末，或者是价格高于其竞争对手的价格时，商店通常会采取降价的方式加速商品周转。如果商品放到下季出售，商品也许会变得破旧或过时，同时商店还得付出很高的库存成本。商店运用降价策略进行促销，通常会增加现金流量，从而可以购买新商品；同时，降价也可以增加顾客流量，顾客到商店后还可以购买其他正常价格的商品，有计划的降价促销实际上能提高商店总的营业额。

然而降价必须有计划地进行，商店首先应制订一个完善的促销计划，每期促销应选择什么商品作为促销商品，采购员要事先与供应商接触争取他们的促销配合。此外，商店还要对过去的销售记录保存完好，并对现时的销售情况及时分析。事实上，降价范围太大可能说明采购员在进货时对风险估计不足。评

价降价理由的一种良好方法，是让采购员记录他所采购的商品每次降价的理由，并定期检查这些理由。例如，季节终了，如何与竞争者的价格相抗衡，陈旧的商品，过时的样式等都可以作为采购员的记录事项。

2. 降价时机的选择

许多商店很早就开始降价，而那时的需求还相当活跃，通过及早降价销售，商店不必像在销售季节的晚期那样急剧降价。一些商店也采取后期降价政策。尽管商店对安排降价的最佳时间顺序有不同的看法，但必须在保本期内把商品卖掉却是共识。在保本期内，可以选择早降价、迟降价或交错降价。

实行早降价有许多好处：

①实施这种办法，是在需求还很旺盛的时候，就把商品降低价格出售可以大大地刺激消费者的购买欲望。

②早降价与在销售季节后期降价相比，只需要较少的降低价格就可以把商品卖出去。

③早降价可以为新商品腾出销售空间。

④早降价可以加快商店资金的周转。

迟降价的主要好处是：

①商店可以有充分的机会按原价出售商品。

②避免频繁降价对正常商品销售的干扰。

③减少商店由于降价带来的利润降低。

交错降价就是将早期降价和晚期降价策略结合起来运用，现在这一方式变得越来越流行。例如，许多时尚商品专卖店在前几周之后削价 20%，然后又过几周再削价 30%，这样下去直到商品卖完。这种方法看来比那种降价次数少但降价幅度很大的办法更能增加利润，这可能是因为顾客相信他们必须在降价结束之前而商品又未售完时去购买。同样，在第一次降价时未购买的顾客可能会在下一次降价时购买。两种策略结合的缺点是：商店可能会在第一次或第二次降价之后蒙受较大损失。

但是，频繁降价会使顾客产生不良的心理反应。如果商店频繁地搞商品降价处理，顾客就会认为“降价处理的商品价格就是该商品的本身价格”。如果顾客形成这样的印象，降价就失去了对顾客的吸引力。

3. 控制适宜降价幅度

降价的幅度对降价的促销效果产生重要影响，一次降价幅度过小，不易引起顾客的注意，往往不能起到促销的作用，而一次降价幅度过大，顾客会对商品的使用价值、商品质量等产生怀疑，同样会阻碍商品销售。

出售商品所需要的降价幅度很难确定，易变质的商品（如鲜肉和农产品）以及时尚商品需要比纺织品有更大的降价幅度。因为商品不同，打折的幅度就要有所不同。例如对10万元的汽车降价10%可能比对2元的冰淇淋进行10%的降价更具有刺激性。

根据实践经验，各类商品的降价幅度如下：

①耐用消费品降价幅度一次不宜超过10%；

②一般商品应在10%～50%。如果降价幅度超过50%，顾客可能会对商品品质产生怀疑。

（二）提价

很多零售商对商品涨价都很谨慎，商品价格一旦制定以后，他们会努力维持现状，尽可能避免涨价。因为顾客对商品涨价非常敏感，常常会产生抵触心理。当然，如果经营条件发生变化，商品价格不得不上涨，但商店只要注意适当的涨价技巧，也能将涨价的负面影响降到最低。

1. 将实情告诉顾客

某些涨价的原因是可以被消费者接受的，例如，当商店采购成本上涨时，而维持原价销售无法经营，商店不得不提高售价。但如果是出于市场一时商品走俏，商店想赚取高额利润，则这一做法会被消费者所抵触。因此，为减轻顾客的抵触心理，商店若是出于第一种情况考虑涨价，不妨将商品采购成本真实情况向顾客公布，取得顾客的谅解，说服顾客接受涨价的事实，建议顾客如何减轻涨价的负担（如选购代用品），则顾客会在理解的心态下接受涨价。商店需要注意的是，当你使用这一理由涨价时，必须在采购成本降下来之后立即将商品价格降下来，否则只有升，没有降，几次事件之后顾客会有受愚弄的感觉。

2. 分步骤提价

不是所有商品的采购成本都在同时上涨，因此商店全部提价时，会遭到顾客的强烈抵制，为了减少顾客对商店涨价的抵触心理，商店采用部分提价为好。如果全部商品涨价，会导致忠诚顾客流失，促使顾客转而走向竞争对手商店购物或舍近求远去货仓式商店购买哪怕是一些日常用品。部分商品提价，可以给顾客留有一条退路，顾客会认为，这个涨了可以买那个。对于涨价的部分商品，随着时间的推移，顾客对于涨价之事会逐渐淡化，对原来无法接受的价格会逐渐适应，商店的销售量也会稳步回升。因此，商店即使需要对所有商品涨价，明智的做法是分阶段分步骤涨价，先选出一部分商品或不敏感商品涨价，然后再逐一提高其他商品价格。

3. 选择适当涨价时机

涨价时机非常重要，涨价不能平白无故地涨价，最好在恰当的时机中进行，除非商品采购成本突然大涨，不得不适当涨价，否则涨价需要考虑时机。涨价一般是有恰当时机的，错过了机会，价格就难以提高了。商店通常选择的涨价时机有：

①当商品采购成本上升，商店已经出告示通知顾客一段时间，而顾客皆知采购成本上涨时；

②季节性商品换季时。如冬季商品换成春季商品时，对新上市的春季商品可以考虑高于上年价格的幅度销售；

③年度交替时。新年或春节期间消费比较热，顾客手中要花费的钱比较多，此时对商品价格敏感度减弱，在这一时期涨价会容易被顾客接受；

④应节商品。传统节日和传统习俗时期，因为顾客这时对价格关心程度较低，对商品本身的关心程度较高。这时提高价格往往不会遭到顾客的拒绝。

4. 一次涨价幅度不能过高

尽管商品的采购成本可能短时间内上涨过快，商店已经将采购成本实情公之于众，但大多数顾客一般并不关心商店出于什么原因涨价，而只是关心自己能否接受这一新价格，即涨价后的价格与心目中价格标准是否接近。如果涨价幅度过高，不论任何原因，都会导致顾客弃买，或转投其他商店。因此，商品的一次涨价幅度不能过大，尤其是顾客价格敏感度较高的商品，涨价幅度更要谨慎，也许这些商品正是招徕顾客的诱饵，涨价之后，不仅失去了这一部分顾客购买力，还将连带失去其他商品的营业额。

从经济数据看，一次上调幅度不宜超过10%。商店如果需要调整的价格幅度较大，最好采取分段调整的办法。当然，顾客对不同商品的敏感度是不同的，顾客对成本很高和经常购买的商品价格非常敏感，而对低成本的、不经常购买的商品则不太注意其价格是否上涨。另外，有些顾客虽然关心商品价格，但更关心商品购买、使用和维修的总费用。如果零售商能使顾客所需的总成本较低，则即使它制定的价格高于竞争对手，仍然可以扩大销售。

5. 附加馈赠

涨价时，以不损害商店正常收益为前提，搭配附属商品或赠送一些小礼物，提供某些特别优惠。这样给顾客一种商品价格提高是由于搭配了附属商品的感觉，过一段时间，再重新恢复到原有水平上去。这样做要注意时间的配合。例如，12 月 1 日开始采用搭配附属商品进行提价，到下一年的 1 月 1 日取消附属商品，这样顾客就很少反对。

案例及分析

案例1

百佳与万佳的价格战

2002年11月8日，位于广州市的两家大型综合超市上演了一场激烈的价格大战，引起众媒体和市民的高度关注。此次激烈的价格大战从11月8日华润万佳天河北店开业拉开帷幕，并由“烤鸡争斗”引爆。首先是万佳的自制烤鸡打出了每只5.9元的“开业特价”，很快，仅隔300米的百佳金田店将同类烤鸡价格由每只6.8元降到5.8元。临近当日中午，万佳又将烤鸡价格猛降到每只4.9元，百佳再三犹豫，于当日下午4点，“咬牙”调低烤鸡价至4.8元……后来双方愈战愈勇，最终万佳将烤鸡价格降到了每只8角钱的超低价！

“战火”并未就此停歇，而是又从烤鸡蔓延开来，副食品、日化、家电等大批商品齐齐上演多个回合你来我往的价格“拉锯战”，两超市里相当多的同类商品连续5次降价。华润万佳店里共有逾千种商品加入和百佳的低价比拼中，甚至有的商品以低于对手50%的超低价出售。

低价引来抢购狂潮。闻讯而至的几十万消费者把两个经营面积都达2万平方米的大超市挤得水泄不通，烤鸡档前总是排着百米长龙，超市广播里不断地在疏导顾客。据悉，万佳店到晚上12点还有顾客排队结账，百佳的烤炉已坏了4台，还有4台也在超负荷运转。据粗略统计，仅3天时间里，消费者在万佳、百佳超市掷金逾千万元抢购低价货品！

（资料来源：黄盛蕴，新店“超低价”入市惹争议，广州日报，2002.12.14）

案例思考题

两家企业所采用的是什么价格政策？这种价格政策会给商家带来什么利弊？

案例 2

启点超市——本土的均价折扣店

上海启点超市是一家以经营1元、5元、9元商品为特色的新兴连锁超市，成立于2005年，商品品类以学生用品、各类饰品、休闲食品、简易家居用品、生活用品为主。

目前，国内大卖场、标超、便利店发展得如火如荼，均价折扣店却一直发展缓慢。“1、5、9启点超市”均价折扣店在管理的众多层面上运用独创的经营管理方法，主要包括：①信息管理系统简单化：把信息分为“重要”“必要”和“一般”三类，对商品信息进行分类；②百货占主导地位的商品构成：商品结构中，时尚百货以95%的比例占绝对优势，食品仅占5%；③日用百货的零仓库经营：启点超市实现占品种数90%的百货品种零库存经营；④商品陈列的方式创新：超市引进全新的陈列器材和道具，立体展示各种商品。

目前，启点超市已发展至12家门店、1个配送中心，取得了在高速扩张下基本保本盈利的业绩，标志着在中国真正意义上颇具规模、又极富本土特色的均价折扣店实现了零的突破。

（资料来源：中国连锁经营协会：《零售创新案例》中国商业出版社2005，第10页）

案例思考题

启点超市的经营特色是什么？它需要从哪些方面努力以保持这种特色？

本章思考题

1. 零售商店商品定价受到哪些因素的影响？
2. 零售商店成本导向、需求导向、竞争导向的定价方法有什么区别？
3. 试介绍几种零售商店心理价格策略的做法。
4. 零售商店是如何采取低价竞争策略进行竞争的？
5. 零售商店在调整商品价格时需要注意什么？

第七章 促销管理

本章提要

近年来，随着人们生活水平的提高，消费形态的改变，各种业态的零售商店不断增加，竞争的加剧给零售经营者形成了严峻的挑战。如何在充满竞争的环境中脱颖而出，确保优势及创造利润，是零售经营者的一大难题。于是，许多零售商店纷纷通过各种促销活动加强与消费者的信息沟通，刺激顾客的购买欲望，从而达到扩大销售增加盈利的目的。本章主要介绍：零售促销概念、类型及组合要素，零售促销管理重点，零售促销策划、实施及评估全过程管理，零售促销具体方式及其实施要点。

第一节　促销及其组合要素

一、零售促销的定义

在现今激烈竞争的市场环境中，零售企业日益认识到比选择适当的地点、商品、价格更重要的是与现有顾客及潜在顾客沟通。零售企业要吸引顾客，创立竞争优势，必须不断地与顾客沟通，向顾客提供商店地点、商品、服务和价格方面的信息；通过影响顾客的态度与偏好说服顾客光顾商店，购买商品；使顾客对商店形成良好的印象。

零售促销（retail promotion）是指零售企业为告知、劝说或提醒目标市场顾客关注有关企业任何方面的信息，使其接受并采取购买行为而进行的一切沟通联系活动。

零售促销活动的目标与企业经营目标是一致的，我们可以将之归纳为有利于提高长期的和短期的经营效果。如图 7－1 所示：

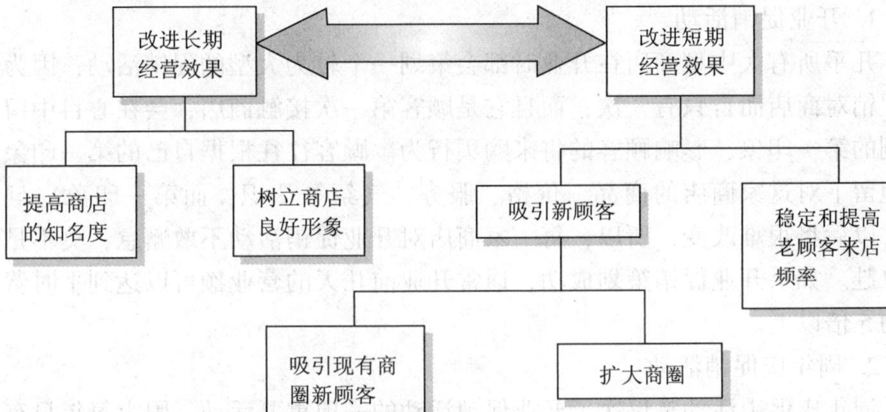

图 7－1　零售企业促销活动的目标

二、零售促销活动类型

（一）按照实施时间长短分

1. 长期性促销。长期性促销活动进行时间一般在一个月以上，主要着眼点是塑造本店的差异优势，增加顾客对本店的向心力，以确保顾客长期来店购物，不至于流失至其他店。

长期性促销项目实例：早晨提前开店，晚上延长闭店时间；准备停车场，提供免费停车服务，或凭购物收据提供免费停车服务；设置快速收银通道和无购物通道；晚上 8 时以后，部分商品打折出售；购买大件商品，免费送货上门；水果、肉品、鲜鱼等生鲜直接面对面销售，任意量包装，以满足顾客适量购物的需求。

2. 短期性促销。短期性促销的主要目的是希望在有限的期间内，通常是 3～7 天，借助具有特定主题的促销活动，以提高来客数，达到预期的营业目标。

短期性促销项目实例：庆祝元旦。12 月 28 日至 1 月 3 日，部分商品低价供应；生鲜三日游，周一至周三，生鲜商品超低价供应；折扣券活动，12 月 10 日至 12 月 15 日期间，凭折扣券购买可口可乐一箱，优惠 5 元；免费赠送活动，12 月 12 日当天最早光顾商场的前 100 名顾客，购满 100 元商品即免费赠送可口可乐一瓶。

（二）按实施活动的促销主题分

零售企业经常举办的促销活动一般可分为以下四种类型：

1. 开业促销活动

几乎所有大中型商店在开业时都会策划一个较为大型的促销活动，因为开业促销对商店而言只有一次，而且它是顾客第一次接触商店，会在心目中留下深刻的第一印象，影响顾客的将来购买行为。顾客往往根据自己的第一印象长久地留下对这家商店的商品、价格、服务、气氛等认识，而第一印象一旦形成，以后将很难改变，所以，每一家商店对开业促销活动不敢懈怠，莫不是全力以赴。如果开业促销策划成功，通常开业前几天的营业额可以达到平时营业额的 5 倍以上。

2. 周年庆促销活动

周年庆促销活动是仅次于开业促销活动的一项重要活动，因为每年只有一次，而且，供货商对商店的周年庆典也比较支持，会给予商家更多的优惠条件。因此，商店一般也会在这一时期举办较大型的促销活动，活动范围比较广。如果周年庆促销活动策划成功，其营业额可以达到平时营业额的两倍左右。

3. 例行性促销活动

除了开业和周年庆促销活动，商店还往往在一年的不同时期推出一系列的促销活动，这些促销活动的主题五花八门，有的以节日为主题，如国庆节、春节、中秋节、儿童节、情人节等；有的以当年的重大活动为主题，如庆祝在北京申奥成功等，不一而足。尽管这些主题花样繁多，但每一商店在下年要做哪些促销活动已经提前做好计划，每年的变化不会太大，故称为例行性促销活动。而有些超市或货仓式商店每隔半个月举办一次促销活动，均可算在例行性促销活动之列。一般的例行性促销活动期间，销售额会比平时的销售额提高 2～3成。

4. 竞争性促销活动

竞争性促销活动是指针对竞争对手的促销活动而采取的临时性促销活动。由于目前新兴零售业态不断涌现，市场竞争日趋激烈，同一业态的商店在某一区域内出现过剩现象，于是，价格战、广告战、服务战等促销活动此起彼伏。为了与竞争对手相抗衡，防止竞争对手在某一促销时期将当地客源吸引过去，商店往往会针对竞争对手的促销行为推出相应的竞争性促销活动，以免自己的营业额因此衰落。

三、促销组合因素

零售商店虽然可以选择的促销工具有很多，但归纳起来主要有：广告、销售促进、人员推销和公共关系（见图7-2）。这些工具共同构成零售商店促销组合，其中每一种工具都有不同的功能。为了取得最佳效果以最大限度地实现促销目标，管理者需要适当地综合运用不同的促销工具。这里，我们根据可控性、灵活性、可信度及成本不同对不同促销手段进行比较。

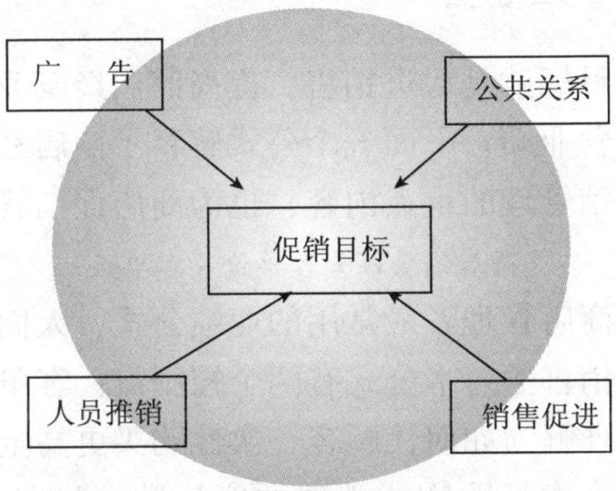

图7-2　零售商店促销工具组合

1. 可控性。零售企业对付费的促销手段有较高的控制力，而对非付费的促销手段的控制力较低。广告、销售促进是零售企业付费的促销手段，因而零售企业有权决定这些信息的内容及传递时间。而公共宣传是非付费的，零售企业对其传播的内容和时间都显得无能为力，这就是为什么公共宣传既可以传播对企业有利的信息，也可以传播对企业不利的信息。人员推销在一定程度上尽管也是付费的，但由于人员能够传递不同的信息而使零售企业的控制力减弱。

2. 灵活性。在所有促销手段中，人员推销是最灵活的，因为人员推销可以通过在与每一位顾客交流的过程中有针对性地提供一对一的服务，提供每一个顾客所需要的信息。而其他促销手段则是以同一信息向所有顾客传播。虽然广告能够被零售企业利用针对细分的目标市场，但却不能针对每一个顾客传播信息，因此，相对而言，它们的灵活性欠佳。

3. 可信度。由于促销手段中公共宣传是通过第三者来宣传的，其信息内容不受企业控制，因而对公众来说具有更高的可信度。而对于销售人员的介绍和广告中的表述，由于顾客知道是零售商进行设计，以便促进商品销售，因此持一定的怀疑态度。

4. 成本。虽然促销手段被分为付费的和不付费的，这并不意味着付费的促销手段就成本大，而不付费的促销手段就成本低。公共宣传是无需付费的促销手段，但零售企业在利用这一手段时也可能引起间接成本的产生，如零售商举行某种活动以形成新闻事件，这种活动本身需要投入一定的费用。而付费的促销手段未必是昂贵的，由于媒体的价格不同，媒体接触的观众数量不同，因而导致的人均成本不同。利用人均成本可以比较各种促销手段的成本高低。

四、零售促销管理重点

促销管理的根本目标就是促进销售，提高商店经营业绩。如何才能通过促销活动有效地提高经营业绩？下面五个公式解释了商店经营业绩的来源，其涉及的因素既是商店促销管理的重点内容，也为商店促销管理控制提供了思路。

公式一：

商店销售额＝客单价×客单数

这是实际工作中商店管理者最常用的业绩公式，人们常常从客单价和客单数上着手提高商店的销售额。本公式有两个控制点：客单价和客单数。客单价这个控制点可以简化理解为如何让顾客一次性购买更高金额的商品；客单数是指有效的客流数，即来卖场购物或消费的客流数，我们可以从两个方面来考虑，即如何吸引顾客前来卖场和如何使更多的来到卖场的客人成为有效的客流。从这个公式出发，商店促销管理的重点在于顾客，如何解读顾客的心理，策划更富有吸引力的促销活动，并使进店的顾客不会失望而归，同时使顾客产生更多冲动性购买。

公式二：

商店销售额＝坪效×坪数

这个公式有两个控制点：坪效和坪数。坪效指每平方米面积上产生的销售额，特定面积上经营的商品项目和具体的商品是影响坪效的主要因素；坪数是指卖场面积，它是一个常数，但是卖场内不同区域产生的业绩是不一样的。从这个公式出发，商店促销管理的重点在于卖场设计，包括配合促销活动的气氛营造、动线设计、商品组合及布局等。对于卖场来说，每一寸位置都是一样的租金，在促销中如何及时发现并整改产出过低或不合理的区域，是提高商店业绩的一个重要因素。一些商店在促销实施中有意识地将最吸引人的特价品放置在商场入口特设的陈列架上，其余的则分别陈列在店内各处，力求使消费者走完商场一周，才能全部看完商场推出的特价品，不仅延长了顾客停留时间，也改变了卖场布局不均衡现象。

公式三：

商店销售额＝人效×人数

这个公式有两个控制点：人效和人数。人效是指平均每一个店员产生的经营业绩，人数则指商店内的所有人员数。人员数是根据岗位的需求设置的，一般是个定量，不易更改；但人效对管理者就有着积极的意义。由于商店大部分工作是有规律的简单劳动，管理者要考虑用更少的人员完成既定的工作，而将更多的人员投入到宣传推广和顾客服务中是提高人效的主要方法。从这个公式出发，商店促销管理的重点在于人员工作合理分配和人员积极性的发挥。另外，“隐性人数”是一个值得关注的问题，在卖场中由生产商或经销商提供的促销员，他们不涉及公式中人数的变化，却可以极大提高人效，是促销管理控制的一个需要关注的因素。

公式四：　　商店销售额＝时效×时间量

这个公式有两个控制点：时效和时间量。由于时间量是固定的，一般不会轻易变动，促销管理的重点便放在了时效上。时效是指平均每一小时产生的经营业绩，如果仅仅只关注这个平均的量会淡化不同时间段时效高、低的区别，容易被管理人员忽视。往往管理人员大体都能知道一天的客流高峰期和低峰期，却只认为这是规律，没有想过改变这种情况。如果商店能在时效的低峰期，采取适当的方式，如针对该时段的促销活动和商业推广等，将会使低峰期的时效得到一定程度的提高。如现在被广泛运用的“淡季促销”，或“会员专卖场”等。

公式五：　　商店销售额＝单品平均销售额×单品数

这个公式有两个控制点：单品平均销售额和单品数。单品平均销售额与商品陈列有很大关系，同一商品陈列在不同的位置其销售额可能有天壤之别，但是由于消费者能力的不同，商品可以根据重要性分出A、B、C、D等级，作为管理者无疑应该了解这些差别，并合理陈列。但更重要的是管理者要能够发现被埋没了销售潜能的商品，并采取适当的措施发挥其基本潜能；同时及时淘汰真正的滞销品，不断引入有效新品，让A、B类商品带动C、D类商品的销售。总之是想方设法让所有商品发挥其应有的销售能力。

需要注意的是，商店经常用销售额指标来衡量促销活动的效果，但销售额并不是真正的效益指标。商店效益来自如下公式：商店利润＝销售额×平均毛利率－经营费用。因此，要提升商店的经营效益，还要关注两个方面，一是平均毛利率，一是经营费用。也就是说，促销活动虽然带来了高业绩，但是以降低平均毛利率为代价，或导致经营费用增大，可能会得不偿失。因此，管理者不能仅仅关注于价格促销，应采用丰富多彩的促销方式，同时严格控制促销成本，使每一分钱都发挥作用。

第二节　促销活动流程管理

一、促销活动策划

促销策划包括确定促销目标、促销预算、促销主题、促销时间、促销商品、促销宣传及促销具体方式等一系列内容。

（一）确定促销目标

顾名思义，零售商店的促销目标就是通过各种有效的促销工具通知、劝说和提醒顾客，从而提高业绩，增加销售。若再加以阐述，则某一项具体促销目的可根据顾客认知情况归纳为：

- 使顾客获得最初的消费认知；
- 提高顾客的兴趣；
- 提高在顾客心目中的购买地位；
- 赢得顾客关注；
- 消除产品不良印象，或增强现有印象；
- 提高回头购买率及忠诚度；
- 抵消其他竞争对手的影响力。

在确定某项促销活动的具体目标时，管理者必须确定以上目标中哪些是最重要的。由于每一具体促销目标与不同的促销方式相对应，零售商店在开展实施每次促销活动之前，有必要清楚地阐明自己的目标以选择促销类型、媒体及所传递的信息。

目标必须尽可能准确地描述，如增加商店销售额就不是一个明确的目标，将销售额增加20%这样的目标才是有指导意义的、定量的、可测的。只有确立了这样的目标，商店才能设计精确的促销计划并评估其成功的可能性。

（二）制定促销预算

1. 量力而行法

这是指零售商店在自身财力允许的范围内确定预算。零售商店用这种方法确定促销预算，首先要预测周期内的销售额，计算各种支出和利润，然后确定能拿出多少钱来作为促销费用。这是最保守的预算方法，完全不考虑促销作为一种投资以及促销对销量的直接影响。如果商店的销售额不理想，那么促销就会被视为可有可无。这种方法导致年度预算的不确定性，从而使长期的促销目标难以实现。小型的、保守的零售商店主要使用这种方法。

2. 销售百分比法

这是以年度预测的销售额为基础，固定一个比例来计算一年总的促销预算，然后再根据一年中计划举办多少次促销活动进行分摊。其中的比率可能是过去使用的比率，也可能是参考了同行业中其他零售企业的预算比率，或者是根据经验确定的。

这种方法有许多好处：①容易确定，易控制，可以调整并将促销与销售额联系起来；②它激发管理层努力协调促销成本、销售价格和单位利润这三者之间的关系，在此基础上考虑企业的运作；③它在一定程度上能增强竞争的稳定性，因为各个竞争企业基本上是将占销量的百分比相同的费用用于促销。

这种方法的缺陷在于也没有将促销与销售的关系弄清楚，而且因果倒置，视促销为销售额的结果。这样会导致由资金到位水平而不是由市场机会去确定预算，没有考虑每次促销活动的实际需要。

3. 目标任务法

这是零售商店首先确定促销目标，再据此确定一年所计划举办的促销活动和每一次促销活动需要的具体金额，将所有促销活动的费用加起来，便得出全年的促销预算。这种方法的优点是以促销活动为主导，可充分表现促销诉求重点；但缺点是难以控制促销费用，如果促销没有达到相应效果，会影响经营效益。

下面试举一个根据目标任务法确定促销费用的例子。

表 7－1　　某零售商店根据目标任务法确定促销费用

目　标	任　　务	估算费用（元）
在淡季增加销售额	• 在以下日期，在当地报纸上刊登 15 天全页广告（3 月 2－16，11 月 4－18）	22500
	• 在以下日期，在两个广播电台，播放 240 次 30 秒现场广告（3 月 2－16，11 月 4－18）	5000
从当地新住户中吸引新顾客	• 分别发出 2000 封直接邮件，向当地的新居民致意	1600
	• 分别发出 2000 封直接邮件，邀请当地的新居民来商店参观	1600
树立商店信誉	• 每周六和周日晚间十点当地电视新闻中，演播 15 秒树立永久信誉的电视广告	20500
	• 每月在当地报纸上刊登一次二分之一的报纸广告	10000
合　计		61200

4. 竞争对等法

这是指零售商店根据竞争者的行动来增加或减少预算。也就是说，商店确定促销预算，是为了取得与竞争对手对等的发言权。若某一区域的领先商店将其促销费用增加10%，则该区域的竞争者也做出相应的调整。采用这种方法的营销人员相信，只要在促销中与其竞争对手的花费占各自销售量的百分比相等，就会保持原有的市场份额。

这种方法依据这样的假设：一是竞争对手的费用代表该行业的整体才智；二是保持竞争均势可以避免促销战的发生。其实，这种观点是不正确的。没有理由认为竞争者更清楚应在促销上花多少钱，即使它是行业领先者。各个企业的商誉、资源、机会以及目标差别极大，所以不能以其他企业的促销预算作为标准。而且，也没有什么证据表明依据竞争对等法制定的预算会缓解促销战的爆发。

另外，现在许多商家的促销活动，其费用已不是仅由商家自己承担，供应商也会积极配合，分担一部分费用。因此，商店在拟订促销计划时，要注意将厂商的促销活动纳入自己的促销活动中，以尽量节省促销费用。例如，在样品和赠品上印上厂商的商标，厂商愿意自行负担费用；在举办试吃活动时选择一家厂商的商品，一般厂商也愿意承担试吃费用、人员推广和设备费用等；与厂商合作进行广告促销，也能受到厂商的欢迎。

（三）制订促销实施方案

1. 促销主题

现在，许多商店每举办一次促销活动，往往会寻找一个“借口”，或称促销主题，这样更容易赢得顾客的好感，使之了解商店促销的原因。大多数商店使用节日作为促销的目的，当然，商店也可以别出心裁，选择一些其他商店没有使用过的主题，一下抓住顾客的眼球。促销主题往往具有画龙点睛的震撼效果，因此必须针对整个促销内容，拟订具有吸引力的促销主题。

2. 促销时间

什么时间开始促销活动，活动持续多长时间效果最好等要慎重考虑。若持续的时间短，在这段时间内无法实现重复购买，促销活动就达不到预定的目标；如果时间过长，又会引起开支过大和降低刺激购买的力量。一些超市认为，每个季度搞3周左右的促销活动为宜，每次的持续时间以平均购买周期的长度为宜。如果在一年中的不同月份举办促销活动，则一般3月、4月、6月、11月是销售淡季，而5月、10月、12月、1月是销售旺季；如果选择同月中的不同日期，一般而言，月初的消费能力比月底强，而周末、周日的购买力又比平日强。此外，重要的节日也是商店促销活动的一个有利时机，常常作为促销活动的一个最好话题。

3. 促销商品

对于零售商店而言，顾客来商店主要是为了购买商品，因此，任何促销活动的目的都离不开商品销售量的增加。同时，选择什么商品作为促销载体也成了门店促销活动的关键。促销商品是否对顾客有吸引力，价格是否有震撼力，都将直接导致促销活动的成败。商店选择促销商品时，既可以选择一些敏感性的商品，又要选择一些不太敏感的商品组成促销商品组合。这就需要考虑季节的变化、商品销售排行榜、厂商的配合度、竞争对手的状况等来加以衡量，选择最适合的促销商品。一般地，主要的促销商品必须具有以下特征：①知名的制造企业的著名品牌或者是国际品牌；②与知名品牌商品既有相同功效，并具有价格优势的商品；③其他商店非常畅销的、为消费者所瞩目且熟悉其价格的商品。

4. 促销宣传

商店虽然策划了一项大型促销活动，但目标顾客如果蒙在鼓里则毫无效果，因而尽可能让顾客知晓促销内容是十分必要的。促销宣传主要有：媒体广告、直邮 DM、卖场海报、人员宣传、派发传单等。AC 尼尔森在 2005 年做的一次调查表明，在六种促销宣传方式中，排在第一位的是“投递到家中的邮报”，第二位的是电视广告，第三位是门店内悬挂的海报，第四位是商场入口处海报，第五位是路上派发的广告宣传单，第六位是亲朋好友的介绍。由于购物者在购物之前就已经有大致的购买计划，“投递到家中的邮报”为购物者最有限考虑的获取促销信息的途径。然而，与年长者偏好直邮相比，年轻人更倾向于从电视广告得到促销信息。可见，采用什么促销宣传方式对促销目的的达成有重要的影响。

5. 促销方式

零售商店可以选用的具体促销方式有很多，促销活动林林总总，商店必须选择合适的促销手段和方式，才能避免走进纯粹的价格促销循环。促销手段各有其特点和适用范围，在选择促销工具时要考虑如下因素：促销目标、商店类型及竞争环境、费用预算。

二、促销活动的实施

一项促销活动若要成功，除了有周密的计划、正确的宣传媒体以及能打动顾客的诉求主题与促销商品外，最重要的因素还在于商店各岗位的执行配合，使促销活动活跃、热闹。因此，促销活动的实施要注意以下方面：

（一）人员方面

由于促销活动内容繁杂，工作千头万绪，要使活动有条不紊地开展，管理人员要事先对每一项工作进行分工，安排人员具体负责。如安排不同人员在规定的时间内完成广告内容的撰写、广告媒体的联系、卖场气氛的布置、商品价格的调整、供应商的联络、促销商品的陈列等。另外，还要有专人负责对商店营业人员的促销培训，使每个员工都能清楚地了解促销的内容与要求，为顾客提供更好的服务。

注意事项：①卖场所有人员（包括厂家促销小姐）都必须了解促销活动的起讫时间、促销商品及其他活动内容，以免顾客一问三不知；②各部门主管必须配合促销活动，安排适当的出勤人数、班次、休假及用餐时间，以免影响尖峰时间内对顾客的服务；③卖场营业人员必须保持良好的服务态度，保持服装仪容的整洁，以给顾客良好的印象；④如果预期轰动效应过大，可以考虑扩大临时的保安人员和联系厂商的支持，且一定要避免因促销而发生不安全事故。

（二）商品方面

在商品管理方面，要注意：①要准确预测促销商品的销售量并提前进货，促销商品必须充足，以免缺货造成顾客抱怨及丧失促销机会；②促销商品价格必须及时调整，以免使顾客产生被欺骗的感觉及影响收银工作的正常进行；③新产品促销应配合试吃、示范等方式，以吸引顾客消费，以免顾客缺乏信心不敢购买；④商品陈列必须正确且能吸引人，除了应该在促销活动中必须做的各种端架陈列和堆头陈列外，还要对陈列做一些调整以配合促销获得达到最佳效果。如促销商品和高毛利非促销商品必须有效组合、关联陈列，以提高顾客对非促销商品的关注。

现在举例介绍关联性陈列的商品组合。例如：水饺（特价）+饺子醋（高毛利）+油辣椒（高毛利）。对于顾客而言，购买水饺的次数可能很多，对于水饺类的价格比较清楚，所以当门店在促销水饺时，通过关联陈列，在其旁边摆放饺子醋、油辣椒等调料品来弥补水饺毛利的不足。这种搭配是因为顾客在购买主导商品饺子时，对调料品的价格关注度会降低，尤其是将小规格的调味品摆放在水饺的旁边，更不容易引起顾客的注意。又如：洗发水（低毛利）+护发素（中毛利）+护发摩丝（高毛利），近年来，随着洗发水消费量的不断上升，市场上诸如飘柔、海飞丝之类的知名品牌已经成为了价格敏感的低毛利商品。而由于消费者对洗发后的护发要求，使得护发素正在成为门店能够弥补洗发水利润的商品，护发的摩丝等相关的第三重利润商品的搭配也成为企业谋取利润的另一个关键。

（三）广告宣传方面

在宣传方面必须注意：①确认广告宣传单均已发放完毕，以免留置卖场逾期作废；②广告海报、宣传布条等应张贴于最佳位置，如入口处或布告栏上，以吸引顾客入内采购；③特卖品的 POP 广告应放置在正确位置，价格标识应醒目，以吸引顾客购买。

（四）卖场氛围布置

卖场氛围可以根据促销活动进行针对性的布置，应张贴各种季节性、商品说明性、气氛性之海报、旗帜、气球等物品，以增加促销气氛，同时应辅之以各类商品之灯具、垫子、隔物板、模型等用品以更好地衬托商品，刺激顾客的购物兴趣。适当时可以播放轻松愉快的背景音乐，使顾客感觉更舒适。必要的话也可以适当安排专人在卖场直接促销商品。

三、促销活动评估

促销活动结束后，应及时进行评估检讨，切不可于促销活动结束后置之不理，还应召集营业、商品、促销部门有关人员，就实施效果与目标差异做分析，为以后促销活动执行做参考，这样有助于提升企业促销策划水平，巩固促销活动效果。

（一）促销评估方法

具体评估的方法主要有：

1. 检查法

即对促销前、促销中、促销后各阶段的工作逐一进行检查，分析哪个环节出了漏洞，影响了整个促销效果，作为经验教训以备将来参考。以连锁超市门店为例，表 7－2 是检查的主要内容。

2. 目标评估法

这是将促销实际业绩与目标进行比较分析，一般而言，实际业绩在目标 95%～105%之间，算是正常表现，若是在目标 105%以上，则算是高标准表现，若是在目标 95%以下，则须反思。有些促销目标很难用销售额来直接表示，这使得促销活动的评估很困难，需要管理者研究一套专用的评估体系和办法。例如促销目标是树立企业良好形象、增进顾客忠诚，管理者通常在促销前后要进行一系列调查，研究企业的形象问题以及老顾客的来店频率等情况。一般来说，促销目标越具体明确，评估工作越容易进行。

表 7-2　　商店促销活动评估检查内容

促销阶段	检查内容
促销前	促销宣传单、海报、POP 是否发放和准备妥当 卖场所有人员是否均知道促销活动即将实施 促销商品是否已经订货或进货 促销商品是否已经通知电脑部门变价
促销中	促销商品是否齐全、数量是否足够 促销商品是否变价 促销商品陈列是否具有吸引力 促销商品品质是否良好 促销商品是否张贴 POP 广告 卖场所有人是否均了解促销期限和做法 卖场气氛是否更加活跃 服务台是否定时广播促销做法
促销后	促销海报、POP、宣传单是否均已拆下 商品是否恢复原价 商品陈列是否调整恢复原状

3. 前后比较法

这是选取开展促销活动之前、中间与进行促销时的营业情况进行比较，一般会出现十分成功、得不偿失和适得其反等几种效果。促销十分成功说明此次促销活动使顾客对门店的印象有所加强，对商店的知名度和美誉度均有所提高，增长了销售量，在活动结束后，该影响持续存在；促销得不偿失是指促销活动的开展，对商店的经营、营业额的提升没有任何帮助，反而浪费了促销费用；促销适得其反是指促销活动结束后，商店销售额不升反降，可能是由于促销活动过程中管理混乱、设计不当，某些事情处理不当，或是出现了一些意外情况等原因，损伤了商店自身的美誉度，结果导致促销活动结束后，商店的销售额不升反降。

4. 消费者调查法

商店组织有关人员抽取合适的消费者样本进行调查，向其了解促销活动的效果。例如，调查有多少消费者记得门店的促销活动，他们对该促销活动有何评价，是否从中得到了利益，对他们今后的购物场所的选择是否会有影响等，从而评估商店促销活动的效果。

（二）促销效益评估实例

某超市进行了为期一周的可乐促销特卖活动，促销方式为将听装可乐的售价由2.5元降至2.00元，下面是相关数据：

促销前三周的平均销量为1000听，单价2.5元；促销期间（一周）销量为2300听，单价2.00元；促销后一周的销量为900听，单价2.5元；

促销广告的成本为300元，由超市承担；

可乐的成本价为每听1.50元，广告津贴由供应商提供，每听0.05元。

如果不举办这次促销，在此期间：

销售收入=1000听×2.50元=2500元

销售成本=1000听×1.50元=1500元

销售利润=2500元-1500元=1000元

之后一周：

销售收入=1000听×2.50元=2500元

销售成本=1000听×1.50元=1500元

销售利润=2500元-1500元=1000元

根据以上条件，举办促销的销售情况为：

销售收入=2300元×2.00=4600元

销售成本=2300元×（1.50-0.05）元=3335元

销售利润=4600元-3335元=1265元

促销活动成本：

直接成本（促销广告）=300元

间接成本=（1000-900）×（2.5元-1.5元）=100元

促销总成本=300+100=400元

促销增加利润=1265元-1000元=265元

促销后一周：

销售收入=900听×2.5元=2250元

销售成本=900听×1.5元=1350元

销售利润=2250元-1350元=900元

由实例看出，促销活动的成本为400元，而增加的利润只有265元，造成135元的损失；促销活动结束后，销售收入由原来的2500元下降到了2250元，造成每周250元的损失。因此本次促销是失败的。

第三节 具体促销方式与实施

随着商店销售促进活动的增加，各种销售促进方式被广泛地应用。我们下面主要介绍几种销售促进方式：优待券、赠送商品、折价优待、竞赛、抽奖、集点优待、退费优待、商品展示。

一、优待券

零售商店将印在报纸、杂志、宣传单或商品包装上的付有一定面值的优待券或单独的优待券，通过邮寄，挨户递送，销售点分发等形式发放，持券人可以凭此券在购买某种商品时免付一定金额的费用。例如：凭券到某一商店购买某牌子的咖啡，原价 145 元，但只需付 119 元即可购得。

优待券这种办法既鼓励了顾客购买，又扩大了商店的影响。实践表明，降价优惠幅度以 15% 为宜。还有一种类似的办法，就是顾客可以凭买过本商店的商品的证明（如收款收据，商标，盒盖，包装印刷纸等），向商店索取优待券。事实证明，优待券在经济衰退时期和高通货膨胀时期非常有效。

商店优待券只能在某一特定商店或连锁店使用。它绝大部分是以吸引顾客光临某一特定的商店为主要目的，而不是为了吸引顾客购买某一特定品牌的商品。另外，它也被广泛地用来协助刺激对店内各种商品的购买欲望上。许多事例显示，优待券也是零售商与厂商一个绝好的合作组合，其目的在于提供消费者一个诱人的动因，以吸引他们到特定的商店购买特定的商品。

虽然优待券的种类繁多，但都不外乎以下三种：①直接折价式优待券。即指某特定零售商店在特定期间内，针对某特定品牌，可凭券购买以享受某种金额的折价优待。这种促销方式可运用在多量购买上；②免费送赠品优待券。即购买 A 商品，可凭此券免费获赠 B 商品；③送积分点券式优待券。即购买某商品时，可获赠积分点券，凭这些点券可在该商店兑换自己喜欢的赠品。一般此券的价值常由零售商店自己决定。

二、赠送商品

赠送商品即消费者免费或付出某些代价即可获得特定物品的活动。实践证明，赠送商品是吸引消费者来商店购买商品或劝其购买某种特定商品的的好方法，例如，商店开业时，对凡来商店购物的顾客免费赠送气球、面纸、枕头等小物品。

赠送商品是零售商常用的销售促进活动，包括两种方式：

（一）免费赠送

这种方式是指消费者无需具备什么条件即可得到赠品。免费赠送时，一定要选择好赠送对象，这样才能达到事半功倍的效果。例如，有些商店并不固定赠送物品的种类和数量，而是视顾客的需要和心理情况而定。尤其是在女士购买化妆品犹豫不定时，可以免费赠送化妆包、化妆棉棒等小物品，以促成顾客购买。

（二）付费赠送

付费赠送是指商店为吸引消费者而采用的只要消费者购买某种特定商品或购买金额达到一定数量时，就可免费获得赠品，或者消费者在购买某种商品的同时提供赠品的部分费用即可获得赠品。主要有以下方式：

1. 买一赠一。顾客购买某一特定商品可免费获得相应的赠品。例如：购买一套西装赠送一条领带，购买照相机可获赠胶卷，购买皮鞋可获赠专用鞋刷，购买洗发香波可获赠洗面奶等。

2. 酬谢包装。这是以标准包装的原价格供给较标准包装更大的包装或以标准包装另外附加商品来酬谢购买者。这种方法在推销食品、保健品和美容品中广为使用。例如，某牌子的大米加量不加价等。

3. 包装赠品。包装内赠品、包装上赠品、包装外赠品以及可利用包装，都属于包装赠品的促销方式，如购买某化妆品赠送精美化妆包。这种赠品能现场激发消费者的购买欲，容易使消费者转移品牌，转向购买价值高、较贵的商品。

4. 批量购买赠送。顾客购买某商品数额达到既定批量，或顾客购买本商店商品的金额（可以是不同商品）达到一定标准，可以免费获得赠品。例如，顾客在本商店购买家具用具价值超过 5000 元，赠送价值 200 元的照相机一台。

5. 商品中奖。这种方式有两种做法：一是商品本身有编号，商品销售一段时间后，通过既定方式和程序确定中奖号码，中奖者可得到一笔可观的奖金或奖品。二是顾客购买商品的同时，可得到若干张彩票（彩票的多少有购买金额大小决定），商店销售一段时间后，公开开奖，中奖者可得到相当可观的奖金和奖品。

6. 随货中奖赠品。这种方式有两种做法：一是并非所有商品都是随货赠送物品，而是其中少数商品内装有赠品；二是少数商品内放有彩票，并标明彩票的等级，顾客持彩票向商店免费领取赠品。

三、折价优惠

折价优惠是零售商使用最广泛的一种促销方式。折价优惠是指商店在一定时期内，调低一定数量的商品售价，也可以说是适当减少自己的利润以回馈消费者的促销活动。折价优惠常在以价格作为主要竞争手段的商店使用，如货仓式商店、超级市场、折扣商店等，但它也广泛应用与其他零售业态商店，尤其是国内服装专卖店在近几年天天打出折价优惠的招牌吸引顾客。

零售商常采用的折价优惠形式有：

（一）商品降价特卖（特价）

所谓特价是直接将商品的原价调至较低的现价（现价就叫特价）以吸引消费者增加购买。例如，某品牌的微波炉，原价568元，特价508元；某种食品原价5元，疯狂特价1元。根据某专业杂志对消费者所做的超市问卷调查，“价格合理”是消费者认为理想超级市场最应具备的条件，特价促销也被许多商店经理认为是最佳的促销方式。实践证明，特价销售在促进商品销售方面的作用非常突出和明显，是商店最常采用的促销方法。

（二）限时抢购

即在特定的营业时段提供优惠商品，以刺激消费者购买。此类活动以价格为促销的着眼点，利用消费者求实惠的心理，刺激其在特定时间段内采购特定优惠商品。此方法应注意：第一，以宣传单预告或利用卖场尖峰时段，以广播的方式刺激消费者购买特定优惠商品；第二，价格优惠必须在三成以上；第三，此方法较适合于日常用品，生鲜食品等，是超级市场、仓储式商店使用较多的一种促销方法。

（三）折扣优惠

折扣优惠也就是我们通常所说的打折即通过折扣让消费者在购物中直接得到价格优惠。折扣优惠的形式有：

1. 购买折扣

当消费者购买商品时，按商品的标价直接给消费者一定数量的折扣。运用此方法要注意：第一，不能虚构原价；第二，如果有些商品未打折，就不能用“全面打折”的招贴；第三，折价活动结束后，应及时取下打折招贴，以免发生纠纷。

2. 数量折扣

按消费者购买数量的多少，分别给予大小不同的折扣。购买数量越大，折扣越多。

3. 免服务折扣

有些商品的价格中含有一定的服务费，商店对没有条件享受服务或自动放弃服务享受的顾客，给予一定的价格折扣，例如，保修费退回，送货费退回等。免服务折扣不仅有利于保护消费者的合法权益，而且有利于增强对顾客的吸引力，提高商店的声誉。

4. 有效期折扣

即根据商品离有效期时间的长短而给予不同的折扣。例如，鸡蛋，牛奶等食品可按离保质期限时间的长短来确定价格。

5. 限量折扣

即对提供价格优惠的商品限定数量。这种方式是通过抓住顾客求廉的心理，又害怕错过了促销的机会，刺激顾客尽早作出购买决定，事不宜迟。

商店在采用折价优惠时，要注意保证折价商品的充足供应。如果出现折价商品短缺，会给专程来购买商品的顾客以极坏的印象。另一方面，零售商采用折价优惠也会造成库存问题，库存压力对零售商而言有时是一个大困扰，以致造成存货管理的不平衡。

四、竞赛

竞赛是一种让消费者运用和发挥自己的才能以解决或完成某一特定问题，即提供奖品鼓励顾客的活动。此类活动通常需要具备三个要素：奖品、才华和学识以及某些参赛的规则。竞赛着眼于趣味性及顾客的参与性，通常竞赛会吸引不少人来观看和参与，可连带达到增加客流量，扩大销售的目的。

常见的竞赛活动方式：

• 在商店内或通过媒介开展各类游戏比赛活动，让消费者参加。例如，广州友谊商店曾举办儿童背诵《新三字经》比赛，广州新大新举办的时装设计评比大赛，以及其他商店举办的诸如母亲节绘画比赛，卡拉 OK 比赛，猜谜填字比赛、喝啤酒比赛、可乐猜罐比赛等。

• 让消费者回答问题。由商店印制或通过媒介刊登有关商店以及销售商品的知识问题，征求答案，以加深顾客对商店的印象以及所出售的商品的了解，最终扩大销售量。

• 征求商店的广告词，店歌，店徽等，或征求商店某一时期的促销创意等。使消费者参与商店的销售工作，从而取得对商店的认同感。

竞赛要想成功的举办，一定要有一个清晰、易懂的活动规则。模棱两可的活动规则是纠纷产生的原因所在。商店在竞赛活动举办之前都必须将竞赛的具体规则公诸于众，并受公证机关的监督。在活动规则一旦确定之后，商店必须严格按照规则履行自己的承诺，而不应以任何理由改变规则或不予兑现。否则，不仅损害了消费者的利益，也是对商店的形象的一个极大的伤害。从长远利益来考虑，这是非常不明智的。

五、抽奖

抽奖是指顾客在商店购物满一定金额即可凭抽奖券在当时或指定时间参加商店组织的公开抽奖活动。抽奖并不需要顾客具有一定的才能（不同于竞赛获奖，顾客要有一定的能力取胜），抽奖全凭顾客的运气，这是基于利用人本身具有一定的侥幸、追求刺激的赌博心理，有以小博大的乐趣，主办商店通常备有各式大小奖品吸引顾客。

抽奖与赠送商品中的商品中奖、随货中奖是有区别的。抽奖是购买商品后，凭购物小票等证明从商店方获得抽奖券，再参加抽奖。而商品中奖和随货中奖都是与商品有直接关系的，即奖品或奖券就在商品中，顾客获奖的直接原因是购买了该商品。生产厂商多采用商品中奖和随货中奖的促销手段，而零售商则多举办抽奖方式进行促销。

常见的抽奖方式有：

- 直接抽奖方式

即购买商品后可立即参加抽奖或者获得一张兑奖卡，抽奖结果可以马上知道。目前很多商店都采用一种简便易行的抽奖方式即刮刮卡。刮刮卡属于直接抽奖方式。刮刮卡上印有一些数字，图形或商店的标志等，均被覆盖住，消费者购物后，即可凭购买金额获得数额不等的刮刮卡（有的商店不论购买金额，凡购物者人均一张），当场刮开覆盖的涂层，即可看到里面的标志，与商店的规定相对照领取奖品。

- 事后对奖方式

即在一组奖券送完或到了指定的日期时，由商店公布中奖的号码，图标，文字等。这些中奖的标志可以是由商店在抽奖前就确定好，但目前最流行的做法是在奖券送完后，在到指定的日期公开摇奖，以确定中奖号码等。对奖式抽奖不能马上知道中奖结果。

- 多重抽奖方式

现在很多商店为了吸引顾客，已经在抽奖方式上绞尽脑汁，多数采用的是综合抽奖方式，即将上述两种方式融合起来的多重抽奖方式。如消费者购买一定数量或金额的商品，商店给予抽奖券，顾客可以立即刮卡得知是否中第一层奖，随后又可参加在商店举行的即行抽奖，经过摇奖或电脑随时抽取可知是否中第二层奖，然后该抽奖券还可以参加商店举办的一定时期的公开抽奖，看是否中第三层奖。这种多层抽奖能极大提高顾客参加抽奖的兴趣，已被许多百货商店所采用。

零售商在采用抽奖促销时需事先做好准备工作，包括①决定顾客参加抽奖的消费金额。通常均为顾客平均客单价为考虑基础向上酌增。例如，商店顾客平时客单价为100元，则可将参加抽奖的金额设为150元或200元。这样可以通过抽奖促使顾客购买比平时更多的商品，达到促销目的。②决定顾客参加抽奖的方式。通常抽奖方式与准备的奖品有关。若奖品是一些大奖，例如国外旅游机票、名贵音响、大件家具等，多用定期公开抽奖的方式；若奖品的金额不高，属一般性奖品，如吸尘器，电饭煲，电熨斗等，且数量充裕，则多用立即抽奖兑换的方式；若奖品既有大奖，又有大量的一般性小额奖，则可以采用多重抽奖方式。当然，商店在策划抽奖活动时，也可以先确定抽奖方式，再根据这次抽奖活动的经费设计抽奖的奖品，往往会以顾客最感兴趣并能达到最佳促销效果的方式进行。③决定抽奖品的金额和品种。通常抽奖品的金额多为此次促销活动预估增加营业额5%~10%，或依厂商赞助奖品的情况来斟酌。

六、集点优待

集点优待又叫积分卡或商业印花（商业贴花），指顾客每购买单位商品就可获得一张印花，若筹集到一定数量的印花就可以免费换取或换购（即支付少量金额）某种商品或奖品。

对于消费者而言，他们对集点优待的偏好不一，有的消费者对积分卡十分热衷，有些对积分卡不以为然，因而其对不同消费者的效果是不一样的。但真正对积分卡感情兴趣的是商店的经常性客户，他们经常来这一商店购买商品，如果能用积分卡形式给这类顾客提供更物有所值的回报，可以提高他们对商店的忠诚度。

对于商家而言，最重要的顾客就是经常性光顾的老顾客。有种说法是：商店80%的营业额和利润由20%的老顾客实现的。因此如何稳定老顾客成了商家十分重要的问题，而集点优待与其他促销方式的最大差别在于保持顾客的持续性，即稳定老顾客。顾客必须先购买商品，再收集点券、优待券、印花或购物凭证等，在一定的时间后，达到了符合优待的数量，才可获得优待。这一促销活动的特点是能让顾客持续购买本商店的商品。如果顾客一旦决定参加集点优待，就会积极地收集点券，购物凭证等以兑换奖品，自然就不会到其他的商店购物。因此，集点优待不失为商家一种重要且有影响力的促销手段。

七、退费优待

退费优待是指消费者提供了购买商品的某种证明之后，商店退还其购买商品的全部或部分付款，以吸引顾客，促进销售。例如，某市一家商店曾规定在某个月的某一天，消费者购买的商品可以全部退款，而这一天是事后随机确定的，以刺激顾客的购买欲望。还有些商家直接打出促销宣传："买一百退五元"。退费优待适用于各行各业，由于其直接返利给顾客，所以效果十分明显。同时退费优待也适用于绝大多数商品。实践证明，销售速度缓慢，冲动式购买的，差异化较小的商品，虽然不经常购买，但只要一买，常用得很快，再购频率很高，这种类型的商品运用退费优待效果最好。而对于高度个性化的商品，经久耐用的商品，则不宜采取此方法。

实践中，人们常把退费优待与其他一些促销方式结合起来，这种新构思往往会产生意想不到的良好效果。例如，将送现金和价格折扣结合起来。还可以将退费优待和抽奖结合运用，甚至可以将退费优待与有趣的娱乐活动结合起来，特地印制正式的参加表格，并注明一些限制条款和各种可行的参加方式，以吸引消费者。

八、商品演示

商品演示就是通过对商品的使用表演示范，提供实物证明，使顾客对商品的效能产生兴趣和信任，以激起冲动性的购买行为。商品演示的目的是向顾客进一步证实商品的效能和优点，为了达到预期的效果，演示人员应该掌握商品的性能和演示的技巧。商品演示还包括商店现场试吃，即现场提供免费样品供消费者食用的活动。此类活动对于以供应食品为主，且以家庭主妇为主要客户的超市，是提高特定商品销售量的有效方法。透过商品实际展示和专业人员的介绍，会增加消费者购买的信心及日后持续购买的意愿。

商品演示的主要形式有：

1. 定点展览演示

就是在某一固定地点进行演示，如在卖场销售该商品的柜台旁；或者在客流量较大的商店入口处，主通道处等摆设专门的演示摊位。这种演示形式在超市经常可以看到。

2. 外出流动演示

这不是在商场内部演示，而是在商场区域以外地点演示，而这一地点是不固定的。商店组成专门的流动演示小组，对顾客的密集的地区巡回演示，既可以扩大商品的销路，又可以提高商店的知名度。这种方法由于与目标市场接触面大，促销效果好，但费用较高。

3. 制作演示

这种形式主要用于手工艺品的促销，有些商店也用作食品的制作演示。商店为了促进销售，聘请手工艺品的制作者在商店营业场所演示其制作过程。这种形式不仅向顾客显示了商品的外在质量，而且使顾客享受到商品的内在美。例如，手编织物等，可以激发顾客的购买欲望。在食品制作演示中，例如广州吉之岛将日本寿司的整个制作过程对外开放，全程演示给消费者观赏，激起了消费者的极大兴趣。

4. 模特演示

这种形式主要适用于服装和首饰等的推销。商店可以聘请模特做时装展示会，也可以让销售该服装的导购员充当临时模特，穿着陈列的服装边销售边展示，以激发顾客的兴趣。模特演示可以充分展现商品的美，适应顾客的爱美心理，激发顾客的潜在需求。这种方法比较适合大的百货公司。

5. 电视演示

随着电视机和录像机的普及，采用电视演示的商品也在增加。商店在营业场所安置电视机和录像机，在营业时间内播放提前录制好的商品广告或商品的介绍以及商品的使用方法等，以此吸引顾客的注意。

九、POP 广告

POP 广告（POINT－OF－PURCHASE ADVERTISING）称为店面广告、卖场广告或销售点广告。它是一个与商品有连带关系的广告，是商店或厂家在销售现场向顾客做的最后的广告。它的目的在于诱导顾客进店，使顾客容易选择商品，并提醒顾客注意促销商品，以促进销售。由于 POP 广告针对性较强，顾客可在短时间内近距离的接触它，容易留下较深刻的印象并且极易促成冲动性购买行为。

POP 广告通常包括在橱窗、柜台、地板上或墙面上所挂放的各种有关商品信息和引导顾客购买的标志等，近年来为越来越多的商店所接受，并演化出丰富多彩的各种形式，有些商店甚至将 POP 广告做到了地板上，让人耳目一新。POP 广告的主要做法是在销售现场张贴有关销售的广告宣传品，以图文并茂的形式提供商品性能、服务、说明等信息，刺激顾客的欲望。这些五颜六色的 POP 广告，可以由商店自己制作，但更多的是生产厂家为了协调商店促销活动而印刷的精美招贴画。由于 POP 广告常常可以免费获得，故颇受商店的欢迎。

POP 广告就是要把有关商品的信息（如商品名称、制造商名称、商品特性及价格等）充分地传递给顾客。这些信息包括：告知顾客商店内在销售什么，商品的位置配置，商店最新商品供应信息，商品的价格，促销商品的销售。还可以吸引路人进入商店，让顾客了解商店的特有气质和独特的经营方法，提升商店的形象。

下表具体列出不同类 POP 广告的功能。

表 7－3　POP 广告的种类和功能一览表

区分	种　类	功　能
店头 POP	店头看板（招牌）、商品名称	告诉顾客这里有家商店及它是卖什么样的商品
	橱窗展示、旗子、布帘	通知顾客正在实施特价大拍卖，或造成气氛。另外，给整个商店带来季节感，制造气氛
店内 POP	表示专柜的 POP、售物场地的引导 POP	告诉走进商店的顾客，商品在什么地方
	拍卖 POP、廉价 POP	告诉走进店里的顾客，正在实施拍卖，并将拍卖内容告诉他们
	告知 POP、优待 POP、气氛 POP	告诉顾客商店的性质及商品的内容，也可以制造店内气氛
	橱柜（陈列箱）等	方便顾客选择商品，另外，也可保护商品，提高商品价值
	厂商海报、广告板、实际售物的场地	传达商品情报及厂商情报的功能
陈列现场 POP	展示卡	告诉顾客商品的品质、使用方法、厂商名称等特征，帮助顾客选择商品
	分类广告	告诉顾客广告品或推荐品的位置、尺寸，以及分别的价格
	价目卡	告诉顾客商品的名称、数量等。另外，同购买决定的关系最直接的就是价格的表示

附表

表7－4 超级市场常用的促销方式

促销方式	促销特点
商品降价特卖	即直接将商品原价调至较低的现价（现价就叫特价）以吸引顾客增加购买
限时抢购	即在特定的营业时段提供优惠商品，以刺激消费者购买
折价优惠	通过折扣让顾客在购物中直接得到价格优惠，具体方式有数量折扣、金额折扣、有效期折扣、限量折扣、会员折扣等
现金券	通常在报纸或宣传单上印有一定面值的现金券或单独的现金券发放给顾客
赠送商品	对购买商品的顾客免费赠送物品，具体有：买就送、买一送一等
抽奖	顾客购物满一定金额即可凭抽奖券在当时或指定时间参加商店组织的公开抽奖活动
竞赛	这是一种让消费者运用和发挥自己的才能以解决或完成某一特定问题，即提供奖品鼓励顾客的活动
积分方案	顾客在一定时期内积满一定分则可获得一定金额的现金券，这是吸引老顾客常来光顾的好办法
POP广告	即销售点广告，通常在橱窗、柜台、地板上或墙面上挂放各种有关商品信息和引导顾客购买的标志
宣传张（DM）	这是商家将促销活动印成宣传单免费发放，或邮寄给顾客，或放在卖场入口处或收银处由顾客自由拿取
演示和试用	利用店内演示引起关注，鼓励即兴购买；也可能在店内送给顾客免费的样品，鼓励试用新产品或试吃新食品
特别活动	门店举办的非常见活动，如时装展、作者签名售书，以及旨在吸引顾客的名流造访等
端架或量感陈列	对促销商品放置在引人注目的黄金地带，如端架或卖场主动线做商品堆头
退费优待	顾客提供了购买商品的某种证明之后，商店退还其购买商品的全部或部分货款
联合促销	与其他非竞争性企业联合开展促销活动，使顾客在一个门店购物或消费后能享受在另一个商店的各种优惠

案例及分析

案例1

百佳超市“五一”主题促销

广州百佳超市隶属于香港百佳超市集团，具有丰富的超市经营经验，目前在广州有10多家连锁门店。百佳超市一贯注重开展促销活动，其促销活动分为两类，一类是长期例行性促销，一类是短期主题性促销。百佳将2005年5月定义为“欢笑月”，围绕“家庭欢乐”的主题，进行了一系列促销活动，下面对几个主要促销活动进行简要介绍。

“圆满百佳梦”是“欢乐月”推出的主要促销活动，活动内容：顾客凡一次性购物满58元，即可获赠“百家梦想卡”一张，经过抽奖有机会实现家庭梦想。家庭梦想包括：A. 旅游大奖（价值3000元）；B. 家庭影院（价值1500元）；C. 体育用品（价值500元）；D. 电影票（价值200元）。

“‘快乐儿童’绘画比赛”也是“欢乐月”推出的另一项主要促销活动。凡参加本次比赛的小朋友均有机会获双重丰富大奖，一重奖：所有参赛小朋友都可以获得精美文具礼品一份；二重奖：分别评选出一二三等奖，一等奖是价值200元精美文具用品，二等奖是价值100元精美文具用品，三等奖是价值50元精美文具用品。

“长途电话卡免费派送服务”，这是百佳与润迅联合搞的一次赠品活动，活动内容是：凡一次性购满68元的顾客可免费获得价值10分钟的长途电话卡一张。

“5元现金券”，活动内容：凡一次性购满68元，即可送一张5元现金券，满136元，可获两张现金券，每张小票最多只可以送2张。

“宝洁百佳联合促销”，这是百佳与宝洁公司的一次联手促销活动，活动内容有两大项，一项是特价促销，例如玉兰油新生眼部退纹紧致霜15克149元，玉兰油水润保湿泡沫面乳100克24元；另一项是“买就送”促销活动，例如，买满宝洁沐浴产品48元送原色生活沐浴套装一份，买满宝洁产品68元送时尚百宝箱一个……

“10 元换购”，活动内容是：顾客一次性购物满 58 元以上，可用 10 元换购以下产品：恒隆清香铁观音 250 克（原价 25.9），百佳牌婴儿润肤乳 500 毫升（原价 19.9）……

（资料来源：来自企业实地调查）

案例思考题

百佳超市“五一”主题促销包括哪些具体促销方式？试分析这些促销方式的可能效果。

案例 2

会员卡促销到底有没有效果

说到会员制这一促销模式，相信已经不为大家所陌生。目前，会员制这一促销模式被超市、商场、酒店等服务行业所广泛运用，并已经逐步为广大的消费者所接受。然而前不久，曾经一度能给商家和顾客带来优惠的会员卡，在武汉的吸引力似乎荡然无存。武汉徐东平价已开始对会员退卡（每张有效卡价值 98 元），宣布不再发售新卡。对有效期到 2005 年 6 月 30 日的会员卡服务结束后，即不再推行会员制。

据悉，这是武汉 20 多家超市中首家主动取消会员卡的零售企业。取消会员制主要是因为其企业内部管理混乱和市场竞争激烈的原因所致。该门店存在营业员主动借卡给顾客结账，导致顾客有卡无卡一样。同时，店方称：会员卡的存在，将一部分非会员拒之门外，从而影响到自己的客源。仅在五年前，武商百盛量贩店首家实行会员制销售，持有会员卡者能享受购物优惠打折。而后，徐东平价、中百仓储等都实行会员制销售。但此后不久，随着超市越开越多，会员卡对顾客的吸引力越来越小。当顾客持卡消费累积到一定金额，商场给予的返利并不丰厚。另外，不少超市不实行会员制，导致其他超市会员流失严重，仅徐东平价的会员已由最高峰的 60 多万骤减至眼下的 10 多万户。但有人分析，徐东平价此举，一定程度上欲与对面的麦德龙形成错位。目前，麦德龙依旧坚守持卡结账。有商家估计，继此后，至少本地超市的会员卡坚持不了多久。

（资料来源：中国商报网站 http：//www. cb－h. com）

案例思考题

会员卡促销方式适合中国消费者吗？商家使用会员卡进行促销需要注意什么？

本章思考题

1. 零售企业促销活动的目标、类型和促销组合要素有哪些？
2. 零售企业如何制定促销活动预算？
3. 零售企业制促销活动方案的重点内容是什么？
4. 如何评价零售企业促销活动的效果？
5. 试举例介绍常用的零售企业促销方式。

第八章 服务管理

本章提要

价格、商品和服务，越来越成为今天顾客选择商店的重要因素。然而，在一定时期内，成本的降低毕竟是有限的，企业不可能无止境地降低价格；商品品种的竞争也是有限的，我们身边众多的商店经营着相差无几的商品。在这样的环境下，零售商店唯有优质的服务才能保证自己与众不同，才能在竞争中脱颖而出。现代市场竞争的真正焦点是服务，在消费者价格承受力普遍提高的今天，零售商店将注意力更多地投向服务不失为明智之举。本章主要介绍：零售服务的作用、特点及类型，零售服务设计的内容及应考虑的关键因素，商店常见的服务项目，服务质量的评价与分析，商店如何提升服务质量水平，商店如何处理顾客投诉及商品退换。

第一节 零售服务的重要性

一、零售服务的作用和特点

（一）零售服务的作用

零售服务是零售企业为顾客提供的、与其基本商品相连的、旨在增加顾客购物价值并从中获益的一系列无形的活动。

1. 良好的零售服务是吸引顾客、促进销售的有效手段

顾客进入一家商店，除了希望能购买到称心如意的商品外，还希望得到令人满意的服务，尤其在各家商店经营的商品相差无几的情况下，服务水平和服

务项目成了顾客选择商家的一个重要因素。由于零售服务是与商品紧密联系在一起的服务，零售商店所提供的一切服务都紧紧围绕销售商品这个核心，良好的服务不仅帮助企业实现商品销售，而且也有推动扩大销售的作用，甚至创造新的需求。零售商店一些商品的出售直接与提供的服务有关，例如空调、电脑、热水器等，不提供相应的安装、送货、保修等服务，商品销售就会受阻。而许多顾客在逛商店时，工作人员热情态度往往能诱发他们的购买欲望，将潜在需求转化为现实需求。纵观那些能多年屹立不倒的零售商店，它们不仅在商品上满足了顾客的期望，而且在服务上也满足了顾客的期望，因而赢得了良好的声誉，吸引顾客源源不断地前来。

2. 良好的零售服务有助于保持顾客忠诚

有调查表明，顾客从一家商店转向另一家商店来进行经常性购物，10 个人中有 7 个人是因为服务问题。可见，良好的服务能保持顾客忠诚，而顾客的忠诚在其一生中将为商店带来巨大的销售贡献。据《追求卓越》一书的作者彼德斯估计，在美国，零售店的一位老主顾，会在 10 年内平均购买 5 万元的商品。忠诚顾客提供给门店 3 倍的回报。他们会主动再来购买，从而使得在他们身上投入的营销和销售成本比招来新顾客所投放的成本要低得多。企业对忠诚顾客很了解，不必在交易时花太多时间，忠诚顾客的购买量也较新顾客多，且容易接受商店推出的新产品和新服务。

3. 良好的零售服务有助于形成良好的口碑，树立良好的企业形象

满意的顾客会传播积极的口碑，免费为商店进行宣传，不仅可以树立良好的企业形象，还可以吸引新顾客光临。口头传播是顾客普遍接受和使用的信息收集手段，由于服务具有较高的不可感知性和经验性等特点，顾客在购买服务时，相关信息更多地依赖人际渠道获得。有调查表明，口碑对顾客购买决策的影响力是广告的两倍。不良口碑有若咒语，感到极不满意的顾客，要比满意的顾客更多地散布不良口碑。对零售经营者来说，口碑并非管理者所能操纵，企业能采取的唯一行动就是提供使每一位顾客都非常满意的服务。

4. 良好的零售服务是商店获得竞争优势的有效途径

服务是直接面对人的活动，它比产品质量、价格更容易深入消费者的内心，好的服务能给顾客带来持久的愉悦，而差的服务给顾客带来的是无法忍受的烦恼。过去的经验告诉我们，顾客会基于几项具体的因素来决定购买与否：价格、产品质量、选择多寡等。但是现在，挑剔的顾客还会以一项更具决定性的因素——服务好坏——决定购买与否。于是，零售商一旦拥有优良的服务，就比竞争对手多拥有一项强大的竞争优势。

顾客服务的重要性来自于零售业本身的特点，因为零售业是一个与顾客“高接触”的服务行业，以顾客为导向的经营观念决定了顾客服务是企业经营活动的基本职能。顾客选择一家商店，或是为了购买称心如意的商品和进行服务消费，或是为了享受门店优美舒适的环境和周到的服务。商店如果没有高质量的与顾客购买商品（有形商品和无形商品）相关的服务，无疑会降低顾客的满意度，甚至出现顾客背离现象。在从注重数量向注重质量转变的消费时代，顾客越来越要求商店提供细致、周到、充满人情味的服务，要求购买与消费的高度满足。于是，高品质的、全方位的服务理所当然成了商店赢得竞争优势的一大法宝。

(二) 零售服务的特点

与提供的商品相比，零售商店为顾客提供的服务具有以下特点：

1. 无形性

大多数服务是无形的，不像实物商品，服务在被提供之前是看不见、品位不到、感觉不到、听不见也嗅不出的。衣服可以拿在手里并且检查它们，但是商店营业员提供的服务却是无形的。无形性使人难以了解顾客究竟需要什么样的服务以及他们怎样评价零售商的服务。例如，顾客在商店选购商品，是提供自助服务还是提供人员帮助，不同顾客的要求是不一样的。顾客在购买商品之前，可以借鉴一些有形的要素评价商品的价值，如颜色、质地、款式等，最后确定是否符合自己的要求。但顾客在接受服务之前，却没有上述这些有形的要素来评价服务，顾客只能在接受服务之后评价其是否满足自己的需要。正是这种无形性使服务变得十分复杂，难以考核。

2. 不可分割性

通常服务的提供和消费是同时进行的，这与实物商品的情况不同，实物商品被制造出来后，先储存，通过多重中间环节的分销，然后才是消费。而服务则是生产与消费同步进行的。如果服务是由人提供的，那么这个人就是服务的一部分。服务生产时顾客是在现场的，而且会观察甚至参加到生产过程中，提供者和顾客相互作用并都对服务的结果有影响。由于服务的提供与消费的不可分割性，服务质量和顾客满意度将在很大程度上依赖于“真实瞬间”发生的情况，包括员工的行为，员工与顾客之间的相互作用。一些零售商店鼓励员工将其个人感情投入工作中，这有助于发展一种顾客和服务提供者之间的和睦关系，即人与人的关系，从而增进与顾客的感情。

3. 可变性

由于服务基本上是由人表现出来的一系列行为，那么就没有两种服务会完全一致。员工所提供的服务通常是顾客眼中的服务，而且人们的行为可能每天，甚至每小时都会有区别。另外，由于没有两个顾客会完全一样，每位顾客都会有独特的需求，或者以一个独特的方式来体验服务，因此，这就造成了顾客眼中的服务是经常变化的。正是由于零售企业在提供稳定不变的优质服务时会遇到很大的困难，因而能够做到这一点的零售企业具有创造持续竞争优势的机会。例如，诺顿（Nordstrom）百货公司投入了大量的时间和精力建立了一种能够培育和维持最佳顾客服务的组织文化。与之竞争的百货商店也希望能够提供同等水平的服务，但是最终发现很难与诺顿公司的业绩相匹敌。

4. 易消失性

服务不能被储存、转售或退回，这与商品可以库存或在另一天再出售，或者由于顾客不满意而退货的情况正好形成对比。服务的易消失性使之不能集中生产来获得显著的规模效益，服务出现差错将造成难以挽回的损失——顾客流失。因此，零售商店在服务提供之前就必须设立一套服务标准和控制方法尽力防止服务出现差错，同时还必须制定有力的补救措施，以减少差错造成的损失。

二、零售服务的类型

（一）按顾客购物过程划分，零售服务可以分为售前服务、售中服务和售后服务

售前服务，指在顾客购买商品或消费之前，商店向潜在顾客提供的服务。售前服务是一种超前的、积极的顾客服务活动，它的关键是树立良好的第一印象，目的是尽可能地将商店信息迅速、准确、有效地传递给消费者，沟通双方感情，同时也了解顾客潜在的、尚未满足的需求，并在商店能力范围内尽量通过调整经营策略去满足这种需求。主要方式有：免费培训班，产品特色设计，请顾客参加设计，导购咨询，免费试用，赠送宣传资料，商品展示，商品质量鉴定展示，调查顾客需要情况和使用条件等。

售中服务，是指商店向进入卖场或已经进入选购和消费过程的顾客提供的服务。这类服务主要是为了进一步使顾客了解商品特点及使用方法，目的是通过服务，表现对顾客的热情、尊重、关心、帮助、情感和向顾客提供额外利益，以帮助顾客做出购买决策。售中服务的主要形式有：提供舒适的购物现场（如冷暖空调、休息室、洗手间、自动扶梯等），现场导购，现场宣传，现场演示，现场试用（如试穿、品尝、试看、试听等），照看婴儿，现场培训，礼貌待客，热情回答，协助选择，帮助调试和包装、信用卡付款等。

售后服务，是商店向已购买商品或消费完的顾客所提供的服务，它是商品质量的延伸，也是对顾客感情的延伸。这种服务的目的是为了增加商品实体的附加价值，解决顾客由于使用本企业商品而带来的一切问题和麻烦，方便使用，放心使用，降低使用成本和风险，从而增加顾客购买后的满足感或减少顾客购买后的不满情绪，以维系和发展商店的目标市场，使老顾客成为“回头客”，或者乐意向他人介绍推荐本商店商品。售后服务的关键是坚持、守信、实在。主要方式有：免费送货、安装和调试，包退包换，以旧换新，用户免费热线电话，技术培训，产品保证，备品和配件的供应，维修服务网点，巡回检修，特种服务，组织用户现场交流，顾客抱怨处理，顾客联谊活动，向用户赠送自办刊物和小礼品等。

(二) 按投入的资源进行划分，零售服务可以分为硬服务和软服务

硬服务是指零售商店通过提供一定的物质设备、设施为顾客服务。如商店向顾客提供的休息室、电梯、停车场、寄存处、购物车、试衣室、空调环境等，使顾客购物过程感到方便。

软服务是指商店员工对顾客提供的服务。这是商店员工与顾客进行的面对面的接触，他们的形象和服务水准对商店的形象有最直接的影响，也是顾客评价商店服务质量的一个重要标准。由于软服务的易变化特点，因而管理起来难度更大。

第二节　零售服务设计

一、期望服务与容忍区域

要进行服务设计，首先要理解两个与服务相关的基本概念，即期望服务与容忍区域。顾客对服务的期望是零售商店设计服务的标准和参考点。在设计合理的服务水准时，了解顾客的期望是首要的也是十分关键的一步。如果竞争对手正确地提供服务，那么一家零售商店搞错了顾客的需要就意味着失去顾客及其业务，也意味着在与顾客无关的活动上投入资金、时间和其他资源，甚至意味着在竞争激烈的市场中无法生存。

顾客对于零售商店的服务有两种不同类型的期望：理想服务期望和适当服务期望。理想服务是顾客想得到的服务水平，或希望商店提供的服务。但是，由于现实条件的限制，顾客承认自己希望达到的理想水平常常是不可能的。因

为这个原因，他们有另一个低水平的服务期望，这个低水平的服务期望被称为适当服务。适当服务是顾客可以接受的商店提供的最低水平的服务，如果商店提供的服务水平低于适当服务，则顾客会产生怨言，甚至会背离商店。容忍区域是顾客的理想服务与适当服务之间的距离，反映了顾客承认并愿意接受该差异范围的服务水平（见图 8－1）。

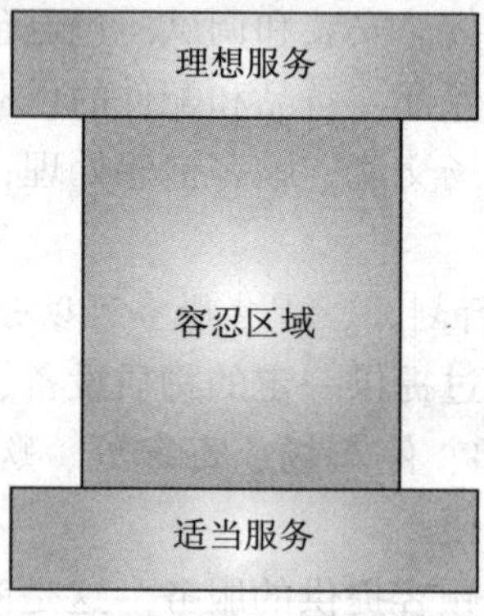

图 8－1 顾客的两个服务期望水平

不同的零售企业，同一零售企业的不同服务人员，甚至相同的服务人员，服务水平也不会总是一致。假若服务降到适当服务水平之下——被认为可接受的最低水平，顾客将感受到挫折并对商店的满意度降低。假如服务水平超过了容忍区域的上限——超过理想服务水平，顾客会非常高兴并可能非常吃惊。你可以这样认为，容忍区域是这样一个范围或窗口，在这里顾客并不特别注意服务绩效，但在区域外（非常低或者非常高）时，该项服务就以积极或消极的方式引起顾客的注意。

例如，当顾客在超市排队付款时，大多数顾客对排队时间可接受的范围大约在 5～10 分钟之间，假设排队付款能在这段时间内完成，顾客也许就不会对等候有意见。如果顾客在一家超市排队付款时间总是在 2 分钟之内，他可能注意到这项服务并判断其为优秀的服务；如果该顾客在另一家超市排队付款的时间超过了 10 分钟，他（以及大多数排队的其他顾客）开始抱怨并不停地看表，有些顾客甚至会弃商品离去。一些注重服务质量的商店会时刻关注顾客排队的时间及顾客丢弃商品的购物篮，从而判断收银员的收款业务是否达到顾客期望的水准。

不同业态和不同竞争战略的零售商店，顾客对其服务期望是不同的，这就是为什么从顾客角度看，货仓式商店雇佣为数不多的雇员就能使顾客感到满意，而在豪华的百货商店里，许多穿着礼服、彬彬有礼的服务员也不一定能使顾客满意的原因。

不同的顾客具有不同的容忍区域，一些顾客的容忍区域较窄，他对零售商提供的服务水平会比较挑剔；而一些顾客的容忍区域较宽，他对零售商偶然出现的服务差错也能接受。另外，顾客对不同的服务项目具有不同的容忍区域，与不太重要的因素相比，顾客有可能更不放松对重要因素的期望，使最重要服务项目的容忍区域缩小，理想服务和适当服务的水平提高。

由上可知，零售商店在设计服务时，不仅需要弄清楚顾客的服务期望，还需要弄清楚顾客对服务的容忍区域。

二、服务设计的主要内容

零售商店的顾客服务设计，就是要对本商店所提供的服务项目、服务质量、服务价格等有关问题做出决策。主要内容包括：

(一) 服务项目的设计

每一家零售商店必须针对具体情况确定哪些服务是目标顾客期望的适当服务，哪些服务是目标顾客期望的理想服务。适当服务是零售商店必须提供的，如果适当服务缺乏将会导致顾客流失；理想服务不必强求，但零售商店提供一定的理想服务有助于强化顾客忠诚，提升企业形象。需要注意的是，有些服务对一些零售商店或许是适当服务，但对另一些零售商店则可能是理想服务。例如，送货对电器专业店而言是必须提供的，而对于普通的超级市场则可能是理想服务。

(二) 服务质量水平的设计

提供什么质量水平的服务也是零售商店必须考虑的，因为服务质量不仅关系着顾客的满意度，而且关系着零售商店的服务成本。高档次的零售商店应比折扣商店提供更高质量的服务，因为这类零售商将服务差异化作为自己的竞争战略，而折扣商店则是将成本领先作为竞争战略。因此，在高档零售商店里，顾客可能指望得到精致的礼品包装、泊车服务、餐厅和有侍者的盥洗室；而在折扣商店里，顾客只可能希望得到纸板礼品盒、自助停车、午餐柜台和没有侍者的盥洗室。在这一例子中，服务项目是相同的，但服务质量不同。

(三) 服务价格的设计

零售商店要确定服务的收费情况。零售商店提供的全部服务项目并非全部顾客都使用，一些顾客需要送货服务，而另一些顾客则不需要；一些顾客愿意使用信用卡，而另一些顾客则喜欢使用现金，等等。零售商店面临着向使用服务的顾客收取服务成本，还是向所有顾客收取服务成本，还是免费提供服务的选择。如果零售商店提供全部免费服务，可能会使一些服务成本增大到难以承受的程度；而提供过多收费服务，又会使顾客对不断的收取费用感到不满意，感到店门难进，商品难买，最终使服务优势变成了服务劣势。

三、服务设计应考虑的要素

（一）商店定位及经营策略

不同业态商店所提供的服务水平是不相同的。对顾客而言，大型百货商店提供的导购、送货上门、退换、售后保修等多项服务是期望之中的；对于超级市场和折扣商店，人们期望更多的是购物便利与价格合算。在零售业中，由于企业提供的服务不一样，于是便产生了百货商店、超级市场、专卖店、购物中心、仓储式商店、24 小时便利店等多种零售业态之间的区别，它们以各自的服务特色满足着不同顾客的不同期望。

通常，顾客指望从售价较高的商店得到的服务，要比从折扣商店得到的服务要多。当顾客看出某商店售价较高，也就会希望该商店具有的豪华气氛，由商店提供的服务也要相应地具有豪华的，或者上层社会的气氛。某些典型的高价商店提供的服务，有上等的食品服务、由雇员协助顾客挑选货物、播音室、免费提供礼品包装、免费送货、免费修理等。相反，折扣商店则不需要提供高级的服务，因为去那里购买商品的顾客，寻找的是价格低廉，而不是高级的服务。折扣商店和以低价销售为主要特征的商店，可以提供以下基本的服务：免费停车、分期付款、信用卡付款，以及便利顾客购买的营业时间。

商店的选址直接关系着提供的服务项目。社区型的药店可以免费为顾客递送药方，作为向顾客提供的一种服务；而地处市郊的平价药店可以通过提供诸如允许用信用卡付款、赊销以及充分的停车场这一类的服务，来获得比较好的投资利润，而不是免费为顾客递送药方。

（二）竞争对手的服务水平

竞争对手提供的服务，对零售商店确定服务水平有直接的影响。因此，零售商店必须考虑竞争对手提供的服务，并分析是否随竞争者一样也提供这些服务或类似服务，或者是否应该比竞争对手提供更高质量的服务，或者用比较低的销售价格来取代这些服务。

例如，假定在某个市区，有三家在等级、价格、质量上相同的服装商店，A 商店和 B 商店为顾客提供了免费包装礼品、信用卡付款等，而 C 商店只提供了信用卡付款服务，这样，购买服装作为礼品的顾客，一般去 A 商店和 B 商店的人数，会超过去 C 商店的人数。在这种情况下，C 商店要进行竞争，只有两种选择，或者是也随之增加服务项目，或者是销售价格相应地比较低一些。

（三）经营的商品特点

每种商品在销售的过程中需要伴随一定的服务才能完成。而不同的商品需要伴随的服务是不同的。零售商店需要按照商品的销售特点提供相应的服务。如耐用性商品，提供保修服务、安装服务、维修服务就是必要的，对于一些技术性复杂的商品，甚至还需要提供培训服务。如美国胜家公司推出缝纫机这一新产品时，为了普及新技术，而不得不举办相应的培训服务。

（四）顾客的承受能力

零售商店在设计服务时，不仅要考虑顾客的服务期望，而且还要考虑顾客的经济和道德承受水平。目标顾客的收入水平不同，顾客愿意支付的价格也不同，零售商店可以提供的服务也不同。零售商店提供一项服务的基础是顾客需要，但顾客需要的服务往往又和付出价格成为一对矛盾。免费提供服务，顾客当然高兴，但被要求支付价格时就会有所顾虑。一般说，顾客需要一项服务但不愿意为之付出太多金钱，这对收入水平低的目标顾客尤其如此。如果零售商店由于提供服务而导致商品出售价格较高，目标顾客宁愿放弃需要的服务，接受较低的商品价格，在这种情况下，该项服务就不是顾客的需要。

当然，目标顾客的道德素质也应在考虑范围之内，国内有的百货商店曾试图推行“无理由退货”这一服务项目，即商品在售出一定时间内顾客可以无理由退回，但由于目标顾客的素质原因，最后这一服务项目不得不流产，因为企业负担的服务费用太大。因此，服务水平的确定不是商店一相情愿的事，而是多种因素综合影响的结果。

（五）服务的成本和效果

一项服务项目应该直接或间接地促进销售，而不能完全与销售无关系。零售企业在设计服务项目时要研究服务与销售量的关系。从图 8－2 中我们可以见到某项服务及其质量对销售量的影响。

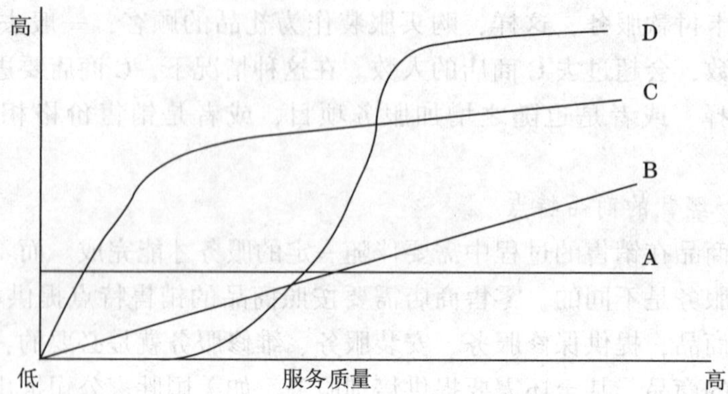

图 8-2 服务与销售量关系图

上图中，A 线表示服务项目的服务水平与销售量无关或相关程度很小；B 线表示服务项目的服务水平与销售量成线性关系，提供一定的服务项目也会相应增加销售量；C 线表示增加服务项目在开始时能够促进销售量的增长，但继续增加服务项目，销售量增加缓慢，甚至停止增长；D 线表示在一定的范围内增加服务项目提高服务质量对销售量的影响很大，而且在服务质量较低时，对销售量影响很小。

由上可知，服务项目与销售量的增长并非都有关，因此零售商店确定服务项目不是越多越好，而是要考虑增加一项服务项目以及该服务项目应达到的质量标准对销售量的影响作用。当然，有些服务项目从短期来看也许对企业销售量的影响并不明显，因而需要从较长一段时间来考察。

另外，零售商店提供每一项服务，都需要付出成本。因此，对提供服务项目数量要视企业承担成本能力而定。零售商店管理者必须清楚知道为顾客提供的每一项服务所增加的成本，这些服务成本需要产生多少额外的销售额才能得到补偿，并以此设计服务水平。

资 料

广州仟村百货的服务设计

1996 年 2 月，郑州亚细亚在广州开设的分店—广州仟村百货商场，该商场在经营一年零两个月的时间就被迫关门停业。尽管失败的原因有很多，但服务内容的设计不当也是促成其早夭折的一个主要原因。

仟村在服务方面可以说是绞尽脑汁，下了一番功夫的，且看他们的设计：

仟村将一楼大厅一半的空间开辟为托儿所，专为逛商场的父母免费照看小孩。里面设置的波波池、电子琴、电视、滑梯、少儿图书等，足以让孩子们尽情玩耍，流连忘返，让家长们免去后顾之忧，从容选购。

仟村开设的男士休息厅颇得丈夫们的欢心。当太太去“疯狂”购物时，他们可以悠闲地坐在这里享受免费供应的茶水、书报、皮鞋刷、纸巾及健康咨询。为此，仟村每天要送出近4000杯茶水。

仟村的售后服务也别出心裁，顾客在购买大件商品时，可以先使用一个月感觉满意后再付款；对广州顾客提供的售后服务，若24小时内不到位，商场则赔给顾客300元。

此外，还有店内外服务队，服务项目包括搀扶顾客上步梯．帮顾客拎重物、打伞、截出租车、免费修单车、擦洗汽车等。顾客光临或离开商场，有若干线路的大巴免费接送。

仟村的服务在羊城确实曾引来四方赞誉，但是，何以如此体贴入微的服务却没有抓住顾客呢？其实，服务竞争是一个万花筒，没有统一的模式，每个商家都可以选择自己独特的服务方式。然而，不管商家选择何种服务模式，都必须围绕着购物这一环节来进行，其首要一点就是为顾客提供满意的商品。因为商场的基本功能是购物场所，无论装修得再豪华，营业员态度再热情，离开购物这一环节，服务便成了无源之水。而仟村恰恰在组织物美价廉、适销对路的货源上做得很不够，甚至到后来出现货架空置、商品摆放不足，这又如何吸引到顾客呢？正所谓皮之不存，毛将焉附，空有特色服务也是枉然。

另外，服务项目的增加往往与经营费用的提高成正比。一个商场可以拥有较周全的服务，但须以较高的费用为代价；一个商场也可以拥有较少的服务项目，追求较低的费用价格。仟村的服务项目过多过细，而价格与其他商场相差无几，若本身实力雄厚、资金充裕，这无疑是吸引顾客的一大优势。然而，由于亚细亚集团的盲目扩张，致使仟村资金极度紧张，这些服务反而成了商场一个沉重的负担。到了后期，大部分服务项目都被取消了。一种服务一旦超越了商场的经济承受能理，它本身都难以长久，还怎么救得了商场。

所以，任何商店在服务设计时都应该平衡服务内容与服务成本之间的关系，明确什么可为什么不可为，既要满足消费者的服务期望，也要满足消费者的价格期望。如果忽略了这一点，服务就可能从经营优势转变为经营劣势了。

（资料来源：肖怡，《零售学》，高等教育出版社，2003年版，第101页）

四、常见的商店服务项目

1. 咨询服务

咨询服务是指零售商店向顾客提供有关商品信息或各种资料，以便顾客进行决策参考和掌握某种商品的有关知识。一些零售商店常设咨询处或服务处，耐心解答顾客提出的各种问题。顾客在选购商品时，也需要营业员提供商品性能、特点、使用之介绍，如衣服配料、面料选择等问题，以帮助其做出决策。很多商家甚至还邀请专家进行咨询，如美容咨询、衣着咨询、烹饪咨询、儿童心理咨询、营养咨询等，很受消费者的欢迎。

2. 导购服务

许多大型商店常常设有导购小姐，她们仪表端庄，谈吐得体，每当顾客上门，总是先亲切地问候一句“您好！”然后为顾客指引货位，介绍商品，解答问题，帮助顾客包装，甚至还帮顾客叫出租车。导购服务既可以创造一种亲切和谐的气氛，又可及时反馈顾客的需求信息。

3. 送货服务

送货是一项极重要的零售服务，尤其是经营高档笨重的商品如家具、厨房用具、电视、冰箱等。许多老年顾客购货时也需要送货，一些顾客为避免交通不便和运输费用的花销，而通过电话和目录购货时要求送货。

4. 顾客投诉处理

顾客可能经常会有一些抱怨：商品质量欠佳、销售服务不好、开错账单、与商店员工有矛盾或送货延误等。为了保持顾客对商店的好感，零售商店必须设置专人或部门负责听取和处理顾客意见。一些零售商店建立了规范的顾客抱怨处理程序，并对顾客的投诉进行分析，查明原因，进行整改，防止类似现象发生，保持商店的信誉。

5. 培训服务

培训服务是对购买者进行培训，让他们能正确有效地使用生产商的设备。对于一些技术复杂的新产品来说，培训服务显得尤为重要。美国胜家缝纫机公司，就是靠着培训服务而一举成功的。

6. 安装维修服务

对于技术性要求较强的高档耐用品，如空调、录像机、电脑及一些重型设备，上门免费提供安装调试，可以省去顾客许多麻烦。维修服务也是消费者比较注意的敏感问题，维修服务在一些技术性强、使用期限较长的耐用品销售中显得尤为重要，常常是商店致胜的法宝。

7. 商品退换服务

处理商品的退换，是顾客比较敏感的服务之一。各个零售商店的退换政策是不一样的，可以不退、不换，也可以实行顾客总是对的，有求必应。作为一个零售商店，需要决定是采取极端的政策，或者是实行比较适中的政策。目前国外一些大百货商店，实行“无理由退换”制度，这样做虽然会带来一些费用，但可以树立良好的商业信誉。

8. 包装服务

为顾客购买的商品予以妥善的包装，也是为顾客提供的一种重要的服务。这种服务可以很简单，只要将商品放在纸袋中就可以了；也可能比较复杂，像精致的玻璃器皿，需要放在专门防破碎的盒子中，防止玻璃器皿破碎。包装服务是零售商普遍提供的服务，尤其是礼品包装，不少商店设有礼品包装柜台，配有包装能手。

9. 服装修改、干洗、定做服务

有些服装可能某些部位不适合顾客要求，因而出售服装的商店常常安排专人为顾客免费修改这些服装，如长裤需要改长或改短，肩可能要垫高等。还有些商店也提供为顾客定做服装或干洗服务。

10. 休息室

当顾客花费许多时间在商店选购商品时，常常希望能坐下来休息一下。为了方便顾客休息，许多大型商店都会设置休息室，里面通常备有报纸、茶水和电话，以供顾客打电话回家或叫计程车。有些商店虽然没有专门的休息室，也会在商店各处设置一些休息凳，方便顾客暂时休息。

11. 购物车

在许多超级市场或仓储式商店，都会放置一些购物车，以方便顾客购物之用。一些专门设计的购物车，不仅可以放置物品，还有专门的小孩乘坐的位置，这给带幼儿出来逛商店的父母以极大的方便。西方国家的消费者常常到超级市场一次购齐一周所需物品，这种购物车尤显重要。有些商店为节省投资，遂用购物篮取代购物车。

12. 其他服务

零售商店能提供的服务远远不止这些，人们还可以发现很多其他途径来区分服务项目。例如，一个零售商店常设的服务项目还有：皮包存放、购物袋、婴儿车、赊销、停车场、礼品券、现场演示、茶点室、餐厅、信用卡结算、付费电话、自动取款机，等等。事实上，零售商可以提供的服务项目的数量是无限的，企业可以创造出许多新奇的服务特色来。

第三节 服务质量的提升

一、服务质量的评价与分析

服务质量是指服务的效用及其对顾客需要的满足程度的综合表现。

服务的目的是为了满足顾客的需要，因此，顾客是评价服务质量的主体。顾客对服务质量的认识往往取决于他们对服务的期望同实际所感受到的服务水平的对比。零售商店建立服务优势的一个主要方法是一贯地提供比竞争者更高的服务质量，其关键是满足或超过目标顾客的预期服务质量。他们的预期是由过去的感受、口碑和零售企业的广告所形成的。顾客在这个基础上选择零售商，并在接受服务后，把感知的服务和预期的服务进行比较。如果感知的服务达不到预期的服务水平，顾客就会不满并且认为零售企业的服务质量低劣，从而失去了对该零售商店的兴趣；如果感知的服务得到满足或超过他们的预期，他们就有可能再次光顾商店。

顾客的期望与感知之间的差距是顾客满意与否的关键，这个差距称为服务差距（service gap），有四个因素会影响到顾客对服务的评价，由此可能产生服务差距：

（一）认识差距（knowledge gap）

这是顾客期望与零售商店对顾客期望的认识之间的差别。零售管理者有时不能正确地感知顾客的需求。例如，管理者可能认为顾客需要更贴身的人员服务，但顾客需要的是更自由自在地选购商品，而当出现困惑时，能够立刻得到营业员的帮助。不了解顾客期望是无法满足顾客需求的基本原因之一。造成这种现象的原因有很多，如没有与顾客建立互动关系，不进行深入的顾客需求调查，漠视顾客的抱怨，想当然地认为自己已经了解顾客需要等。当管理人员不能完全理解顾客服务期望时，他们会做出一系列不恰当的决策，例如将过多的资金投入到建筑物的装饰上，而顾客关心的是购物环境是否方便、舒适以及功能齐全。因此，要提高服务质量，管理层首先必须获得正确的顾客期望信息。

（二）标准差距（standard gap）

对顾客期望的准确描述，对于实现高质量的服务来说必不可少，同时又远远不够。另外一个必不可少的条件是，列出用以反映准确认识的服务设计和服务标准。标准差距便是零售企业对顾客期望的认识与它制定的顾客服务标准之间的差距。管理部门可能正确感知了顾客的服务需求，但没有建立正确的服务标准。例如管理者可能要求商店收银员实行快速服务，但没有具体量化的标准，收银员的速度可能达不到要求。由于服务标准设计不准确，或者不能具体落实，于是，便产生了对顾客期望的认识与建立服务标准之间的差距。当服务标准不具体或采用的标准不能反映顾客期望时，顾客感受到的服务就很可能非常糟糕；当标准准确反映出顾客期望时，顾客得到的服务质量就可能加强。

（三）传递差距（delivery gap）

这是零售商店的服务标准与实际提供给顾客的服务之间的差别。大量事实表明，即使建立了如何提供良好服务和正确接待顾客的标准，高质量的服务也未必能水到渠成。服务标准必须由适当的资源支持（人、系统和技术），而这些支持必须行之有效，也就是说，对人员要进行培训、激励，对他们的表现要按照标准进行奖惩。如果企业不能为服务标准提供支持，即使标准能准确反映顾客的期望，也无济于事。

许多原因导致商店员工不能按标准为顾客提供服务，例如员工不能清楚理解公司的宗旨，员工感到在顾客和管理层之间左右为难，缺少授权和团队合作，评价和奖惩不当，员工缺乏训练或劳累过度，以及无能力或不愿意按标准行事，或者员工面对着相互矛盾的标准，如花时间倾听顾客的意见和快速服务等。管理人员必须尽力消除这些原因，以便缩短服务差距。

（四）沟通差距（communication gap）

这是零售商店提供给顾客的实际服务与零售商店对外沟通中承诺的服务之间的差别。零售商店通过广告媒介、营业人员和其他沟通途径所做的服务承诺可能会提高顾客对服务的期望。例如，一家零售商店大肆宣传自己商店中的商品品种如何齐全，价格如何低廉，但顾客到达后却发现商店中的一些畅销商品缺货，价格也不便宜，那么这种外部沟通就扭曲了顾客的期望。

造成沟通差距的原因有很多，如无效的营销沟通、广告和人员推销中的过度承诺，经营中各部门的不协调，权利分散导致各分店的服务政策与程序不一致等。零售商要缩小沟通差距，除了不能做过度承诺和表达失误外，还必须管理顾客，培养顾客的现实态度和对服务的期望。

二、服务质量提高的途径

（一）提供优质的服务

提供优质服务必须建立在了解顾客的基础上，设身处地为顾客着想，最大限度地满足顾客的期望。当管理人员不能完全理解顾客服务期望时，他们会做出一系列不恰当的决策，例如将过多的资金投入到建筑物的装饰上，而顾客更关心的可能是购物环境是否方便、舒适以及功能齐全。因此，要提高服务质量，管理层首先必须获得正确的顾客期望信息。管理者可以从多条途径了解顾客的真实需要：

1. 管理者要经常与顾客保持接触

了解顾客真实想法的最有效途径就是与顾客保持经常接触。很多零售商店在创立之初，由于规模较小，管理者还能经常直接与顾客打交道，掌握顾客的第一手资料。然而，当企业规模越来越大时，管理者逐渐高高在上，只能通过一些数据和报告来了解顾客需要，这样就丧失了与顾客直接接触带来的丰富信息。为了让管理者有时间接近顾客，以便了解设计的服务是否符合顾客所需，一些零售商建立一项制度，即每周要求管理者在销售部门呆上一天，并提交顾客信息的调查报告。这些管理者往往可以从亲身体验的商店实际情况、服务等候排队和面对面的服务中受益。

2. 定期开展顾客服务调查

市场调查在确定顾客期望服务和追踪企业提供的服务质量方面是非常必要的。零售业需要持续不断地进行监测和追踪服务绩效，这是由服务的可变性决定的。市场调查可以让零售商了解顾客对它所提供服务的态度是什么、顾客期望是什么、顾客对新服务导入反应如何，或者从现在到5年后，顾客欲从公司得到什么服务。J·C·Penny 公司每年都要在所有连锁分店发放调查问卷，询问购物者对该公司和竞争对手所提供的服务和商品的意见。由于每年的问卷内容都是一样的，因此公司可以从中得知公司得服务是改进了，还是下降了，顾客的服务期望有什么变化，并寻找改善服务的机会。

3. 建立和完善顾客投诉系统

顾客投诉能及时反映顾客对商店的不满，零售商通过收录和登记顾客的投诉，然后使用这些信息确认不满意的顾客，分析顾客的不满意原因。为保证有效，零售商必须建立一套顾客投诉系统，通过各种渠道严格记录投诉的数据和类型，然后处理最常出现的投诉类型。公司既要解决个案又要寻求消除失误因素的全面方案。在这里，投诉包括顾客所有的意见（积极的和消极的）和顾客的问题，公司需要每周或每月持续为这些信息和处理报告建立档案。

4. 不定期举行顾客访谈会

零售商还可以采取顾客小组访谈会的方式收集信息。顾客小组是将招集的顾客分组。对商店服务表明态度和看法。零售商可以定期约见10～15名顾客组成顾客小组进行座谈，深入了解他们的期望和感受，请他们提供有关在商店购物经历中的信息，并提出一些改善服务的建议。

5. 鼓励一线员工及时反馈顾客信息

那些与顾客经常联系的销售人员和其他员工一般都能较好地了解顾客对服务的期望和存在的问题，因此，内部员工的信息反馈也是一条重要的途径。许多企业都设立了员工建议制度，鼓励员工发表有建设性的意见。可以这么说，在一些商店，最高管理层对顾客的理解在很大程度上依赖于与顾客直接联络的员工，一旦这个信息渠道被堵塞，经理们无法得到在提供服务的过程中出现问题的反馈信息，也无法掌握顾客期望的变化。

顾客的期望是在不断变化的，不同顾客有不同的需要，服务同样也应跟着变。过去，在经济不景气年代，廉价商场大受欢迎，人们似乎只需要价格低廉就够了，商店也在不断缩减员工，取消服务项目，目的是为了最大限度地节约成本，人们似乎也习惯了没有店员的自助服务。然而今天，当顾客消费水平提高之后，新的需求开始产生，商店仅仅拥有价格低廉已经远远不够了，还得提供优质的服务。即使是沃尔玛这样以成本领先作为竞争战略的商店，也在经常征询顾客对公司的看法，提高服务水平成了他们不可缺少的竞争手段。

（二）寻找并控制关键的服务点

服务点，就是提供服务时与顾客互动关系的触点。它是商店与顾客接触过程中能够提供出的服务交会处。一般而言，点的选择是空间与时间的结合。位于加拿大的依顿斯公司有一个有26个不同服务点的系统，包括付款处、直接营销、停车场和信用卡收款处，每一个服务点系统都能衡量其服务效果。例如，打到依顿斯的电话应在两声铃响内接听，并且每个接电话的人都能说出商店的方位。要提升服务质量，必须确认关键的服务点，并进行不断的改进。

1. 确定在商店服务能力可能提供的范围内，具备那些服务的触点

服务的触点是一个多因素的系统，例如，各类广告及其媒体，营业员的仪表、仪容、行为，营业员的语言表达和适度的介绍，服务场所的气氛、装潢、产品的格调、品牌以及价格……都是服务的触点。不同企业由于经营的结构有差异，所以有效触点是不同的。

2. 在众多的服务触点中，确认每个服务触点的吸引力如何，顾客会接触多久

显然，顾客的服务需求是多种多样的，有的顾客喜欢听介绍，而有的顾客则相信自己的感觉；有的顾客价格敏感度强，而有的则对服务场所选择要求高等。所以，对商店的经常性顾客进行“触点”有效分析，分析顾客对不同服

务点的关注程度如何，并从中找到具有吸引力的“触点”。

3. 寻找和调查顾客满意（不满意）的服务触点，并尽力改进不满意服务点的服务质量

在确定了每一个服务点对顾客的吸引力，接着需要寻找顾客最不满意的服务点。通过改进顾客最不满意的服务点的质量水平，尽可能地弱化或剔除顾客的不满意服务触点，就能提高整个商店的服务水平，逐步形成优质的服务形象和服务特色。

（三）设计具体可行的服务标准

由于顾客服务是一种无形的软性的工作，因人而异，服务的提供者总会出于心情、身体状况这样那样的原因影响服务时的质量，也会由于每个服务人员的个人素质、经验、训练程度的差异造成服务水平差异。因此，有些人认为，服务无法有一个统一的标准来测量，或认为标准化的服务是缺乏人情味的，不能适应顾客的需要。这种观点是错误的。事实上，许多服务工作是常规性的工作，管理人员是很容易确定这类服务的具体质量标准和行为准则，而消除服务水平差异的方法也只有通过建立规范化的服务标准。例如，要求“顾客热线电话总机话务员必须在 15 秒钟之内接听电话”，这就是一个具体明确的质量标准，这一标准比要求“话务员必须尽快接听电话”更加具有可操作性和可考核性。

好的服务标准应十分具体简洁，而且绝不含糊。企业组织规模越大，服务标准就应越简单。例如，美国沃尔玛商场的员工被要求宣誓：“我保证：对三公尺以内的顾客微笑，并且直视其眸，表达欢迎之意。”我国许多大商场也对顾客一进门开始，建立了一套怎样接近，怎样打招呼的消费者满意的服务行为规范。一些企业除了对顾客许诺大件电器商品“送货上门，安装到位”外，还要求操作人员进顾客家门必须戴手套、脚套、抹布，保证顾客的家庭卫生。

需要注意的是，商店对外制定的服务标准应稍低于商店所能够提供的服务水准，这样商店的服务能力就能稍微超过顾客的期望，从而让顾客产生优质服务的满意感。如果你的公司可能在接到电话通知之后 18 小时内提供服务，则只保证在 24 小时之内；如果维修人员能在接到电话后两小时之内赶到，则只承诺 3 小时之内。

（四）树立全员服务观念，由上至下改进服务

要提供优质服务，必须使“顾客满意”的理念扎根于基层员工的价值观中，使“顾客满意”成为全体员工的责任。然而，在许多商店中，顾客服务往往变成仅仅是销售部门、市场部门和客户服务部门员工的工作，因为他们与

顾客直接接触且处在对顾客具有非凡影响力的位置上，也称之为“关键部门”，其他部门员工则认为自己只与同事、管理人员及部门领导打交道，不会触及到顾客，因而不会影响顾客服务质量，而许多企业领导者也只将注意力放在这些关键部门上。

很多人一定经历过这种场面：等着付账的顾客大排长龙，而收银员却摆不平面前那架复杂的收银机。你不要责怪那位收银员，他显然没有经过适当的训练；你也不能责怪商店服务员的恶劣态度，因为营业额是多是少与她毫无相干；你也不能责怪接线生在你的电话响了十声之后才拿起，因为他一个人还要兼顾其他的事情——这些问题全出在管理上。其实，管理者应该明白：要想让你的一线员工为顾客提供优质的服务，首先内部各级领导及相关部门对自己的一线员工，要像对待顾客一样提供优质服务。

有确凿证据表明，满意的员工有助于产生满意的顾客。有些证据更进一步显示，如果服务员工在工作中感受不到快乐。顾客的满意也很难实现。西尔斯公司发现顾客满意度与员工的流动率密切相关。在其连锁商店中，顾客满意度高的商店，员工的流动率是54%，而在满意度低的商店，流动率是83%。因此，顾客服务是全员性工作，只有上下同心，相互配合，才能达到完美的效果。

第四节 顾客投诉与商品退换

即使是服务最好的连锁门店，也难免会出现失误。失误可能因各种原因产生：服务没有如约履行，商品质量出现问题而得不到解决，送货延期或太慢，服务可能不正确或执行质量低劣，员工可能粗暴或漠不关心。所有这些失误都会引起顾客的消极情绪和反应。Fitzsimmons（1998）研究发现，当企业出现服务失误导致顾客不满后，不满意的顾客将向10～20人讲述自己所遭受的不良服务经历，但抱怨或投诉得到解决的顾客也会向5人讲述他的经历。另一项研究表明，顾客抱怨如果得到满意解决，他们会比从未产生不满意的顾客更忠实于本企业。所以，处理好顾客抱怨和商品退换工作是挽回顾客的一个重要手段。

一、投诉产生的原因

(一) 商品质量不过关

有些商店在进货时没有严格把关，致使一些质量低劣的商品流进商场。当消费者买回去后，使用商品时出现问题，如床单在经过洗涤后缩水、褪色、变皱；服装遇到汗水变色；旅游鞋穿上不到半月便开胶、开线或断裂；打开瓷器包装后发现有裂纹；电热水瓶漏电；罐装食物过期、变质、有异味等，遇到这种情形，消费者都会向商场投诉。

此外，一些商品标识不清楚或实际与标识不符，也会成为消费者投诉的原因。如毛衣上未标明品质成分；按照商品标识的方法洗涤却出现褪色或变形；食品包装上未明显标明生产日期、无厂名；商品标识的规格和实际规格有出入；商品的使用说明不够详细或进口商品无中文说明，商品用了不久便坏；商品价格标签看不清楚或价格与广告上的价格不一致；实际数量与包装标识不符等。

对于顾客这方面的抱怨，根本的解决方法是在进货上严格把关。首先要严格控制进货渠道，做到三无商品不进（无厂名、无商标、无合格证），非正规来源商品不进，人情货不进；其次是商场在收货时要仔细检查，在陈列商品时应小心摆放，在售卖时应认真查看，绝不能让污损、破裂的商品流入到顾客手中；最后，对于已有几次投诉质量问题的商品，商场应立即调整商品结构，将它剔除商场，重新选择优质同类商品，以免影响商场形象。

（二）商场服务不佳

服务也是顾客投诉抱怨的一大热点，尽管目前许多商店都在努力提高服务质量以争取顾客，但服务不佳的现象仍时有发生，主要表现在两个方面：

- 服务方式欠妥。例如：接待慢，搞错了顺序，后到的反而先得到服务，先来的则凉在一边；不管顾客如何反感，喋喋不休地介绍某种商品，鼓动顾客购买；紧紧跟在顾客后面，把顾客当小偷一样防范；对商品的相关知识了解不多，无法满足顾客的询问；不愿顾客用手触摸商品；缺乏语言艺术，说话生硬刺人等。
- 服务态度欠佳。例如：只顾自己聊天，不理会顾客招呼；顾客挑选商品后不买时，立即板起面孔，不理会顾客或出言不逊；售货员衣着不整、浓装艳抹、举止粗俗、打闹说笑、互相争吵、对顾客的询问表示不耐烦和敷衍了事等都会影响顾客的购买情绪。此外，收银作业不当，如结算错误、多收钱款、少找钱；包装作业失当，导致商品损坏；入袋不完全，遗留顾客的商品；结算速度慢、收银台开机少，造成顾客等候时间过久等都会引起顾客抱怨。

对于顾客这方面的投诉和抱怨，根本的解决方法是提高营业员自身的素质，提供良好的服务。提高营业员素质的方法主要有：抓好上岗前职工培训，培养良好的职业道德和高水平的服务技能；举办各种业务竞赛活动；采取一些强制性措施，督促营业员不断改进自己的服务工作。

(三) 商场环境方面

有些商场不注意环境卫生和安全，如卖场走道内的包装箱和垃圾没有及时清理，影响商品品质卫生；商品卸货时影响行人的交通；商店内声响太大；电梯只有上没有下等都会让顾客不满。另外，顾客在商场发生意外，或在商场内失窃，商场无论如何不能脱离干系。所以，商场一定要注意安全卫生，经常检查陈列窗的玻璃、天花板上的吊灯、壁饰等是否有破裂、掉落的危险；地面、楼梯是否过于潮湿、光滑等，以免砸伤或跌伤顾客。

二、如何处理顾客投诉

(一) 改变旧观念

当顾客前来投诉或反映意见时，商店人员不能一听到顾客的投诉就头疼，采取充耳不闻、敷衍了事的态度，应认识到顾客能将不满意说出来是对商场的信任和帮助。台湾某大公司的总经理说得好："顾客的抱怨是给企业最好的礼物"，因为顾客的投诉和意见能让企业看到自己经营管理方面的不足，由此而改进工作，提高服务质量。

(二) 耐心倾听

在处理抱怨事件时，首先需要接待人员耐心倾听。对大部分顾客来说，抱怨产生后，并不一定要商店有任何形式上的补偿，只是要求能发泄一下自己心里的不满情绪，得到店方的同情和理解。其次，接待人员还应仔细记录抱怨的原因，一方面让顾客感觉对此事件非常重视，另一方面当接待人员不能解决该问题时，必须请示上级领导，这些记录便成为上级领导解决抱怨的主要依据。

(三) 真心表示歉意

不论顾客提出的问题，其责任是否属于商店，接待人员都必须真心诚意地表示歉意，并感谢顾客提出的问题。有时候，顾客在抱怨初期，常常是义愤填膺，情绪非常激动，以致措辞激烈，甚至伴有恶言恶语，但如果接待人员真诚地表示歉意，顾客的激愤情绪就会平息下去。因此，要想让抱怨顺利解决，有时候一句体贴、温暖的话语，往往能起到化干戈为玉帛的作用。

(四) 立即处理顾客提出的问题

顾客投诉抱怨完后，接待人员必须立即采取行动，处理顾客提出来的有关意见和问题。

- 处理商品品质不良而引起的顾客抱怨。向顾客诚心地道歉，然后奉上新商品。如果顾客由于使用该商品而受到精神上或物质上的损失时，商店应考虑适当给予补偿。事后，商店应对店内没售出的同类产品进行仔细检查，防止类似现象发生。

• 处理商品使用不当而产生的顾客抱怨。先向顾客道歉，承认自己介绍不清楚而造成顾客损失；如果商品经过修理后，能恢复产品的功能，则商店应免费提供维修或处理；如果不能维修恢复，而责任又确属店方，则应以新品来交换旧品作为补救方法。事后，应要求营业员加强学习，掌握各种商品知识，避免由于营业员的知识匮乏而造成顾客使用商品不当。

• 处理服务不佳而产生的顾客抱怨。处理这类问题，经理应仔细听完顾客的意见后，陪同当事人向顾客表示道歉，然后向顾客保证今后一定加强教育，不再发生类似的事情。

• 处理由于误会而产生的顾客抱怨。当顾客产生误会时，接待人员一定要耐心等待顾客说完，然后再平静详细地把事情的原委告诉顾客。接待人员一定要语气婉转，不能让顾客难堪。

(五) 再次征求顾客意见

当处理完顾客的投诉和抱怨后，应再次询问顾客还有什么不满意的地方，如果有，应再做解决，或让顾客自己提出解决方案。总之，务必使顾客满意而归，重新获得顾客对门店的信任。如果有些问题一时无法解决，也应告知顾客一个准确的时限，不能让顾客空等。

(六) 检查原因，改正缺陷

处理顾客抱怨不仅要使特定顾客满意，而且还应发现和改正不断出现问题的根本原因，通过研究顾客抱怨，商店能够通过解决问题来不断完善管理制度。

三、退换货制度

随着商店服务水平的提高，越来越多的商店都会为顾客调换商品或退货，不过每一个商店都有自己的管理制度，所以为顾客调货或退货的条件是不同的。一般地，由于商品内在质量问题引起的退换货，商店都会同意。有的商店还规定，对于不是因商品质量的原因而是顾客喜好的变化等其他原因引起的调货或退货，只要商品未经使用或未被损坏（以不影响二次销售为准），都可以退换。有的商店更是打出无条件退货的承诺来吸引顾客。

(一) 顾客退换货的原因

1. 商品过保质期而未取下货架，被顾客买走；
2. 商品有效期虽未过，但已变质；

3. 商品有异味或混杂异物（如食品中含有沙石等）；

4. 假冒伪劣商品。如商品不符合有关质量标准，商品的质量不符合商品的自身标识等；

5. 商业广告不实，所购商品与消费者的预期相差太大；

6. 顾客的自身原因，如重复购买，使用不当导致商品损坏，买后又后悔等。

（二）退换货作业注意事项

1. 设专岗或专人负责接待顾客，处理顾客的调换商品或退款请求，不要让收银员接待，以免影响收银工作的正常进行；

2. 接待人员要认真听取顾客要求调换商品和退款的原因，作好记录，这些记录可成为商店今后改进工作的依据；

3. 接待人员要注意顾客是否持有发票或销售小票，同时要注意购买时间；

4. 若属于商品本身质量问题，应无条件予以调换或退款；

5. 若因顾客自身原因而退货，应根据有关规定办理，根据实际情况而决定是退货还是换货。例如对于已经使用而无法二次销售的商品一般不予退换货；对于未经使用的或不影响二次销售的商品根据顾客的要求可考虑退货或换货；

6. 调换商品的价格与原商品的价格不同时，高于原商品价时，要求顾客补差；低于原商品价时，要退还部分货款；

7. 如果已发生使用或食用该商品使消费者受伤害的情况，商店应主动承担责任，弥补顾客损失。

（三）退回商品的处理方式

1. 退回的商品要设置专门区位摆放，不要与正常商品混合，以便管理；

2. 如果是供货方的责任，可办理进货退回。可以规定一个固定时间办理进货退回，而不要零星办理，损失可在支付供货方的货款中扣回；

3. 如果既不能办理进货退回，而仍然有一定使用价值的商品，可以降价销售或作为促销品；

4. 尚可使用的商品可折价销售或赠送给员工；

5. 如果毫无使用价值的商品，应做报废处理。

案例及分析

案例1

家乐福——收银排队解决方案创新

法国家乐福集团是全球第二大零售连锁集团，其主要经营业态包括大型综合超市、社区超级市场、折扣店等，超过9000多家的门店遍布全球。

众所周知，超市里顾客与营业员接触的机会较少，收银员的服务质量至关重要。调查显示，收银排队等待、收款员态度不好和因扫描设备问题而耽搁时间是影响消费者购物情绪的主要因素。有64.7%的顾客认为，在超市不愉快的购物经历主要由收款队伍太长引起的。设置、开通多少收款台最经济合理，而又能满足顾客需求呢？排队长度如果超过3人就难以容忍的顾客占45.4%，另有40.5%的顾客容忍长度为6人。因此，提高收款速度，合理安排收银台，防止收款员因过度紧张疲劳而怠慢顾客，是当前超市改进服务质量的重要环节。

家乐福针对这个问题进行了收银方案的创新。收银排队具体操作流程是：①扫描顾客采购的商品条码；②产生唯一性的扫描批次号码；③客户带着唯一的批次号码和采购打包好的商品走到收银台付款；④收银员在收款台扫描此次号码，并获得所有顾客采购的商品信息及价款总额；⑤从CALYPSO POS系统重新找回预先扫描的商品信息数据；⑥付款后，销售小票包括详细购物信息将被打印出，客户完成购物并减少购物的等待时间。

通过实施新的收银流程，明显减少并缩短了客户购物结账的等待时间，从而达到顾客“开心的来，满意的回”的结果。

（资料来源：中国连锁经营协会：《零售创新案例》中国商业出版社2005，第188页）

案例思考题

在超市，顾客对收银排队的理想服务和适当服务在何种水平？家乐福通过什么方式提高了收银服务质量？对我们有什么启示？

案例 2

席殊书屋——服务顾客的会员俱乐部

席殊书屋成立于1996年，是一家以销售人文学术和时尚生活类图书为主的书店。席殊书屋是中国第一家，也是目前最大的民营全国性连锁书店，截至2004年年底，席殊书屋已经通过直营和特许经营方式开设了630家连锁店，遍布全国30个省市自治区的400多个城市。

席殊书屋根据自身定位，对目标读者群的消费需求和特征做了大量的调研分析，发现很多读者到了书店，往往不知道哪一本书值得阅读和购买。鉴于此，席殊书屋将“席殊好书俱乐部”模式引入到了连锁书店系统中，通过会员制模式创造和满足读者需求，并以此留住核心顾客群。

俱乐部的精髓在于为会员提供六大好处：

1. 一流的专家学者为会员推荐各类好书，中国每年出版的图书有12万种，茫茫书海何为“好书”？席殊好书俱乐部组织100多位国内一流的专家学者成立了“专家导读系统”，为会员推荐和评介经过反复挑选的优秀之作。

2. 会员读者可以获赠好书俱乐部每两月一期的会刊《好书》杂志，选择自己所需要的图书。《好书》杂志，16开，厚达144页，不但信息量大，且在内容方面呈现出大手笔。《好书》推荐的每一本书都是专家或资深编辑精挑细选的，通过《好书》会员可以了解到最新的读书动态、阅读热点、流行时尚，全面满足会员的阅读需求。

3. 多种优惠方式，让会员享受真正的实惠。向会员推荐每一种书都有程度不一的折扣，不仅让会员最大限度地省钱，还要让会员真正享受超值服务。

4. 电话、传真、E－mail购书，快速邮购，送书上门。书屋开通了订书和送书业务，为读者提供方便。

5. 退书、换书使会员读者购书无后顾之忧。会员读者购买的图书如有质量问题，图书可以无条件退换。

6. 免费寻书，使读者很难有买不到的书。如会员读者有需要的图书，在当地书店购买不到，席殊书屋将尽量调货以满足读者需求。

俱乐部会员制受到读者欢迎。会员制模式导入不到一年，进武汉席殊书屋就吸收了8000多名会员，上海建国西路席殊书屋发展会员5000多名，南昌市一经路席殊书屋会员已达4000多名。席殊书屋各连锁店会员购书已占销售额的70%以上。

导入会员制模式后，席殊书屋各连锁店销售业绩得到了大幅度提升。席殊书屋北京总店所处区域既非文化区也非商业区，交通并不很便利，人流量也不大，很多读者是慕名而来，不到一年时间会员已达8000余名。北京总店不足120平方米的营业面积，俱乐部运营前，平均每月不过12万元的销售额，当年9月份的月销售额是11万元，10月份引入会员制，当月销售收入达到17万元，比上月增长50%多，此后营业额逐年上升，当年营业额比上年增长68%。

（资料来源：中国连锁经营协会：《零售创新案例》中国商业出版社2005，第150页）

案例思考题

席殊书屋的会员制是如何为顾客提供超值服务？达到了什么效果？

本章思考题

1. 零售服务有哪些特点？按不同分类方法可以将零售服务分为哪些类型？

2. 零售商店的服务设计包括哪些内容？在设计时要考虑哪些因素？

3. 零售商店常见的服务项目有哪些？

4. 造成顾客对零售服务的评价出现差距的原因是什么？零售商店采取什么途径提高服务质量？

5. 顾客投诉的原因主要有哪些？当顾客来商店投诉时，商店人员应如何处理？

第九章 商店防损

本章提要

所有的零售商店都面临着损耗控制问题的挑战，损耗如同一个“黑洞”，吞噬着商店的利润，也困扰着无数的商店经营管理者。在行业平均利润率不断下降的今天，人们普遍将关注的目光投向了损耗带来的利润损失，一手抓销售，一手抓防损，成了商店管理的两个“重头戏”。本章主要介绍：商店损耗产生的原因及防损管理的重点，商店内盗与外盗的防范与处理，生鲜商品的鲜度管理及损耗控制，商店意外事故的防范及处理对策。

第一节 商店防损工作重点

一、损耗的定义及产生原因

“损耗”是一个在零售商店经营过程中经常听到或论及的字眼。据悉，全世界零售业每年的商品损耗高达约1600亿美元。在我国，这一数字也是高达250亿元人民币。上海某超市开业第一个月的营业额为60万元，但商品损耗却超过10万元，因而被迫歇业。目前，由于竞争激烈，国内大型综合超市经营利润平均只有1%左右。业内人士普遍认为，若能将大型综合超市在2%以上的商品损耗率降低到1%，则其经营利润可以增长100%。可见防损耗管理对商店发展的重要性。

尽管目前商店管理者对损耗控制给予了足够的重视，但人们对“损耗”一词却理解各异。有的人将损耗理解为失窃损失；有的认为损耗还包括商品破损；在生鲜经营中则将损耗界定为生鲜产品的丢弃物或废品。对于损耗的不同理解，也引出了各个不同的管理措施和控制方法，而损耗管理和控制的效果也迥然不同。

美国食品营销协会《超市防盗手册》对“损耗”有如下定义：损耗是店铺接收货物时的商品零售值与售出后获取的零售值之间的差额。这样看来，损耗应该是由于盗窃、损坏及其他因素共同引起的。如果能够分析并查找到损耗的真正原因，就可以采取相应的措施予以纠正，或者通过针对性的管理办法，有效控制损耗的发生。

商品损耗可以分为正常损耗和非正常损耗两种。正常损耗是商店经营中不可避免的损耗，如生鲜商品的变质、过期，商品包装在运输过程中不慎损坏，商品在销售过程中自然磨损等。这一部分损耗属于商店经营中的正常范围，通常用一个损耗指标加以控制。如果实际损耗超出这一损耗指标，其损耗就属于非正常损耗了。

非正常损耗一般是管理不善或作业错误带来的损耗，这是人为产生的损耗，只要加强管理和科学作业是可以避免的。这一部分损耗正是商店防损工作的重点。具体来看，非正常损耗主要有以下原因：

（一）作业错误引起的损耗

• 商品验收不正确的损耗。在对供应商或配送中心送来的商品验收过程中，验货错误以致造成商品损耗，或者是收货搬运过程中造成商品损坏。因此，在验收货物时，要严格按照程序操作。

• 退货处理不当的损耗。对不该接受的退货做接收，而又不能原价售出；退现券未按要求开，金额超出实际发票额。

• 变价损耗。这类错误一般体现在两个方面，一是商品在称重计量或其他情形打错商品名，出现计价错误；二是商品削价销售，不能按正常价格销售，出现损耗。

• 自用品领用管理不严的损耗。自用品本身也是可出售的商品，由于管理不严，没有严格登记使用，造成一些人过度使用，或给一些人可乘之机。

• 坏品处理的损耗。没有问题的商品当作坏品处理了，最后进了个人手中，造成商店损耗。

• 收银作业的损耗。这是由于收银员业务不熟练或不按程序要求操作，使顾客购买的商品漏扫描造成的错误或收到假钞。因此收银员应遵循“取货——扫描——查看——包装商品”的程序。

• 盘点损耗。在盘点工作中，由于管理无序，或盘点准备不充分，对于盘点误差不能及时查明原因，必然出现常见的盘点误差损失。

• 商品有效期管理不当的损耗。一些食品需要进行严格的有效期管理，做到“先进先出”，如果管理不当，就会出现较大的损失。

• 商品陈列不当的损耗。商品在店面陈列过程中，由于陈列的方法不当引起商品损耗，如放的位置不佳引起倒塌，或容易被过往顾客的推车碰撞而引起的损坏。因此，要科学合理地陈列商品。

(二) 偷盗引起的损耗

• 小偷偷盗的损耗。商品开架售货给顾客带来方便的同时，也给一些不法分子带来可乘之机，一些小偷在商店行窃，给经营者带来的商品损失往往是难以估量的，这是商品损耗很重要的一个原因，因而必须高度重视。

• 员工偷盗的损耗。这种现象也不少见，少数员工禁不住钱物的诱惑，或单独作案或内外联手作案行窃，直接拿取货款，利用上下班或夜间工作直接拿取商品等，使人防不胜防。

(三) 意外事件引起的损耗

• 自然意外事件如水灾、火灾、台风、停电的损耗。

• 人为意外事件如抢劫、诈骗的损耗。

(四) 生鲜处理不当引起的损耗

• 加工过程中原材料浪费严重。

• 商品鲜度管理不佳，如温度管理不当、陈列方法不当、陈列设备不当等。或者因为冷藏、冷冻设备运转不正常或出故障而导致变质损失。

(五) 其他损耗

• 仓管商品或原料保存不当而变质。

• 订货不当。由于产品销路不对，造成积压；或订货量大于需求量而积压造成损耗。

二、防损工作的重点

(一) 完善商店的制度管理

制度保证是损耗管理的核心，只有建立完善的管理制度和操作规范，取代经验管理，才能杜绝一切人为的商品损耗，将损耗降到最低。因此，损耗管理的关键在于制定各项作业流程的操作规范、管理工作制度，建立完善的岗位责任制度。商店要经常召开会议，及时讨论和修正管理制度与流程，发动员工群策群力，注意采纳他们对商店防盗防损方面的建议，因为他们来自一线，最有发言权，最具针对性。商店的制度与流程适用于每一位员工，要一视同仁，不给那些为寻求平衡想捞一把的不轨行为找到借口。建立一套完整的业务流程与技术措施，并长期坚决贯彻执行。

（二）改进商店损耗控制方法

• 用数字化观念进行损耗管理。建立完善的损耗原因分析数据记录，定期对原始记录进行统计分析，发现问题及时处理，使损耗控制建立在详实的数据分析基础之上。

• 明确损耗管理的关键控制点。根据损耗原因分析和作业流程，采取切实可行的关键点检查和控制措施，针对损耗多发环节进行重点控制与管理。

• 科学控制库存水平。把握好供销存的关系，科学预测商品的销量，提高订货的准确性，保持适当的库存水平。

• 改进生鲜食品的加工方法和有效期管理方法。

（三）提高员工的防损意识

防损管理的关键在于商店所有员工高度的责任心，而责任心的培育需要不断强化员工的防损意识。首先要纠正员工认为防损是专业部门或相关人员的事，与己无关这一误区。上至店长经理下至普通员工，防损工作人人有责，群防群治才能事半功倍。因此，所有商店员工都要参加防损知识的培训，都要强化自己工作环节中的防损意识，明确自己的防损重点。防损部门要定期将重大商品损耗事件和偷盗事件通报给全体员工，让员工随时了解防损工作动态。商店管理层要定期或不定期对重点环节进行检查，对有突出贡献者予以奖励，对工作疏忽者予以批评，及时发现防损漏洞，防范于未然。

（四）加强商店的防损培训

实际工作中相当一部分商品保管不当、处置不当的损耗是由于员工缺乏经营商品的基础知识而引起的，这一点在新企业和新员工上面表现得更为突出，而商店在这方面的业务培训又常常忽视。专业培训对减少损耗起着不可忽视的作用，有调查表明，专业培训投入与损耗发生呈反比。因此，商店应加强这方面的培训工作，这种培训一方面是商品管理的相关操作规程和管理制度的培训、示范和演练，另一方面是加强员工对商品属性和管理的认识，提供员工的商品管理知识。

第二节 商店防盗

一、内盗的防范与处理

对于开架自选的商店来说，商品失窃是一个无法回避的问题，而且是全世界商店尤其是超级市场经营者最头疼的问题之一。有资料显示，目前中国零售企业一年因盗窃而遭受的损失高达250亿元以上，全球每年零售损失高达1400亿美元。这种现象已成为商店经营的最大障碍，使得许多商店因失窃管理不善而导致经营亏损的边缘。

在商品失窃中，商店内盗是其中最主要的一个因素。据一些统计资料表明，国外商场的内盗所造成的损失要高于外盗的损失，如果商店的内部管理制度不严格，员工极易利用工作之便偷窃店内商品。所以商店必须高度重视内部管理，否则内耗不可估量。

（一）内盗的主要形式

• 随身藏隐

员工利用各种机会，藏隐商品在身上带出卖场。对于这种行为，除加强员工教育外在卖场应设有员工专用通道，有安保人员执勤并配有电子防窃设备，员工在出卖场时作自我检查工作。

• 食用及使用

商店员工经常利用管理的漏洞在卖场内食用商品，另外使用卖场内商品也比较多，对于这类现象，要加强教育，教育员工养成良好的习惯，同时，加强监督管理，对于屡教不改者给予严肃处理。

• 收银员少结漏结

收银工作是商店非常重要的一个环节，商店前期所作的订货、验收、入库、上架、陈列等工作，都要通过收银员销售收款来体现价值，因此收银员应作为一个“完美的终结者”，把好最后一道关，使商店的经营在此得到最佳体现。但实际过程中，有些收银员采取少结账，漏结账，形成偷窃行为。

• 其他偷窃形式

此外，还有内应外和偷窃，隐蔽偷窃（将商品置于垃圾桶内）等其他方式。有些破损商品必须报废，这类商品要记在账册上，但某些工作人员把没问题的商品作为“废弃商品”来处理，而实际上却把它私占了。因此，废弃商品的堆放处一旦确定下来，商店经理要检查堆放处，然后决定处理日期。

造成员工内盗的原因是多方面的，既有客观的，也有主观的。如：员工的收入明显低于同行业平均值，在生活中支出大于收入；染上不良的社会习性，如赌博、酗酒、吸毒或结交不可靠的朋友；存有侥幸心理，自认为了解内部的防盗设施，被抓住的风险性很小；商店缺乏明确而严格的处罚内盗行为的规定；内部管理松懈，员工对企业缺乏认同感、责任感及荣誉感。

(二) 商店内盗的防范

商店内盗一旦被查出，经营者对内盗现象倾向于淡化处理，其主要动因有三种：一是曝光过多的内盗情况容易在员工之间互相传染，刮起内盗之风；二是易使人直接联想到经营者管理水平低下；三是内盗有时正是为企业做出贡献的员工，处理时带有一定感情色彩。因此，在内盗问题上，我们更强调防范而不是处理。

1. 挑选诚实的员工

诚实的员工对商店来说有着双重的好处：既可避免和减少内盗现象的发生，又能保证员工较好地完成商店的防外盗工作。招聘诚实的员工非常重要，招聘前应由人事部门对应聘者进行求职背景调查，尽管这种调查不能把所有不可靠的人拒之门外，但是如果没有这种调查制度，会增加那些有不良行为的人进入商店的机会。员工诚实度的挑选，遵循极为严格的筛选程序，这些程序主要集中在以下几个方面：①核实员工以前雇佣史；②多种方式的面谈；③推荐人的核查；④犯罪史的核查；⑤教育程度的核实；⑥信誉调查等。对不诚实的员工，企业也有严格的措施，像沃尔玛商店，采用的就是“零容忍”政策，不允许自己的员工对企业有任何的不忠实。

2. 加强员工的培训教育

在员工上岗培训时，要加强员工的职业操守培训，培养员工爱岗敬业、遵纪守法的工作作风，塑造良好的企业文化。同时，还要经常向员工宣传商店有关员工偷窃的处理办法，以对潜在的有偷窃心理的员工以警示。

3. 健全员工管理制度和考核制度

实行最低商品失窃制度，超过失窃标准，相应的员工要负担一定的责任。同时，有些商店还实行连带责任制，如发现某一小组人员中有内盗行为，则这一小组人员均要承担一定的责任，以此建立监督、检查机制，让所有员工齐抓共管，相互监督。

4. 借助顾客的帮助

顾客是商店的最好的朋友，不仅帮助商店完成销售任务，而且能有效防止员工内盗现象，特别是收银员的工作，如果有顾客监督，很难顺利作案。一些商场在收银处贴上这样告示：如果收银员没有将销售小票递给顾客，则商场将免费赠送这批商品。通过顾客的监督来防止收银员私吞现金。

5. 突击盘点

如果商店经理在日常的销售统计中发现有些商品被私吞了或被员工“顺手牵羊”，可以对那类商品找个理由进行突然盘点，时间选择在商店休息时间或营业结束后，由经理或店长突然发布命令。经常注意这方面动向，且对多种商品进行突击检查，使工作人员产生一不小心就会被查出的心理压力，这样，就起到了突击盘点应有的效果。

二、外盗的防范与处理

商店外盗是指顾客或假装成顾客的人偷窃或偷吃商店里的商品。随着我国商店开架自选售货方式的兴起，随之而来的商场失窃愈演愈烈，而代表新型零售业态的连锁超市则首当其冲。从目前国内商店失窃情况来看，失窃商品主要是商品体积较小而价值较高的，如化妆品、保健品、名酒名烟、奶粉、牙膏、文具等。商店商品防损防盗是一个难以了却的话题。商店经营者每天都要处于商品受损与防损这一对矛盾的旋涡之中，如何妥善地解决盗与防的问题，并且能在营运实践中既维护商店的利益不受损害，又不至于误解或损害嫌疑人的正当利益，这的确是摆在经营者面前的一个不可回避的问题。

（一）外盗行为的防范

1. 亲切地向每位顾客问好，打招呼，并且主动适时地给予协助。这样既给顾客留下良好印象，也提醒窃贼时刻有人注意防范他们，使之不敢轻举妄动；

2. 经常对员工进行有关知识培训，互相交流经验，使新员工能尽快熟悉各类偷窃人的特点，达到一有窃贼出现，就能敏捷地察觉出来的效果。当发现店内发生偷窃、出现不诚实的逛店者或觉察同伴正在偷窃时，员工要知道自己应采取什么样的手段终止商品被损；

3. 营造舆论导向氛围。上海易初莲花超市一进卖场就看到悬挂的警示标语：“本超市装有先进监视设备，所有偷窃行为都将受到法律惩罚”。在收银台出口处有一条黄色警戒线，写有“未经交款者请勿过此线”。事实证明，这种气氛对吓唬非职业窃贼是十分有效的；

4. 理货员、保安员或营业员要经常在店内走动，每隔一段时间环绕一下卖场，尽量避免旁若无人的听电话、聊天、补货，或是长时间待在后场作业和仓库作业；

5. 配备便衣保安，他们定期在店内巡视，随时注意周围顾客的购物情况，提高警觉心；

6. 注意观察一些细节。如果有顾客在一个地方徘徊，应主动迎上去询问是否需要帮助；注意那些手推车中放着敞口手提包或将选定商品放在手推车四周的人，防止“筑巢”；留意观察着装反常的人，天暖却穿着厚大衣或茄克，晴朗天拿雨伞；卖场内发生混乱，如争辩、打斗、顾客酗酒、受伤时不要转移注意力；如发现某人将商品藏匿后，不要让这个人从你的视线中溜走，尽力记住物品的种类，设法让另一人速报有关人员，切忌试图一人捉拿窃贼；

7. 理货员要经常整理并检查商品的排面，避免因为排面的凌乱让人有机可乘；

8. 尽量将高单价或是体积小的商品陈列在柜台附近，以利收银员就近管理；

9. 在商店内外配备防盗设施，尤其是卖场死角地带，增设辅助设施，如：反射镜、闭路电视、监控系统等，用以阻吓警告投机的顾客。有些商店在店内安装一些假的摄像机，通上电，放在商店比较醒目的地方，并贴出安全告示，警示窃贼；

10. 在商店的进口、出口、试衣室、送货区等地方的设计都应考虑到防窃因素；

11. 收银员把好最后一道关。在商店经常看到有的收款台通道畅通，但无栏杆，实践说明，收银员及时把停止收款的出口拦上，确保顾客从有收银员的收银台通过，是防损的有效方法。当同时关闭几个收款台时，要在每两个关闭的收款台安排一名收银员，同时注意检查每个购物手推车的底端，移开最底端的物品，确保没有更小的物品藏于其下。

（二）偷窃发生时的处理

1. 发现窃贼时，立即盯梢并注意其行踪，以注视、咳嗽等方式引起窃贼的注意，使他们自动终止偷窃行为并将偷窃商品物归原处；

2. 只有在证据确凿的情况下，并且确定窃贼离开收银柜台之后商品仍在窃贼身上方可采取行动，如果不能确定，绝不可将窃贼拦下。因为拦住他人，并指控其未付货款，是一项很大的控诉，因此必须经过查证之后始可行动，千万不可“轻举妄动”；

3. 对于情节轻微者，以“是否有商品忘记了交款”或“是否拿错了东西”等问题来诱导窃贼将赃物交回；

4. 只有在确定窃贼未付款并离开商店经营范围以后，才可捉拿，并立即通知商店负责人。阻止嫌犯时，应由两位以上的人员执行，以为人证，其中一人应与窃贼同性别；

5. 捉拿过程必须有技巧，要礼貌地请窃贼到指定的处理地点，不要在街上或店内讨论，并对他说："对不起，麻烦跟我到办公室一趟，我们需要你帮忙澄清一些事情"。除非阻止窃贼逃跑外，不可使用暴力，更不可对窃贼进行搜身；

6. 如果窃贼不止一人，必须逮捕拿有赃品的窃贼，并且确知赃品是在何处被窃贼转交他人。

（三）偷窃发生后的处理

1. 商店经理或在场负责人在指定地点处理偷窃事件，同时必须有两位以上的职员在现场作证，其中至少一人员工与窃贼同性别；

2. 要求窃贼主动将未付款的商品放在桌上，不要对窃贼搜身。对于拒不承认的窃贼，还可通过出示证据，例如窃贼行窃时的录像，使窃贼无以抵赖；

3. 要求窃贼填写声明书，并签名表示一切陈述属实。要求窃贼交出有效证件，以登记记录，如居民身份证等；

4. 对于盗窃事件的最后处理，商店可以自行订立规范条件，是送公安部门处理，还是警告后释放。需要注意的是，切不能采取"偷一罚十"的做法，这是违法行为；

5. 对于情节比较恶劣的，可利用质疑处以外的区域联络公安部门，并告知报案人的姓名、店名、地址、事件的全部经过，并要求对方前来协助；

6. 警察到来之后，将窃贼交给警察，由警察做进一步的查询；

7. 事后应定期对偷窃情况进行总结，找出商店经营中的漏洞，并制定相应的制度，以防止同样的事件再次发生；

8. 建立偷窃者档案，以后遇到他们时提高警惕。

（四）"忘记付款"的处理

1. "忘记付款"是指行为人主观上不具有非法占有商品的故意，其行为上未采取隐蔽的方式藏匿、夹带商品而不被商场管理人员或收款员发现，经收款员或管理人员提醒即主动拿出来付款的行为。如行为人将体积较小的商品无意中随手装在外衣口袋或敞开的手提袋内，经收款员或管理人员提醒即拿出来付款。

2. 若行为人未付款商品价值数额较小，且一经提醒或经磁性检测器检出即主动拿出商品付款，可在其交款后放行。

3. 若行为人几经提醒仍不承认身上带有未付款商品，且将该商品藏匿较隐蔽之处，如内衣口袋、非敞开式提袋内或其他不易被人察觉之处。此时为防止围观，应立即带离商场出口，在商场办公室或保安室问明情况后（包括责成其书写事情经过）交公安部门处理，不可对其人身及随身携带物品进行搜查，更不可作罚款处理。

（五）商店防盗系统的设置

1. 电子防盗系统介绍

过去，国内商店对于防盗主要依靠“人盯人”方法防守，使消费者在正常购物时往往感觉十分不愉快，因而一些商店提出了为尊重顾客，应采取适当距离的服务。而防盗问题则成为适当距离服务的一个难题。进入20世纪90年代以后，商店开始对先进的电子防盗手段产生了兴趣，电子商品防盗系统EAS逐渐为中国的零售商店所接受。

电子防盗系统主要由三部分组成；检测器、解码器（或消磁器）、标签。标签附着或附加在商品上，解码器或消磁器使标签失效，检测器用来检测出未经解码或消磁的标签并引发警报。目前，市场上出现的电子防盗系统从技术上可分为六大类，这六种类型各有优缺点。

①微波系统。

微波系统尽管有保护出口宽，能方便灵活地安装等特点（如隐蔽于地毯下或吊置于天花板处），但是有易受液体侵蚀和人体屏障的不足，而使微波系统退出了EAS市场的争夺。

②分频系统。

分频系统只有硬标签，没有软标签，主要用于服装服饰的保护，不能用于超市。

③自报警系统。

自报警智慧型系统主要用于贵重物品如高档时装、皮革、裘皮大衣等，一般商场较少使用。

④电磁系统。

电磁技术的优点在于，磁签的成本极低，体积小，隐蔽性好，对金属包装的商品可做短期保护，其缺点是检测率低，误报率高，对标签的充磁时间长，极不适应客流量大的商店。由于现在的厂家为了使标签做得隐蔽，将标签小型化，其结果是磁签越小，天线的灵敏度要求越高，误报的可能就越大，从而使误报率提高，因此电磁系统已经被当今的EAS界视为淘汰的技术。

⑤声磁系统。

声磁系统使电子防盗技术的一个重大突破，是电子防盗史上第一次实现几乎零误报和接近百分百检测率的 EAS 系统，自 1989 年推出以来，一直深受广大用户喜爱。声磁系统的特点是，为了能形成较宽的检测通道，同时又能满足共振需要，就需要较大的能量，由于能量很大，形成了强磁场，因此会对心脏不好的人有一定影响，引起了医学界的密切关注。

⑥无线电射频系统。

无线电射频系统的特点在于其精密性、可靠性较高，能将保护标签做成纸状并且可以与收款台上的 POS 机结合，可达到与收款速度同步，即在每一秒钟内给两个标签解码。其局限性在于不能保护金属性商品，但随着高技术材料技术的发展，可以采用特殊涂层使电波反射，使该技术有所突破。

2. 如何选择电子防盗系统

目前，虽然我国许多商店都已经用上了 EAS 防盗系统，但由于受到资金的限制，所使用的设备不是最先进的，其性能大打折扣，出现了很多误报、漏报现象，因此出现的商店与消费者纠纷事件纷纷增多。因此，商店在选购防盗系统时，不要贪图一时便宜而购置性能差的防盗系统，购买前一定要考察设备的性能。比较行之有效的办法是，到已经安装使用防盗系统的商户了解漏报率及误报率的硬指标，为确定购买某种品牌的设备做到心中有数。选择电子防盗系统可以从以下八个因素来考察：

（1）检测率。

检测率是指单位数量的有效标签以不同方向经过检测区域的不同位置的报警次数。检测率低的系统在商品被带出商场时发生漏报的可能性大。就目前国内市场上最常使用的 3 种系统中，声磁系统的检测率最高，一般超过 95%；无线电射频系统的检测率在 60% ~80% 之间；电磁波的检测率一般在 50% ~70% 左右。

（2）误报率。

误报是指非防盗标签触发系统的报警。误报率的高低也是评估防盗系统好坏的主要性能指标。目前几乎所有系统都不能排除误报的可能性，但是引起系统误报的可能性实际上的差别是很大的，所以选择系统的关键是看误报现象是否经常发生，触发系统报警的物品是否会出现在商场内或顾客随身携带的物品中。

（3）抗环境干扰能力。

当设备受环境干扰时，系统会在无人经过或无任何触发报警物品经过时自己发出报警，这种现象称为虚报或自鸣。虚报越少，系统抗干扰能力越强。无线电射频系统和电磁波系统容易受环境的干扰，而声磁系统由于采用独特的共振原理，能很好地适应环境需要，有较好的抗环境干扰能力。

(4) 受金属物屏蔽的程度。

商场内很多商品都可能带有金属物品，含金属的物品对电子防盗系统的影响主要是对感应标签的屏蔽作用，使系统的检测装置检测不到有效的标签存在或检测灵敏度大大下降，因而系统也就不会发出报警。

(5) 保护宽带。

电子防盗系统的感应有一定距离，如果出口太宽，则可能感受不到标签而失去报警功能。一般商场希望出口越宽越好，能方便顾客的进出，因此，防盗系统的保护宽带便成为商家考虑的一个因素。

(6) 保护商品种类。

商场的商品一般分为软商品和硬商品两类，软商品如服装、鞋帽、针织品等，这类商品在实行防盗保护时一般采用硬标签，可以重复使用；硬商品如化妆品、食品、洗手液等，这类商品采用软标签报，在收银台交款时进行消磁，一次性使用。各种电子防盗系统在保护商品种类上差别很大，商店在购买电子防盗系统时应考虑电子防盗系统保护的商品种类。

(7) 防盗标签的性能。

在装有防盗系统的商店里，商品的保护主要靠防盗标签，防盗标签性能的好坏，影响着整个防盗系统的性能。有些系统的标签容易受潮湿空气的影响，有些不能弯曲，有些很容易地隐蔽在商品包装盒内，有些则不容易隐藏。在美国一些商店为了便于商品防盗管理，他们的连锁店均采用统一品牌的防盗系统，目的是便于实行商品的标签化，即在商品未出厂前将标签做在包装里或商品里，如胶卷、电池、玩具、皮鞋、服装、礼品等几万种商品。这些商品无需在商场内再粘贴标签。对于还没有实行标签化的商品，一般情况下在配送中心完成粘贴，有一些需要现场粘贴。

(8) 消磁设备。

商店在选择电子防盗系统时要考虑的另一个重要因素是消磁设备的可靠性与易操作性。每一个商店都希望消磁之后的标签百分百可靠，不会触发系统的报警。目前，很多有经验的商家已经注意到快速收款的重要性，因此在选购POS机时，强调选用具有快速扫描功能的平台式激光扫描器。在考虑防盗系统的同时，强调能与激光扫描器结合的解码装置，因为此装置能在收款扫描的同时，将商品的标签解码，其解码速度每分钟可达120个，而且不会造成误操作，避免由于忙乱只顾解码，忘记收款，或只顾收款忘记解码，造成不必要的麻烦。

第三节　商品鲜度管理

一、生鲜商品的特点

现在生鲜食品已成为超级市场的一大卖点，除了有很好的利润外，更以保质、保量、保鲜吸引了大批顾客。与此同时，生鲜食品的损耗也令卖场的经营者们颇伤脑筋。加强对生鲜食品的防损耗管理不容忽视。

生鲜商品主要包括水果、蔬菜、肉类和水产品等。生鲜商品管理不当往往是商店损耗的一个重点环节，由于生鲜商品所具有的特点，决定了其管理难度要远远大于其他商品。这些特点是：

1. 标准性差。整理和保管比较困难；
2. 货源的品质不稳定；
3. 易腐烂变质；
4. 特殊保质条件和设备；
5. 手工加工制作。

正是由于生鲜商品易腐易烂、生命周期短的特点，生鲜商品的保鲜管理成为卖场的重要管理内容之一。保鲜管理不仅关系到商店形象，而且直接关系到商店的经营效益。在这方面常见的误区很多：为了减少损耗，将过期商品重新包装、贴上新出品日期标签后继续售卖；不标明商品出品时间或有效期；生鲜商品的陈列保鲜条件达不到规范要求；过期商品不及时下架；商品陈列整理不及时，影响陈列效果等。这些不良现象直接导致顾客对商店的可信度下降，使商店的经营状况逐步陷入“次品——不景气——更次品——更不景气”的恶性循环。

因此，无论是肉类、鱼类，还是蔬菜和瓜果，从产地或加工厂到销售网点，只要进入企业流通范围，都要力求使这些产品始终处在一个符合产品保鲜要求的冷链中运行。商店必须建立完善的生鲜管理标准，包括原材料供应储存标准（基本存量标准、储存条件标准、存放及使用标准）、生产加工标准（生产加工标准、产品质量标准、生产卫生标准、产品包装标准等）和商品销售标准（陈列标准、质量控制标准、有效期管理标准、服务标准等），使生鲜商品的管理处于一套完善的标准管理体系之中，减少人为的损坏和浪费。

二、商品鲜度管理内容

(一) 温湿度管理

1. 一般果菜的保鲜温度在5℃~8℃之间，但香蕉、木瓜、甘薯等的适温要超过10℃（在室温下即可）。

2. 一般果菜的湿度易保持在90%~95%，但番薯、芋头等品项宜在85%以下。

3. 冷冻肉品需保持在-18℃以下，冷藏肉品需保持在-2℃~2℃之间。

4. 鲜活水产品的水温可保持在常温，冷藏水产品温度维持在-2℃~2℃之间，需再敷冰，冷冻水产品温度保持在18℃以下。

(二) 陈列管理

1. 严格执行不同商品的陈列标准；

2. 安排专人负责整理货架，明确岗位责任和班组责任制度；

3. 防止新旧生鲜商品混淆；

4. 严格做到先进先出陈列；

5. 随时检查陈列商品，及时处理货架上的坏品；

6. 适当的陈列高度，以免物品压坏或空气不畅。

(三) 设备管理

生鲜商品的储存和陈列往往需要特殊的冷冻冷藏设备，如冷冻肉品需以冷冻展示柜陈列，冷藏肉品需以冷藏展示柜陈列，这些设备要保证长期适当的温度，因此，对于这些冷冻冷藏设备需要：

1. 定期检查，发现故障及时排除，一般每月3次为宜。

2. 随时检查设备温度。

3. 突然停电后要注意设备的运转情况，并对保存的生鲜食品进行品检工作。

(四) 加工处理

生鲜商品如肉类和水产品需要进行加工处理，其作业流程如下：

原料入库——一次处理——冷盐水机处理——二次处理——包装——出货陈列——销售。

肉品和水产品的一次处理主要是去内脏和分切部位肉；冷盐水机处理主要是降温和杀菌处理；二次处理是将肉品细分切成商品化再装盒出售。三次处理是加工成半成品或成品，如卤肉等。

果菜的保鲜处理方法主要有：冰冷水处理、冷盐水处理、复活处理法、散热处理法、直接冷藏法和常温保管法六种。不同的果菜采用不同的处理方法，能有效保持商品的鲜度。

在处理过程中要注意：

1. 控制加工处理室的室内温度；

2. 保证环境和个人清洁卫生，尽量减少污染源；

3. 加工处理要迅速，尽量减少暴露在室温的时间；

4. 以适当的材料包装后再储存和销售，必要时进行充气包装或真空包装。

（五）销售管理

1. 生鲜食品要分等级销售和陈列；

2. 价格变动要灵活。生鲜商品有些需当日售完，如鱼片、绞肉、活虾等，可在销售高峰期就开始打折出售，以免成为坏品；

3. 促销活动要频繁。生鲜商品在将变坏但未变坏之前，可经常性进行特价促销。

三、生鲜商品的防损管理

（一）调查分析生鲜商品损耗的主要原因

要控制生鲜商品损耗，首先必须了解商店的损耗情况及损耗原因，这就必须事先对商店的生鲜商品损失做详尽的全面调查，最好每日每时段记录生鲜商品的投放量和销售量。每次重大损耗和事故的发生时间、环境、当事人、品种、数量、金额、原因等信息都应详细记录，定期对原始记录进行统计分析。如果商店配备了完备的信息管理系统，对每一个生鲜商品的管理都做到了单品管理，则POS系统就能够提供详细的生鲜商品销售数据，作为分析损耗原因的依据。有了损失调查作基础，分析产生损失的原因就比较容易了。生鲜商品损耗的原因主要有：订货数量掌握不当，商品结构把握不当，加工配送的进度与卖场的销售节奏不相匹配，降价促销的时机与幅度决策失误，库存管理制度不完善等。在了解生鲜商品损耗产生的原因及损失量大小后，对症下药，采取措施，是能够将损耗降下来的。

（二）明确关键环节控制点

在查明生鲜商品的损耗原因的基础上，据以分析生鲜商品的作业流程，进一步明确和列出关键控制点，采取切实可行的关键点检查和控制措施，以便针对损耗多发环节有重点地进行控制与管理。例如，如果是有效期管理不当而导致大量损耗增加，在这项工作中可以考虑一些改进措施：安排专人整理货架，明确岗位责任制或班组责任制；所有产品的封口纸颜色隔日交替使用，如单日为红色、双日为蓝色等；建立严格的有效期工作检查和复查制度等。

（三）交叉分析，实施重点商品重点管理

超市经营的生鲜商品种类繁多，不同类别的生鲜商品的损失程度是不同的，因此，损耗管理应该有侧重点。损耗率高的商品应该重点管理，损耗率低的商品应该一般管理。但是，如果一种商品尽管损耗率较高，但销量很小，花大量精力去降低这种商品的损耗率是得不偿失的；相反，如果某类商品销量很大，即使损耗率不高，也应该将之作为重点商品进行重点管理。

确定重点商品的方法是交叉分析法，既考察损耗率，又考察销售量比重。下面是一些超市的经验数据，可供参考。A类商品：损耗率6%以上，销售额比重10%以上；B类商品：损耗率3%～6%，销售额比重5%～10%；C类商品：损耗率3%以下，销售额比重5%以下。

（四）做好生鲜商品的二次开发工作

所谓生鲜商品的二次加工和深度开发，就是将即将过去卖不掉的商品提前回收，转到其他生鲜部门去加工成熟食制品、半成品配菜，或者其他促销赠品，这方面的转化品种较多，毛利也大一些。例如：切片面包可转制成面包干、三明治；蔬菜水果可转制成各式配菜、快餐、果盘、果汁；肉类可转制成调理肉、半成品肉菜；水产品可转制成半成品配菜等。

一般经营生鲜商品的超级市场是连锁化经营的，连锁超市为了提高生鲜商品配送中心的加工作业效率，往往采取一次加工，集中配送的模式，这种模式的致命弱点是无法准确预测需求量，以保证各门店既无剩货又无缺货，所以，在这一模式下损失率很高。要降低损失率，一个有效的办法是配送中心的加工作业变一次加工为二次加工以及多次加工，可以根据不同时段的需求来确定加工量，也可以进行生鲜商品的二次开发和深度开发，这样需要边集中配送为高频率配送，不得不增加配送中心的人时数，使加工配送的成本提高。如果这种改进而降低损失的收益大于加工配送的增量成本，采取这一措施仍是合算的；如果降低损失的收益小于加工配送的增量成本，则可以考虑将生鲜商品的二次开发和深度开发放在店内，以尽量利用剩余的生鲜商品。

第四节　突发事件的防范与处理

一、突发事件的产生及处理

商店的经营，必须向顾客和员工提供一个安全的环境，同时尽量减少商店的损失，因而需要注意对突发事件的防范。突发事件就是指商店内部造成人身伤亡或物质损失的意外变故或灾害。突发事件之所以称为“突发”，它的发生常常是不以人们的意志为转移的。商店内部可能出现的违法犯罪活动，人们的疏忽大意或失职行为，及其他不能预见的自然原因引起的事故和事件等，这些隐患使我们有必要采取谨慎态度，认真预防和处置商店内的一切突发事件。

商店突发事件主要有：火灾、水灾、抢劫、停电、台风、顾客和店员的意外伤害等，商店管理人员必须全面加强防范和管理。突发事件管理的目的有二：一是预防突发事件的发生；二是当突发事件发生时，商店能迅速果断地控制事态的发展，保障顾客和员工的人身安全，把事件可能造成的危害减少到最低程度。

（一）建立安全管理小组

火灾及其他突发事件，往往让人不知所措，容易造成现场混乱局面，从而导致原本可以减少的人员财产损失扩大化了。为了使突发事件产生后能有序的组织与处理，商店最好在事先就成立一个安全管理小组，明确各类人员的任务分工及处理方法，这样一旦发生突发事件，可以有条不紊地进行处理。安全管理小组一般由以下人员组成：

1. 安全管理小组组长。组长一般由店长或店长指派的人担任，负责商店平时的安全预防，全面指挥、协调现场的救灾工作，随时掌握灾害的发展状况及应变处理方法，并及时将有关情况向上级负责人汇报。

2. 组长助理。一般由助理店长或班组长担任，主要协助组长进行突发事件的组织指挥具体工作，同时负责检查商店日常的安全防范工作，在组长缺席的情况下发生突发事件，应承担组长职责负责各项指挥、协调工作。

3. 抢救排险组成员。该组成员负责各种救灾设施和器材的检查、维护与使用；负责水源的疏导、障碍物的拆除，以及救灾抢救任务。各项救灾措施及器材应予以编号，并指定专人负责管理。在灾害发生时应及时截断所有电源，同时使用各种救灾设施尽力将灾害控制下来。

4. 疏散组成员。灾情一旦发生，该组成员应立即广播店内危险状态，并迅速打开各安全门和收银通道，协助顾客疏散到安全地带，通过宣传稳定人心。同时要警戒灾区四周，以防偷窃。

5. 联络组成员。该组负责与公安部门及商店各部门的联系，对外报案及内外联络任务，协助公安人员开展调查，随时向上级部门汇报灾情，接应救灾人员的到来，同时协调疏散组成员引导顾客到安全地带。

(二) 突发事件处理原则

1. 人身安全第一的原则

当商店发生突发事件时，无论何种情况，人身安全是第一位的。在有效处置各类治安灾害事故的过程中，首先要保障顾客人身和财产安全，使事件在顾客财产和心理上的影响降到最低限度，这是第一原则。其次是保证商店员工的安全，把员工在最短的时间内疏散到安全地带。人是最宝贵的，灾害发生时，不能因为维护商店的财产而忽视了人的安全。为了临场不发生慌乱，商店应该组织员工实地演练，提高员工在灾害来临时的反应能力，同时对暴露出来的问题及时改进完善。

2. 统一指挥和协调配合的原则

突发事件来临时，在整个事件发展过程中，商店必须整体行动，各组成员要分工明确，职责清晰，统一调度，互相配合，才能迅速控制事态的发展，降低灾害带来的损失。

3. 严格依法办事的原则

在处置商店的突发事件的过程中，不管事件性质如何，涉及对象是谁，都要遵循法律程序，实事求是地进行处理，不能有过激行为，也不应带任何偏见。即使有些事情发生的原因非常复杂，查明原因和解决问题需要很长一个过程，在不了解真实原因的情况下，受损伤的顾客可能会迁怒于商店，商店也需要讲究政策和策略，做好解释和稳定工作的各种措施，敢于承担责任，依照法律程序解决问题，不要由于管理工作的失误而使事态扩大。

二、火灾的防范与处理

(一) 火灾的事前防范

“火灾猛于虎”，无情的大火不知给人们带来多少损失，商店一定要时时警惕做好防火工作。其防范措施如下：

1. 将“防火器材位置图”和“人员疏散图”张贴在店内的指定位置；

2. 定期保养和检查各种消防设施，如果灭火设施发生故障或性能过期，应随时向安全小组组长反映，并立即做出处理；

3. 安全小组负责人要定期对全体员工进行培训，讲解灭火设备的功能、使用方法，以及防火注意事项和逃生的基本常识。尤其是对新入场员工，在上岗培训时要加入消防知识内容，并考试合格后方能上岗；

4. 提醒负责清理卫生的人员应随时注意有无火种，电器插座、马达附近应经常清扫，不留杂物。有些商店将店内清洁工作承包给清洁公司，在承包合约上应注明这一条，倘若发生火灾应追究清洁公司的相关责任；

5. 物品的存放要井然有序，不要阻塞疏散通道及安全门，不要遮住逃生标志。店内不能存放易燃物品，店内的装饰材料应选用耐火材料；

6. 在员工手册中必须加上绝对禁止乱丢烟蒂等内容，并派专人负责下班关空调、瓦斯、抽风机和各项电器设备；

7. 随时提醒员工树立防火意识，包括不要忽视任何小火苗，注意电源插头有无松动或损坏，如有发现应及时报告经理或负责人；

8. 定期举行防火演习，如果商场内设立了许多出租专柜和引入一些厂家促销小姐，也应要求他们一起参加演习。

（二）发生火灾时的处理方法

火灾的发生有轻有重，如果发生的是轻度火灾，即一般的小火警，发现人员应立即向店长报告，并利用就近的消防设施迅速扑灭火势。倘若一个人无法扑灭火势，应召集店员一起扑灭。如果发生的是重大火灾，则必须按以下程序进行：

1. 发现火警人员应在第一时间拨打 119 火警电话，并告知商店经理。除电灯外，及时关掉所有电器设备；

2. 通过店内广播告知全店员工立即根据“安全管理小组”的编制执行任务，并保持镇定，按平时消防演习的程序行动；

3. 疏散组人员立即分散在店内不同位置组织，疏通安全通道，打开安全门，指挥店内顾客迅速离开现场。如果有浓烟出现，应匍匐在地上爬行，迅速离开现场；不要使用电梯，尽量从楼梯疏散；

4. 通信组随时与消防人员保持联系，并在他们到来之时介绍店内情况，帮助消防人员进行救灾；

5. 安全管理组长或负责人应指挥店员将现金及贵重财务转移到安全位置。但要注意的是，人身安全是第一重要的，不要因收集现金或救火而危及自身安全；

6. 如果发现顾客或员工受伤，应立即进行临时抢救并送医院治疗。

（三）火灾发生后的处理方法

1. 全体人员离开商店后，应到附近指定地点集合，商店经理应迅速清点人数，并告知店员在未经许可不得进入火灾现场；

2. 如有必要，可向公安部门报案，并协助公安人员在现场的调查取证；

3. 店长在清点财物的损失后，编列清单，及时向上级主管提出报告；

4. 分析火灾发生的原因及应变处理过程中存在的问题，提出今后的整改措施；

5. 如果出现顾客和员工被烧伤而被送往医院治疗，应关心了解顾客和员工的复原情况；

6. 如果发生的是一般的小火警，火势虽然被扑灭，也需要向组长汇报，并找出原因，以防范未然。

三、抢劫的预防与处理

（一）抢劫的预防

由于商店的现金流量相当庞大，来往的人员也非常复杂，一些超市的收银柜台又邻近出入口的位置，在金钱一进一出的同时，难免引起不法之徒心起歹意，发生抢劫之事件。抢劫的对象，除了商店本身以外，也会发生歹徒在卖场抢劫其他顾客的事件，这会对商店的形象和声誉造成极坏的影响。因此，商店有必要对抢劫进行必要的防范。

1. 商店布局与商品陈列要保持干净整洁

商店的布局情况其实可以在无形之中为歹徒提供作案的便利，所以精明的商家一定要科学合理的布置商店，使歹徒的作案动机化为泡影。

下表是容易遭到抢劫的商店特征，商家应采取措施尽力避免。

容易遭受抢劫的商店特征及防范表

项　目	特　征	预　防
商品	商品乱堆乱放，陈列杂乱拥挤，歹徒会意识到“这是一家疏于管理的店”，遭抢的可能性大	重新研究商场的内部布局和商品陈列方法，陈列要整齐，留有一定的过道空间
灯光	灯光暗淡，卖场混乱，这是歹徒最喜欢的作案环境	灯光明亮，尤其是超级市场尽量使用白炽光，使商场如同白昼
橱窗	橱窗乱贴海报，遮住视野，使歹徒作案时较为隐蔽	注意店内 POP 广告不要悬挂和张贴太低，以免妨碍视线
顾客，服务员	顾客稀少或服务员人手不够，这是最容易遭抢劫的时候	在顾客稀少时要十分警惕，服务员人手少，保安员不能随便离场
店外交通	店门外马路的岔路多，有容易逃走的路线	店门设计应尽量朝着大马路，不要朝着小岔路，店门不宜开口太多

2. 商店内现金管理要严格规范

①收银机下设置保险柜，收入大钞应直接投入保险柜。未设保险柜，现金（尤其是大钞）直接存放于收银机内，很容易引起抢劫；

②规定收银机内的现金不得超过一定金额，超过则需投库；

③24 小时营业的便利店可在店口张贴告示“本店自深夜起现金不超过200元，请自备零钱”，以降低被抢的可能性；

④收银员在交接班时点钱动作要快，尽量避免在顾客面前长时间数钱。

3. 保持高度的警惕性，注意可疑情况

①平时要对店员进行防抢教育和训练，以防意外发生时的应对；

②与公安机构或保安公司建立密切合作关系，并张贴告示，以警示潜在的犯罪分子；

③店员应随时注意可疑情况，如2~3 人结伴进店，服装、仪容不整，未熄火且停在店外很久的汽车，在门外逗留观察商店内部的可疑人物，在店内长时间逗留，且佯装购物或阅读书刊者；

④内无顾客时，店员不要站在柜台内，可以整理货架，排面，补货或做一些清洁工作。

（二）遇抢时的处置方法

①以确保顾客和自己的人身安全为第一原则，在歹徒手持凶器的情况下，不作无谓的抵抗，双手动作应让歹徒看得清楚，以免歹徒误解而造成伤害；

②在不影响人身安全的情况下，尽量拖延时间，假装合作，尽可能使现金损失降至最低，也可谎称不知道保险柜密码；

③沉着冷静，记住歹徒容貌、穿着、身高和年龄等特征；

④乘歹徒不备时，其他人员趁机打110 报警，并迅速按下报警器。

（三）遇抢后的处置办法

①歹徒离去后，迅速向上级主管部门报告，并向公安机关报案；

②歹徒离去后三分钟内，立即填写歹徒特征；

③小心保持犯罪现场的完整性，不要碰到歹徒曾经碰触过的地方，以免破坏了可能存在的指纹或其他证据；

④待公安人员和上级主管负责人到达现场查看完毕后，开始清点损失情况；

⑤将遇抢过程写成报告，呈送上级相关主管部门存查。

案例及分析

案例 1

“偷一罚十”的思考

上海某校女大学生小陈和小章，利用课余时间在上海一家食品公司打工，并被公司派往上海一家超市负责商品推销工作。一天上午，小陈像往常一样来到商场，途经二楼化妆品部时，一位化妆品促销小姐送给小陈两瓶作为赠品的定型水。陈把定型水带到三楼后，觉得没什么用，就顺手扔在对面的西瓜摊上，然后回到自己的促销岗位上，时至下午5点半，她发现早上扔在对面西瓜摊上的两瓶定型水仍留在原处，于是将其来历告诉了小章，小章拿起定型水到设在冷冻部的条形码扫描仪上扫了一下，结果显示“价格无效”，验证确属赠品，但小章也觉得没什么用，于是又将定型水扔回了西瓜摊。

晚上6点左右，小章与小陈分别被保安带到了保安部办公室。保安经理告知她们，将定型水从二楼带到三楼，这是一种类似偷盗的行为。尽管小陈和小章极力解释，终究无济于事。最后在众保安的一再威逼下，两人只得含着眼泪在检讨中违心承认自己有“类似偷盗行为”。

保安经理看了她们俩写的检讨书后说：“既然你们已承认有类似偷盗的行为，就要按商店的规定接受处罚。有三种方法可以选择：一是向警方报案；二是通知学校和家长；三是赔偿商场的损失。”她俩被吓坏了，为使名誉损害降低到最低限度，无奈中她俩选择了赔偿损失的处罚方案，紧接着保安便开出了以一赔十，每人赔470元的价码。

事后不久，俩人供职的食品公司接连致电小陈，说商店因此事向食品公司罚款5000元，以负促销员偷盗的连带责任，食品公司认为此事是由她们俩人引起的，因此应由两人各付2500元给商店。

事发后三个月，两名女大学生一纸诉讼状告到了法院，要求商店登报赔偿道歉，消除影响，恢复名誉，归还每人被罚的470元，并赔偿精神损失费1万元。法院一审判决，宣告原告胜诉。

（资料来源：杨守平：“偷一罚十，三思而后行”，商场现代化，2001年第7期第29页）

案例思考题

从上述事件中可以看出该商店的防损工作出了什么问题？

案例 2

发放贵宾卡引起的拥挤事件

某商店为庆祝开业，决定向顾客免费发送5000张可在商店享受九七折优惠的贵宾卡，并刊登了广告大肆宣传。在开业当天上午还不到9时，商店门前就已经聚集了不少人。开业时间一到，人群涌入商店直奔贵宾卡的赠送柜台，开始大家都秩序井然，几分钟后，队伍开始往前涌动，现场秩序忽然变得混乱起来，人们不停地往前拥挤，大人呼喊和小孩哭闹声混成一片。

保安员介绍当时的情景说："当时仅地下一层就有将近1000人等待领取贵宾卡，队伍乱了以后我们拼命维持着现场秩序，生怕出现伤人的事情。一名保安员站到桌子上大声呼喊，可结果桌子被挤塌了，保安员摔了下来，幸好没有受伤。"

商店管理人员认为，商店事前有较为充分的思想准备，发卡地点分做几处并选在人流稀少的地方，但汹涌的人群还是超过了预计，仅上午发送活动截止时商店实际上就送出了近万张贵宾卡。现场混乱了几分钟后，局面得到控制，商店临时决定将原来直接发送贵宾卡改为发放贵宾卡的申请单，并在一定期限内再到商店换取贵宾卡，使拥挤的人群得以较快疏散。

类似上述事件在其他地区也不断上演，有的商店开业将玻璃门挤成两段，有的店庆促销挤伤了人，有的商店开业难以控制拥挤，用救火龙头驱赶顾客，有的商店门口半夜就有人来排队购买1元钱的手机……虽然商店管理人员事先都做了一定的准备，但仍然没有料到顾客如此踊跃，以至闹出了一些人身伤亡，反而给商店造成了负面影响。

（资料来源：孙大维、刘红燕：《现代商场管理能力教程》，中国人民大学出版社，2003年版第211页）

案例思考题

你认为造成商店拥挤混乱的原因是什么？如何防止类似现象发生？

本章思考题

1. 商品损耗的主要原因有哪些？如何加强商品的损耗管理？

2. 商店内盗的形式有哪些？如何防止商店内盗？

3. 如何防止商店外盗？外盗发生后应该如何处理？

4. 生鲜商品具有哪些特点？其鲜度管理的主要内容是什么？

5. 加强突发事件的防范和管理的目的是什么？突发事件的处理应遵循什么原则？

第十章 员工工作规范

本章提要

零售市场的竞争，在很大程度上是同一个商圈内商店与商店之间的竞争，获胜的关键往往不在于商品、服务或价格，而在于人，在于一个有远见有魄力的店长和一个有活力有创造力的员工团队。平凡的人完全可以在平凡的岗位上创造出奇迹，沃尔玛就是这样一个典型案例。本章主要介绍：店长的角色定位及能力要求，店长的工作职责和管理重点，如何才能成为一个优秀店长；收银员岗位职责，收银员工作流程和工作规范；理货员工作特点和工作职责，理货员的工作规范；导购员的角色及所需基本知识，导购员工作流程及其规范；员工培训的主要内容和培训的基本方法。

第一节 店长的管理工作

一、店长的角色与能力

(一) 店长的角色定位

店长是那些能以有限的资源和合理的成本，完成店面营运的绩效、业绩考核和利润目标，并使商店可持续发展的人。“店长乃一店之中流砥柱”，这句话深刻地道出了店长的重要性。在规模与效益竞争日益加剧的今天，门店店长更成了连锁经营发展的关键。店长是一个商店的核心人物，他要对商店的运作进行统筹安排，对商店的整体经营效益负责。店长首先必须认清自己的角色定位，才能明确自己的工作范围和职责所在。店长主要扮演以下几种角色：

1. 商店的代表人。一方面，店长代表商店与顾客、社会有关部门建立联系；另一方面，就员工而言，店长是员工利益的代表者，是员工需要的代言人；同时，店长又是公司利益的代表者。因此，店长必须懂得善于运用所有资源，以达成兼顾顾客需求、员工需要和公司目标，获取最大经营效果。

2. 商店经营活动的指挥官。顾客每天接触最频繁的场所就是卖场，故店长必须负起总指挥的责任，安排好各部门、各班次员工的工作，指示员工，严格依照营运计划，将最好的商品，运用合适的销售技巧，在卖场各处以最佳的面貌展现出来，以刺激顾客的购买欲望，提升销售业绩，实现店铺销售的既定目标。

3. 公司政策的执行者。在连锁企业中，门店既要能满足顾客需求，同时又必须创造一定的经营利润。店长需要站在经营者的立场上，综合的、科学的分析店铺运营情况，全力贯彻执行公司的经营方针。对于公司政策、经营标准、管理规范，店长必须忠实地执行。

4. 培训部下的教导员。指导和教育商店的员工是店长的基本责任，他必须在任何方面成为员工的师长，就商店的经营管理提出有效的建议，帮助员工迅速成长起来。

5. 上下沟通和内部冲突的协调者。店长应具有处理各种问题的耐心与技巧，如与顾客、与员工、与总部的沟通等，这些是店长不能忽视的。因此，店长在上情下达、下情上达和内外沟通过程中，都应尽量注意运用技巧和方法，以协调好各种关系。

6. 激发员工斗志的鼓动者。店长应时时激励下属员工保持高昂的工作热情，形成良好的工作状态，让下属员工人人都具有强烈的使命感、责任心和进取心。

（二）店长的能力要求

由于店长的素质高低对商店经营业绩关系重大，一个合格的店长必须具备如下能力：

1. 指导能力。能指出下级工作缺陷，使人尽其才，提高业绩的指导能力；

2. 培训能力。将自己的管理知识和经验毫无保留地传授给其他职员，以推动商店员工的整体的素质水平，使下级迅速胜任工作并成长；

3. 信息分析能力。能对信息进行整理、分析，并运用于商店管理中，提升商店业绩；

4. 领导沟通能力。能与下级进行积极有效的沟通，调动员工的积极性，共同完成既定目标；

5. 正确的判断能力。对问题、对事件要客观地评判、正确地分析，并快速解决问题；

6. 专业技能。经营商店的必备技巧和使顾客满意的能力；

7. 管理能力。计划地组织人力、物力、财力，合理调配时间，整合资源，提高效率；能找出隐患问题，加强管理，防患未然，使门店整体运营结构更趋合理；

8. 自我提高、自我完善的能力。不断学习和更新专业知识，在企业发展过程中能跟上时代的步伐和企业一起成长，不断充实自己，完善自己；

9. 良好品格和职业操守。有良好操守和高尚道德才能显示出人格魅力，才能有上行下效的效果。

二、店长的工作职责

一个合格的店长必须完成以下工作：①做好商店最高管理者工作——管理商店的日常经营活动的运作，并完成商店定立的各项经济指标；②做好企业代理人工作——作为商店代理人的身份，需和当地各个关系者，顾客，商业伙伴培养良好的关系；③做好协调工作——当商店有问题发生时，应在第一时间，以店长的身份，尽快加以协调，使其恢复顺畅；④做好传达者工作——将连锁企业总部的各项方针，计划等正确和快速地传达给商店的员工；⑤做好导师工作——指导和教育商店的员工是店长的一项重要职责；⑥做好安全工作——店长须保证商店一切资产的安全；⑦做好经营工作——店长也是商店的一名销售人员，他应当了解顾客购物心理和需求，这样才能保证门店商品的适销对路，从而使之长盛不衰；⑧做好信息反馈工作——店长应当及时将所在地域的情况和消费动态向总部反馈，以便总部对于市场变化及时做出反应。

具体来说，店长的工作职责如下：

（一）店长的工作职责

- 负责商店的经营管理，完成上级下达的各项经营指标；
- 制定商店的经营计划，督促员工贯彻执行经营计划；
- 监督商店的商品进货验收、仓库管理、商品陈列、商品质量管理、商品损耗等有关作业；
- 监督和审核商店的会计、收银作业；
- 商店员工考勤，服务规范执行情况的监督与管理，员工考核、晋升、降级和调动的建议；
- 组织员工进行培训，组织商店的促销活动；

• 参加一些社区公益活动，成为商店的代言人；

• 迅速处理商店发生的各种紧急的突发事件，如：火灾、水灾、停电、抢劫、盗窃等；

• 顾客投诉与意见处理。

（二）助理店长（副店长）职责

• 协助店长安排商店的经营管理；

• 协助店长制定商品经营计划；

• 必要时作为一个工作班组的负责人对本班组人员工作进行统筹安排并协调；

• 协助店长安排商品进货业务；

• 协助店长对人员进行考核，提出升级或调动的建议；

• 协助店长解决商店发生的各种紧急突发事件；

• 协助店长进行商品防损或服务监督等工作；

• 在店长不在的时候代理行使店长职责。

三、店长的管理重点

商店店长的作业管理内容大部分是复杂的例行事务，除了一小部分非例行的事务，因此店长要把握商店作业环节的重点，就能基本保证商店作业的正常进行。店长管理的重点无非是人、财、物和现代商业企业所需要的信息。主要体现在以下方面：

（一）商品管理

• 商品例行进货管理；

• 商品陈列和卖场气氛营造；

• 商品损耗管理；

• 促销工作的顺利开展。

（二）顾客管理

• 客流量的正常与否；

• 顾客需求和竞争对手的调查；

• 客单价的变化；

• 顾客投诉的处理。

（三）员工管理

• 员工出勤状况；

• 员工的工作状态和工作效率；

- 员工的服务态度和服务技巧；
- 培训和激励员工。

（四）供应商管理

- 供应商是否准时配送；
- 供应商商品品质是否保证；
- 与供应商关系的改进。

（五）财务管理

- 现金管理；
- 成本控制；
- 经营效益的提升。

（六）信息管理

- 营业日报表；
- 商品排行榜；
- 促销效果表；
- 费用明细表；
- 盘点记录表。

本章附表中的表 10－1 是台湾的一所超级市场店长业务检核表，表内所列的内容十分详尽，可供大陆的商店参考。

四、如何成为一名优秀店长

（一）善于进行自我管理

商店日常管理工作十分烦琐，经常会发生一些突然事件，如果店长整天忙于应付各种小事，则会永远感觉时间不够用，甚至忽略许多潜伏的危机。为了提高管理效率，店长必须学会对时间进行管理，也就是对自己每日工作流程进行严格控制。本章附表中的表 10－2 是台湾超级市场店长作业流程的时段表，该表反映了店长时段作业流程内容，在管理上的要求是很严格的，它实际上是岗位职责在工作上的细化，值得我们借鉴。

（二）善于激励培养部下

- 要以身作则，遵守公司既定的规章制度，让下属员工有充分的信赖感；
- 尽量倾听下属员工的建议，即使下属持反对意见，也要替下属着想，在作适当的分析后，决定是否接纳建议；
- 对每一位下属公平对待，不能因个人的喜好或私底下的交情而影响对公事处理的公平性；

• 随时关心下属的工作情况，把自己成功或失败的经验教训提供给其参考，并要求有所改进；

• 对工作认真负责的下属要不吝表彰；

• 鼓励员工合作，培养员工的团队精神；

• 对业务开展的目标及未来发展的方向要明确化，但对实施细节，则全权交予下属处理；

• 配合公司发展策略，为下属提出个人生涯规划及培训计划；

• 让下属参与商店工作计划的制定中，而不只是单方面地接受指示执行任务。

（三）学会利用各种数据信息分析问题

数据是商店经营绩效的表现，店长必须有数字观念，并了解关键数据信息，才能改善商店的经营状况。商店管理的重点主要在于人员、商品、金钱及卖场使用效率，故应设置关键评估指标，以作为提升经营业绩的努力目标。这些指标主要有：人效（销售收入/员工人数）、毛利率（毛利额/销售收入）、周转率［销售收入/（期初存货＋期末存货）÷2］、交叉比率（毛利率×周转率）、损耗率（盘损/账面应有金额）、收银差异率（收银差异额/收银账面应有金额）、坪效（销售收入/卖场面积）等。店长若要不断提高商店利润，必须时刻关注下列几项数据变化：营业额是否增长？毛利率是否提升？损耗率是否降低？毛利额是否增加？费用率是否降低？利润率是否提高？

（四）不断创新，永远不满足现状。

店长的管理工作通常都是一些日常例行性工作，在长期的管理过程中，容易流于常态，难有突破。事实上，店长作为一店之长，商店的生存和发展完全维系于店长的工作状态，尤其在激烈的市场竞争中，稍有疏忽懈怠，商店经营很容易走下坡路。因此，一个优秀的店长应该是能在实践中不断总结经验、不断超越自己、不断创新的店长，只有不满于现状，追求卓越，才能成为一个优秀的店长。

下面是沃尔玛创始人山姆·沃尔顿总结出来的十大成功秘诀，被称为“山姆的商业规则”，了解沃尔玛的成功秘诀，对于今天的店长管理仍有一定借鉴价值。

资料

沃尔玛的十大商业规则

规则一：献身于你的事业，信奉它胜过任何人。如果你热爱你的工作，你会每天去尽你的最大可能把事情做得尽善尽美，不久你周围的每一个人都会传染上你的激情，就像发烧那样。

规则二：和所有的员工共享盈利，视员工为你的合伙人。员工也会视你为合伙人，齐心协力。员工的表现会超出你最大胆的预期。

规则三：激励你的合伙人。仅有钱和所有权是不够的。不断地、日复一日地想出新的、更有意思的方法来激励和挑战你的合伙人。制定高的目标，鼓励竞争，把成绩记录下来。

规则四：把你所能交流的每一件事都告诉你的合伙人。知道越多，员工就越理解你；员工理解越多，就关心得越多；员工一旦开始关心了，就没有什么能阻挡员工。

规则五：感谢你的合伙人为生意做的每一件事。他们喜欢常常听到这些话，特别是当他们做了一些他们自己也很引以为荣的事情。没有什么东西能够代替那些恰当的、适时的、真诚的赞扬话语。它们是不花钱的，但是无价的。

规则六：庆祝你的成功。在你的失败中找出一些幽默。不要待自己太严肃，放松一点，你周围的人也会放松下来。要有乐趣，永远显示出热情。

规则七：认真倾听公司里每一个人的意见。在第一线的人——那些真正和顾客交谈的人——员工是唯一知道在那里发生了些什么事的人。你最好能发现员工知道些什么，你必须倾听你的合伙人试图告诉你的事。

规则八：超过你的顾客的期望值。如果你做到了，顾客会再三回来。给顾客要的东西再多一点。让顾客知道你感谢他们。对你所有的错误做出赔偿，不要找借口道歉，要对你做的事负责。

规则九：比竞争对手更好地控制支出。这是你永远可以找到竞争优势的地方。如果你运营效率很高，可能你犯了许多不同的错误，但是仍然能恢复过来。反过来，你可能很辉煌，但是如果你太无效，你仍可能出局。

规则十：逆流而进，不循常规。不要管习俗的常识。如果每个人都用同样的方法做一件事，你用恰恰相反的方法去做，成功的机会就大。

（资料来源：翁蓓蕾，Wal－Mart的文化，国际商业技术，2002年第1期）

第二节 收银员工作规范

一、收银员工作职责

收银作业是商店销售服务管理的一个关键点。收银台是商店商品，现金的"闸门"，商品流出，现金流入都要经过收银台，稍有疏忽就会使经营前功尽弃。因此收银作业是商店日常作业中最重要的组成部分，它直接关系到商店的经济效益，也影响着顾客对商店的最后印象。收银作业必须做到准确、迅速、亲切，收银员要熟悉第一类商品价格，熟悉信用卡使用程序，使用礼貌用语，唱收唱付，能识别假钞，点钞、碌卡准确快捷。收银员工作职责如下：

- 收银机及区域的清洁工作；
- 收银前做好准备工作；
- 清楚商品的分类编码及价格情况和促销活动内容；
- 迅速并礼貌地完成收银和商品装袋工作；
- 按规定将现金上缴或存入银行；
- 热情、耐心地解答顾客问题。

二、收银作业流程及规范

（一）开业前准备工作

• 必须将各类票据、印章、印泥、包装纸、包装袋、包装绳等准备就序；

• 集备放在收银机之定额零用金，包括各种币值的纸钞、各种币值的硬币；

• 检查收银机的运转状况，包括：发票存根联及收银联的装置是否正确，号码是否相同，日期是否正确，机内的程序设计和各项统计数值是否正确或归零；

• 了解当日的促销活动，特价品、变更售价商品、重要商品的位置及价格。

（二）欢迎顾客

当顾客提着购物篮或推着购物车来到收银台时，收银员要面带微笑招呼顾客："您好，欢迎光临"。同时帮助顾客将篮内商品取出来放在台上。

(三) 结算金额

收银员将顾客所购商品的价格一一输入收银机中，得出金额总数，并告诉顾客："总共需付××元"。这里注意不要将其他顾客的商品混在一起计价。

(四) 收取货款

从顾客手中接过货款，收银员一定要唱票"收您××元"。若顾客所付金额与价格相符，收银员也要说"您给我的刚好是××元"。总之，要让顾客确定一下，他所付的钱与收银员收到的钱是否一致，以免双方因看错而发生争执。

(五) 找钱

当顾客所付金额大于商品价格，收银员应找出正确余钱连同收银机打出的收款票据交给顾客，同时唱票："找您××元，请点数"。待顾客没有疑问时，才能将收银机抽屉关上。

(六) 商品装袋

收款工作结束后，收银员应将商品依序放入包装袋中。注意在装袋过程中要快捷稳妥，对商品轻拿轻放，力求安全牢固，便于携带。在装袋前还应检查一下商品是否有破损或脏污，如有，可建议顾客换一件好的，这样可以增进商场与顾客的感情联络。

(七) 送客

商品装袋后，应双手递给顾客，待确信顾客拿稳后才能松手。这时要亲切地向顾客道别："谢谢，欢迎下次再来。"同时，要注意顾客是否忘了包装袋或随身物品，如银包、帽子、手套等，这种关心，是体现商场服务质量的一个方面。

(八) 营业结束后工作

收银员下班前，必须先核对收银机内的现金和购物券等的营业收入总数，再与收银机结出的累计总账款核对，并与值班负责人将款项当面点清楚，准确无误后填写每日营业收入结算表，表上应有收银员和负责人的签名。若出现差错，应即时查明原因，按制度规定处理。然后，将收银机的所有现金、购物券、单据等放入超市指定的保险箱内，关闭收银机电源并盖上防尘套，整理收银台及周围环境卫生，为下一个营业日做准备。

在整个收银过程中，收银员必须做到：准确、礼貌和迅速。以上三条是对收银员的基本要求。

本章附表中的表10－3是国外商店通行的收银工作规范，可供大家参考。

三、装袋作业规范

商品装袋是为顾客现场服务的最后一个环节，也是收银员的一个重要职责，它关系着顾客对该商场的最终印象，不能敷衍了事。将商品装袋主要是为了保护商品，便于顾客携带，还可利用包装袋宣传企业形象，因此，装袋必须牢固、美观、易携带、易打开，使顾客满意。在装袋时，尤其要注意以下几方面：

①根据顾客所购买的商品重量、体积选择大小合适的包装袋。若一个袋装不下，可将商品分装两个袋中，但要重量均衡，不要一个袋商品过多，一个袋商品过少；

②对于配有固定包装袋的商品一定要装入固定包装袋中，例如配有包装袋的某些品牌的服装、皮鞋、皮包、金银首饰等一定要装入指定的袋中，否则会影响商品的形象；

③多件商品的装袋有一定的规范：硬与重的商品垫底装袋；正方形或长方形的商品装入包装带的两侧，作为支架；瓶装或罐装的商品或玻璃制品应放在袋中间，以免受外在压力破损；易碎品或较轻的商品放在袋中的上方，用小商品充填袋中空隙处；对于一些易碎的商品如碗碟，应用绳子捆扎好交给顾客，以方便顾客携带；

④对于体积过大或包装袋装不下的商品，要用绳子捆好除非已有外包装可直接拿取的商品。

⑤将一切潮湿的、易渗水的生鲜商品、冷冻食品、冰激凌、盒装牛奶、豆制品等单独装袋；容易互相串味的食品应分别单独装袋；对人体有害的洗涤用品、杀虫剂应单独装袋；

⑥装袋时要精力集中，不能将另一个顾客的商品错装入这个顾客的包装袋中。装袋商品要牢固，不准出现漏装、松捆或用破损的包装袋装商品，当一个包装袋承受力不够时，应两个一起套装；

⑦商品装袋后要手捧包装袋底部交给顾客；若包装袋不止一件，顾客临走时要提醒带走所有包装入袋的商品；若商店正举办一场促销活动，要将促销资料及优惠卡、赠品等一同放入袋中；

⑧生鲜食品中，如冷冻品，豆制品等容易出水的商品和肉菜容易流出汁液的商品，先应用小包装袋装好后再放入大购物袋中；

⑨不要将袋子装得过重，以免破裂；

⑩提醒顾客带走所有物品包括包装入袋的商品和顾客自己的物品如背包、

钥匙等。

第三节 理货员工作规范

一、理货员的工作特点

“理货员”是在超级市场发展过程中出现的新岗位，后被用在其他零售业态商店中。理货员工作具有如下特征：

（一）间接性

理货员主要是通过理货活动，依靠商品展示与陈列、POP广告、标价、排面整理、商品补充与调整、环境卫生、购物工具准备以及理货员的作业活动状态等，与顾客间接发生联系。因此，理货员与顾客的沟通在大多数情况下是间接的，他依靠顾客的选购行为、表情以及个别的询问来了解顾客的需求情况。

（二）规范性

门店理货员所从事的作业活动必须按连锁公司总部设计好的操作规范执行，任何偏离操作规范的行为都会影响到顾客的利益、公司的形象和营业的绩效。

（三）辅助性

理货员虽然是通过作业活动和结果（如商品陈列）向顾客提供间接的服务，但在某些情况下（如顾客询问、生鲜食品称重等），仍需要理货员提供直接的服务。

（四）交替性

理货员一般不用等候顾客，因而除完成理货作业活动外，为充分利用作业时间，在营业高峰时段还应服从主管的指派，配合其他部门做好其他作业活动，如卸货、搬运、清洁门面、装袋等。

二、理货员工作职责

①保障库存商品销售供应，及时清理端架、堆头和货架并补充货源；

②保持销售区域的卫生（包括货架、商品）；

③保持通道的顺畅，无空卡板、垃圾；

④按要求码放排面，做到排面整齐美观，货架丰满；

⑤及时收回零星物品和处理破包装商品；

⑥保证销售区域的每一种商品都有正确的条形码和正确的价格卡；

⑦整理库存区，做到商品清楚，码放安全，规律有序；

⑧先进先出，并检查保质期；

⑨事先整理好退货物品，办好退货手续；

⑩微笑服务，礼貌用语。

除了以上工作职责之外，理货员通常还要承担一些其他的工作，如商品保鲜、商品盘点、接受顾客咨询、市场调查、库存商品记录、商品陈列器材管理、商品及器材的清洁工作等。

三、理货员工作规范

(一) 补货上架作业

• 严格按照商品配置表上说明，将商品正确陈列的货架上；

• 检查商品有无条形码，价格卡是否正确，商品与价格卡要一一对应；

• 必须做到及时补货，不得出现有库存而空货架的现象；

• 补货要做到先进先出；

• 整理商品排面，以呈现商品的丰富感；

• 生鲜蔬果要定时补给水分，保持新鲜感；

• 及时将顾客随手乱放的零星商品归位；

• 及时清理超保质期商品和残损商品；

• 补货用的工具和物品要放在指定位置。

(二) 标价作业

• 按规范要求打印价格卡和条形码；

• 价格标签字迹清晰、整洁准确，易读易认；

• 价格标签要贴在适当的位置；

• 打价格标签时，要仔细核对，不可同样商品有两种价格；

• 变价时，若是价格调高，宜将原标签去除重新打价；若是价格调低，可将新标签压在原标签之上或者干脆将新标签打在原标签旁，让顾客明显地看到价格的变化，刺激顾客的购买欲望。

(三) 清洁作业

• 通道上无空卡板、废纸皮及打碎的物品残留；

• 货架上无灰尘、无油污；

• 商品干净无灰尘。

第四节 导购员工作规范

一、导购员的角色与职责

（一）导购员的角色

• 商店的形象代表。导购员的一举一动、一言一行在顾客的眼中代表着商店的服务风格与精神面貌，将给顾客留下深刻印象。因此，导购员是商店的形象代表，要保证自己的服务品质，使顾客在信赖的基础上乐于再次光临商店。

• 信息的转播沟通者。导购员应对商店的商品范围、促销活动、服务内容等了如指掌，一旦顾客询问到有关事项时，都能够给予详细的解答。

• 顾客的生活顾问。导购员不仅需要站在商店的立场上销售商品，还要站在顾客的角度上为顾客提供参谋，做顾客的生活顾问，给予他们详细的商品知识和最好的个人建议。

• 商店与顾客之间的桥梁。导购员要将顾客的意见、建议和希望等情报传达给商店管理者，以便制定更好的经营策略和服务策略，帮助制造商生产更好的产品。

（二）导购员的职责

• 热情回答顾客的任何问题，并帮助顾客选购商品；

• 为顾客提供必要的服务，如开发票、换货、装袋等；

• 协助理货员进行商品陈列、商品盘点和价格标签的粘贴更换、POP 的陈列以及安全维护工作，保证商品摆放整齐、清洁、有序；

• 利用各种销售技巧，营造卖场顾客参与气氛，提高顾客购买愿望，增加商店的营业额；

• 收集顾客对商品和商店的意见、建议和期望，及时妥善地处理顾客抱怨，并向店长汇报；

• 收集竞争对手的产品、价格、市场活动等信息，并向店长汇报；

• 完成日、周、月报表填写等各项性质的工作，及时上交给店长；

• 作为后备收银人员随时加入收银工作，完成店长交给的其他临时性任务。

以上只是零售商店导购员最基本的工作职责，每个商店还需要根据自身的实际情况决定其他的工作职责内容。

二、导购员应具备的知识

导购员直接与顾客打交道，每一位顾客在选购商品时在言行或态度上各有其特点，如何在交易的瞬间洞察顾客的心态和需求，并立即做出判断，进而采取有效的应对措施呢？这就需要导购员具备一定的素质，同时也需要具备一定的基本知识。这些知识如下：

1. 了解公司情况。导购员要充分了解公司的历史状况、荣获过哪些荣誉、售后服务承诺的内容等，尤其要了解公司现行的销售政策和促销方案。对公司的了解可以增加导购员对商店的归属感。

2. 了解行业的常用术语。导购员要熟知与行业有关的一些常用术语，如商品毛利率、POP、DM、自有品牌等，这可以增强对顾客服务的信心。

3. 了解商品知识。导购员要了解商品名称、种类、价格、特征、产地、品牌、制造流程、用料、设计、规格和型号、性能、流行性、先进性、推广要点、使用方法、维护方法等，应对顾客的咨询。

4. 了解竞争对手的商品。导购员应利用闲暇时间，随时注意同行业竞争对手的举动，如促销方式、价格变动、新品上市、人员变动等，及时向店长汇报。

5. 了解顾客特性及其购买心理。导购员应充分了解不同消费者的购买特性与心理，了解消费者个性化、差别化消费需求，才能更好地向其提供生活建议。

6. 掌握销售服务技巧。导购员应努力学习并灵活运用接待顾客时的基本用语、应对技巧以及处理顾客抱怨等事项。

7. 掌握商品陈列与展示知识。导购员必须懂得如何运用色彩、构图、灯光来配合商品的造型、外观作最吸引人的陈列展示，加强商品的美感和质感，以达到刺激顾客购买欲望的目的。

三、导购员工作流程及规范

根据顾客购买心理活动的特征，针对顾客的心理需求，导购员的服务步骤确定为六个。现将导购员工作的六个步骤的规范详述如下：

（一）待机

所谓“待机”，就是指在顾客还没有进店之前，或进店后还没有提出购买要求的等待行为。在“待机”这个阶段里，导购员应随时做好迎接顾客的准备。导购员应以端正的姿势，喜悦的神情和欢迎的态度迎候顾客，观察判断顾客的进店意图，从观察顾客对商品的注意程度判断其是有目的购买，还是前来了解商品销售行情或浏览参观。待机并非消极等待顾客，而是积极吸引顾客的注意。因此，导购员绝不允许因为没有顾客上门或顾客没有提出购买要求而懈怠，而是集中精神寻找接待顾客的良机。“待机”的注意事项：

①固定位置，坚守岗位；

②根据营业情况，随时补位；

③以端正的姿态，优雅的仪容迎接顾客；

④空闲时间整理商品，引起顾客注意；

⑤待机中不允许出现聊天、蹲坐、长时间打电话、看书读报等现象。

(二) 初步接触

所谓“初步接触”是指当顾客对某种商品发生了兴趣时，导购员主动打招呼接近顾客。

导购员在初步接触顾客时，应注意抓住下面几个最佳时机：

①当顾客认真观看商品时；

②当顾客较长时间抚摸商品时；

③当顾客看完商品抬起头时；

④当顾客突然止步时；

⑤当顾客寻找什么时；

⑥当顾客与导购员对视时。

(三) 展示商品

所谓“展示商品”，就是让顾客充分了解商品的性能，价值及使用方法等，以激发他们的购买欲望。展示商品处于顾客心理的从“联想”到“欲望”之间。

导购员在这个阶段要掌握顾客情绪的变化，采取迎合顾客心理的展示方法，增加其对商品的认识。展示商品要力求诸多种感官刺激，突出商品的特性及功能，并加以适当的介绍。展示商品中动作的快慢，介绍商品的用语口气，出示商品的价格高低，都要视每个顾客的行为发展变化而定，并想方设法提高顾客的联想力及购买欲望。

展示商品的注意事项：

①让顾客了解商品的使用情形；

②让顾客亲手触摸商品；

③让顾客了解商品的价值；

④多拿几样商品让顾客选择；

⑤先让顾客看价格低的商品，再让顾客看价格高的商品。

（四）说明诱导

"说明诱导"是指导购员对顾客启迪诱导，进行商品说明，激发他们的购买欲望。说明诱导处于顾客心理的"欲望"与"比较"之间。顾客在此阶段，往往由于商品种类繁多，经反复权衡仍难以下决心。导购员此时要根据顾客的感知反应，启迪诱导，进行商品说明，尽可能提供信息，以便顾客分析思考并帮助他们挑选商品。

"说明诱导"的注意事项：

1. 介绍商品实事求是

导购员在向顾客介绍商品时必须实事求是，更要因人而异，有针对性地介绍商品。导购员要做到实事求是的介绍商品，平时就要不断地研究商品，并找出商品的优点，这样才能充满自信，说话才能具有说服力。

2. 视顾客要求进行诱导

顾客在购买商品时，往往会出现犹豫不决的情况。此时，导购员对顾客应察言观色，揣摩心理，了解顾客的购买目的，疑虑所在等，并针对顾客的需求加以启迪和引导，促进购买行为。如顾客欲购买旅游用的行李车，但担心是否结实，导购员可以当场站在行李车上让顾客看，以打消顾客的疑虑。

3. 让顾客了解商品的特点

导购员在向顾客介绍商品时，应针对不同类型的商品指出其主要特点，如设计独特，造型美观，结实耐用，使用方法等。导购员所说的商品特点必须与商品说明书上所写的一致，以免误导顾客。一般来说，介绍商品特点最多不要超过三个，否则太多了顾客反而记不住。如拼装式家具的主要特点是样式美观，拼装方便。

4. 让顾客进行商品比较

导购员在向顾客介绍商品时，应指出自己所介绍的商品与其他商品的不同之处，并特别强调该商品的优点，让顾客进行比较、认可。例如，向老年顾客介绍某种皮鞋时，应根据老年人怕滑倒的心理，特别强调这种鞋底不同于一般的鞋底，是使用某种防滑材料制作的，并让顾客拿这种皮鞋与其他皮鞋作比较。

（五）成交

所谓"成交"，是指顾客表示购买意愿后，导购员收取货款，将商品包装好交给顾客。成交处于顾客心理的"信心"与"行动"之间。导购员在顾客

“拍板定案”后，应妥善办好成交手续，做到准确，利索，以减少顾客的等候时间。

“成交”的注意事项：

1. 货款收付

在现代商业中，导购员一般不直接收付货款，货款收付由专门的收银员完成。但在一些大型百货商店中，导购员为了方便顾客可以代顾客去收银员处交付货款。在这一过程中，营业员应注意如下问题：①告知顾客购物的金额。导购员应将价格标签指给顾客看，同时口述一遍商品的价格，以免出现因顾客看错金额而产生的无谓纠纷。②导购员接过货款后，要将金额口述出来。导购员接过顾客的货款后一定要将金额口述出来即唱收，以便双方确认是否正确。③将找回的款项连同销售小票（或发票）一并交给顾客，并口述找回款项的数额。导购员一定要向顾客口述找回款项的数额即唱付，以免产生纠纷。④待顾客确认找零的钱后，将商品交给顾客。

2. 商品包装

商品包装是一件标准较高、技术较强、要求较严、要领复杂的工作。前面在收银员的作业管理里面，已经对商品包装做了详尽的介绍，不过那里只是比较简单基本的商品入袋的包装。一般只有在超级市场、仓储式商店或便利店等业态的商店中，才由收银员进行包装。收银员包装只是简单地将商品入袋，而比较复杂的包装要由导购员或总服务台来完成。复杂商品包装时，导购员应注意的问题：①包装纸要适合商品的尺寸。包装纸的尺寸一定要适合商品的大小，这样包装后的商品才会显得美观、大方。如果包装纸太小，将无法把商品全部包装起来；而包装纸太大，又会因折叠太多而使商品显得臃肿。②包装要快捷而美观。导购员要尽快把商品包装好，以减少顾客的等候时间。同时应根据商品的品种不同采用不同的包装材料，力求使商品美观大方。③采用多种包装方法。导购员要根据商品的品种，形状，采用不同的包装方法，如基本包装法，圆筒形商品包装法，礼品系缎带的方法等。

(六) 送客

所谓“送客”，是指达成交易后，导购员与顾客的最后话别。送客处于顾客心理的“行动”与“满意”之间。当达成交易后，顾客心中会有两种满意感：一是对买到的商品满意；二是对导购员的亲切服务感到满意。这时，导购员要适时地对顾客表示感谢，欢迎顾客再度光临。同时还要关照顾客是否忘记了自己随身所携带的物品等。

至此，接待顾客的全部过程才宣告结束。总之，导购员在整个服务过程中，必须根据顾客购买心理活动过程的不同阶段，充分考虑到各种类型顾客购买行为的一般规律以及特殊类型顾客购买行为的特殊规律，灵活运用，提高服务质量。在上述过程中，导购员必须始终做到以下五个原则：

- 微笑。微笑可体现感谢的心与体贴的心，笑容可表现健康、开朗和体贴；
- 迅速。以准确迅速的动作表现活力（不让顾客等待是服务好坏的重要衡量标准）；
- 诚恳。以真诚不虚伪的态度工作，任何人都喜欢与真诚的人打交道；
- 灵巧。指“精明、整洁、利落”，以灵活、巧妙的工作态度来获得顾客信赖；
- 研究。要时刻学习和熟练掌握商品知识，研究顾客心理以及接待与应对的技巧。

第五节　员工培训

一、员工培训内容

培训既是员工掌握知识和技能、提高素质的重要途径，又是员工激励的重要形式，可促进员工职业发展。因此，零售商店应该按照企业战略目标，有计划、有组织、有步骤地向员工灌输正确的经营观念，传授业务技能和相关专业知识，促进企业人力资源质量的提升。零售商店培训管理一般包括培训内容的设计、培训方法的选择、培训项目的实施及培训效果的评价等。下面是针对不同的培训对象设置的主要培训内容。

（一）新员工培训

新员工培训也称岗前培训或上岗培训。新员工虽然不再是企业的局外人，但还没有完全被企业接纳，此时他们会感到一种心理压力。为了减少这种压力感，培训是非常重要的途径。企业在这个阶段通过向他们传递各种信息，帮助他们完成由非员工向员工的转变。这一阶段的培训内容有：

1. 企业文化培训

首先是文化精神层次的培训。这类培训的目的是让员工了解和认同企业理念。通过了解企业发展史，了解企业宗旨、企业哲学、企业精神和企业作风。新员工应清楚地知道：企业提倡什么；反对什么；应以什么样的精神风貌投入工作；应以什么样的态度进行人际交往；怎样看待荣辱得失，怎样做一名优秀的员工。

其次是企业文化制度层次的培训。组织新员工认真学习企业一系列的规章制度，如考勤、奖励、财务、福利、晋升制度等；以及与企业经营活动有关的业务制度和行为规范，如站姿、礼貌用语、怎样接待顾客、怎样接电话、服务禁忌等。在学习的基础上组织新员工讨论和练习，以求正确地理解和自觉地遵守这些行为规范。

再次是企业文化物质层次的培训。让新员工了解商场的内外环境、各部门和单位的地点和性质、本商场的经营范围及各种视觉识别物及其含义。总之，通过企业文化培训，使新员工形成一种与企业文化相一致的心理定式，以便较快地与企业的共同价值观相协调。

2. 业务培训

新员工的业务培训主要有：参观门店运营的全过程，请熟练的老员工讲解主要的工作流程；请企业的业务经理给新员工上课，讲解企业中最基本的业务知识。根据各人的不同岗位，分别学习本部门相关的业务知识、工作流程、工作要求及操作要领。由专业培训师以案例形式讲解本企业在经营活动中的经验和教训，使新员工掌握一些基本原则和工作要求（如服务台人员开发票时，一定要注意商品名称与实际售出产品的一致性，尤其是贵重商品等）。而后可进行有针对性的模拟实习。也可以开展老员工对新员工的"传、帮、带"活动。无论是售货员还是职能部门的机关岗位，都应派素质高、有经验的老员工，以师徒的形式对新员工进行具体、细致、系统的辅导和指导，如服务技巧、办事方法等，帮助新员工顺利走向工作岗位。

（二）在职员工的培训

除了新员工的上岗培训外，对在职员工的持续培训也是企业提高员工素质的基本途径。它通常有以下两种形式：

1. 在岗培训。在岗培训是对在职员工进行的以提高本岗位工作能力为主的不脱产的训练活动。新员工经过岗前培训并经考核合格上岗后，虽已具备了单独投入工作正式服务的能力，但还应不断进行持续培训。在岗培训的内容比新员工培训层次更深，是岗前培训的继续和发展，并且不断贯穿于员工工作的全过程。另外，在岗培训可按培训对象、内容的不同来组织，具体方式有岗位训练、专题讲座、业务教育等。

2. 转岗培训。转岗培训是指员工由于工作需要或其他原因转换岗位而进行的培训。为使转岗人员尽快适应新的环境，取得新岗位上岗资格，必须进行转岗培训。培训内容主要是针对新岗位的要求补充必要的新知识、新技术和新能力，以适应新环境的要求。

（三）管理人员的培训

对员工的培训固然重要，而管理层人员素质的提高也不容忽视，因为他们的决策和工作绩效同样影响着企业的发展，因而必须引起足够的重视。管理人员培训包括两个层次：

1. 经理培训。其培训内容主要是市场经济所要求的系统管理理论和技能。如管理学、市场营销学、财务管理、企业经营战略、企业文化、连锁经营管理、人力资源开发与管理、领导科学等管理课程。培训形式主要有：工商管理硕士班、脱产培训班、管理干部学院的有关培训、出国考察培训。

2. 专业管理培训。主要针对各业务管理需要和各层次管理工作的特点进行的专业培训，形式主要有管理知识培训班和企业内部研讨活动，对有培养前途或具有较高素质的管理人员，还可送到大专院校脱产培训等。

二、员工培训方法

为了使培训工作卓有成效，企业的培训计划不仅需要设计合理的培训内容，还需要选择合理的培训方法，下面介绍几种常用的培训方法。

（一）课堂讲授法

这是最常用最基本的培训方法，是请专家或经验人士通过课堂讲授和专题讲座的形式进行的培训。这种方法同时施教于众多学员，而且不必耗费太多的时间与经费。这种方法的不足之处是对授课教师的水平和表达能力要求很严格，被培训者往往不能积极参与，是被动地接受，主动性受到限制。为了提高这种培训方法的效果，组织者要注意以下几方面：一是要求授课的内容到位，精心选择，与学员的专业工作紧密结合，理论联系实际，真正学以致用；二是要求授课教师对内容有深刻的研究，表达能力也要十分强；三是讲授过程中授课教师要注重与学员之间的沟通，可以用问卷形式获取学员对讲授内容的反馈；四是采用现代化多媒体设备增加讲授效果。

（二）案例研究法

案例研究是通过对企业典型个案的分析来学习知识的一种有效方法。教师通过对学员工作特点和环境的了解和分析，根据已确定的培训目标，有针对性地收集企业实践中的典型个案，围绕预定的主题进行集体讨论，以便集思广益，开阔思路，共享员工和教师的经验和智慧。这种方法侧重于培养学员的分析判断和解决问题的能力。案例研究法与传统的教师讲授方式不同，案例教学是以学生为中心的启发式、讨论式、互动式教学形式。在案例教学中，教师已不是传统意义上的知识传授者，而更多的是课堂讨论的组织者，学员也不再是被动的知识接受者，而是参与者，在教师的启发、引导下，学生自己从讨论中领悟管理方法。案例研究法适用所有受训员工，但从中受益最大的是商店管理人员，他们的决策能力、人际交往能力和应变能力都能通过这种培训方式发生重大变化。案例研究法要求教师要事先精心准备研究的案例，此外对老师个人的组织能力和综合能力也是一大考验。

（三）角色扮演法

这是一种模拟训练的培训方法，受训员工模拟角色，扮演实际的管理人员或操作人员行使职责，让他们真正体验所扮演角色的感受与行为，以发现问题或改进自己的行为表现。角色扮演可以是商店内不同岗位的角色扮演，也可以是员工与顾客的角色扮演，通过商店经营过程中不同岗位人员的情景演练，以及员工与顾客的扮演，可以使扮演者增进对不同岗位和角色的了解，理解对方的需求，评判对方的工作表现，改善双方关系，也可以达到提高服务质量的目的。即使是旁观者也能够从中受到启发，达到参与培训的目的。角色扮演法要注意人员角色的轮换，使受训者都有机会参加这种模拟训练。

（四）演示示范法

演示示范法也是商店培训中广泛采用的一种方法，尤其对于新进入商店员工的业务培训，培训人员亲自操作各种专业技能，可以使新员工迅速接受，并很快上手。这种培训一般由经验丰富的专业人士担任，在进行标准化的操作演示过程中，一边讲解操作理论和技术规范，并让学员反复模仿操作，观察学员的操作情况，随时纠正操作中的错误行为，使动作逐渐熟练直至符合程序规范与要求。这种培训方法可能会显得有些枯燥，如果能在培训过程中结合其他的方法，并引进趣味竞赛，配合必要的奖励，则能显著增加培训效果。

（五）头脑风暴法

头脑风暴法是针对某一具体问题采用会议的形式群策群力的一种培训方法，它可以使受训员工进行充分的交流，围绕一个主题进行自由发言和讨论，激发学员的参与愿望和想象力，最终取得一个较为一致的认识和看法。头脑风暴法适用于有一定难度和争议较多的问题，教师和受训员工要对讨论的主题事先有充分的准备，并有一定的认识。在每一个讨论阶段结束时，教师要注意归纳和小结，逐步引导学员对讨论结果有一致的认识。头脑风暴法的关键是要排除思想障碍，消除心理压力，让参与者轻松自由、各抒己见，达到相互启发的目的。

（六）影像培训法

这是运用电脑、电视、投影或录像等手段对员工进行培训，学员在观看相关内容的影片过程中学习。越来越多的企业运用这种方法进行培训，麦当劳公司就把许多经营方法、技巧制作成录像、光碟以供培训之用。这种方法能使培训具有连续性，且降低了培训费用，减少的集中培训时间，学员可以回去自己学习。影像培训法的优点在于形象，但如果缺乏现场讲解，效果会受到很大影响，而且这种方法比较枯燥单一，只依靠影视设备进行培训效果不大，不易于学员集中精神、掌握重点。为了增强培训效果，提高培训工作的趣味性、生动性，影像培训法可以作为一种辅助方法来运用。

培训计划的实施效果如何，零售商店的培训管理者还应该对此进行系统的评价。可以把培训过的员工的业绩与未经培训的员工进行比较，这种比较还可以在从事同一岗位工作但经过不同种类培训的员工之间进行。同时还必须把评价与当时确定的培训目标联系起来，衡量培训计划是否成功。当然，为使培训获得成功，零售商店必须创造适合学习的环境，这种学习环境可以有效地强化培训效果，并加强员工之间的交流和沟通，提高员工的满意度。

由于经济和技术的发展，培训已经无可置疑地成为每个零售商店日益重视的一项活动。商店不仅进行各种不同层次、不同内容的培训，而且加强对人员培训工作的管理，加强规划性和针对性，选择恰当的方法，保证培训的质量。使企业能通过培训，切实提高人力资源的素质，增强其竞争力和活力。

附表

表10－1　　超级市场店长业务检核表

时段	类别	项　目	检查	
			是	否
开店前	人员	1. 各部门人员是否正常出勤？ 2. 各部门人员是否依照移动计划工作？ 3. 是否有人员不足，准备不及之部门？ 4. 专柜人员是否准时出勤？准备就绪？ 5. 工作人员仪容服装是否依照规定？		

续 表

<table>
<tr><th rowspan="2">时段</th><th rowspan="2" colspan="2">类别</th><th rowspan="2">项　目</th><th colspan="2">检　查</th></tr>
<tr><th>是</th><th>否</th></tr>
<tr><td rowspan="3">开店前</td><td colspan="2">商品</td><td>6. 早班生鲜食品是否准时到达无缺？
7. 鲜度差之商品是否已下架？
8. 各部门特价商品是否已陈列齐全？
9. 特卖商品 POP 是否已悬挂？
10. 商品是不是及时做好 100% 陈列？
11. 前进陈列是否已做好？</td><td></td><td></td></tr>
<tr><td colspan="2">清洁</td><td>12. 入口处是否清洁？
13. 地面、玻璃、收银台清洁是否已做好？
14. 厕所是否清理干净？</td><td></td><td></td></tr>
<tr><td colspan="2">其他</td><td>15. 音乐是否控制适当？
16. 营业场所灯光是否控制适当？
17. 收银员零找金是否已准备？
18. 开店前 5 分钟广播稿及音乐是否准时播放？
19. 购物袋是否已摆置就位？</td><td></td><td></td></tr>
<tr><td rowspan="3">营业中</td><td rowspan="2">营业高峰前</td><td>商品</td><td>1. 是否有欠缺品？
2. 商品鲜度是否变差？有无定时检查？
3. 端架陈列量感是否足够？
4. POP 商品标价是否一致？
5. 商品陈列是否足够？是否要补货？</td><td></td><td></td></tr>
<tr><td>卖场整理</td><td>6. 投射灯是否开？
7. 通道是否通畅？
8. 是否有通道堵塞或妨碍商品销售的情形？
9. 是否有突出陈列过多之情形？
10. 营业场所地面是否维持清洁？</td><td></td><td></td></tr>
<tr><td>营业高峰中</td><td>贩卖态势</td><td>11. 是否定时播放店内特卖消息？
12. 各部门是否派人到营业场所招呼客人？
13. 顾客是否排队太长，是否要增加开机？
14. 是否要后场人员支援收银台？
15. 是否需要紧急补货？
16. 是否有工作人员聊天或无所事事？
17. POP 是否脱落？</td><td></td><td></td></tr>
</table>

续 表

时段		类别	项目	检查	
				是	否
营业中	营业高峰后	卖场整理	18. 营业场所是否有污染品或破损品？		
			19. 是否进行中途集金？		
			20. 是否有欠缺品需要补货？		
			21. 是否确认时段别营业额未达成目标的原因？		
			22. 陈列架、冷冻（藏）柜是否清洁？		
		POP	23. POP 是否陈列？或遭污损？		
			24. POP 张贴位置适当吗？		
			25. POP 书写是否正确？大小尺寸是否合适？		
			26. POP 诉求是否有力？		
	时常性	商品	27. 价格卡与商品陈列一致吗？		
			28. 是否仍有厂商在店内陈列商品或移动商品？		
			29. 是否有滞销品陈列过多，畅销品陈列面太小？		
			30. 是否定期检查商品的有效期？		
		服务	31. 营业场所是否听到以文明用语招呼顾客？		
			32. 是否协助购物多的顾客提货出去？		
		清洁	33. 厕所是否维持清洁畅通？		
			34. 厕所卫生纸是否够？		
			35. 入口处是否维持清洁？		
			36. 地面是否维持清洁？		
		设备	37. 冷冻冰柜温度是否定时确认？		
			38. 傍晚时分招牌灯是否开放？		
		后场	39. 进货验收是否照规定进行？		
			40. 空纸箱是否拆开并整齐堆放在指定区域？		
			41. 标签纸是否随地丢弃？		
			42. 返品是否规定位置整理整齐？		
		其他	43. 畅销品或特卖品存货量是否足够？		
			44. 营业场所标识牌是否正确？		
			45. 交接班人员是否正常运作？		
			46. 前一日营业额是否解缴银行？		
			47. 有否派部门人员对竞争店进行调查？		
			48. 关店前营业场所的音乐是否播放？		

续 表

时段	类别	项 目	检 查	
			是	否
开店后	卖场	1. 是否仍有顾客滞留？ 2. 营业场所音乐是否关闭？ 3. 招牌灯是否关闭？ 4. 店门是否关闭？ 5. 卷帘是否拉下？ 6. 冷气空调是否关闭？ 7. 收银机是否清档完毕？		
	作业场	8. 生鲜处理设备是否已关闭及清洁完毕？ 9. 作业场是否清洁完毕？ 10. 工作人员是否由后门离开？ 11. 是否仍有员工滞留？		
	现金	12. 开机台数与解缴份数是否一致？ 13. 专柜营业现金是否缴回？ 14. 作废发票是否签字确认？ 15. 当日营业现金是否完全锁入金库？ 16. 保安是否正常确定？		

摘自：台湾《超级市场经营管理实务手册》，台湾经济部商业司编印，1982. 6

表 10－2　　超级市场店长作业流程时段表

时间	工作项目	工作重点
AM08：00～09：00	1. 晨会	作业主要事项布置
	2. 员工出勤状况确认	出勤，休假，病事假，人员分配，仪容仪表及工作挂牌检查
	3. 卖场、后场状况确认	1. 商品陈列，补货，促销及清洁卫生状况检查 2. 后场仓库检查（包括选货验收） 3. 收银员，找零钱备品及收银台和服务台的检查

续 表

时间	工作项目	工作重点
AM08：00～09：00	4. 昨日营业状况确认	1. 营业额 2. 来客数 3. 每客购物平均额 4. 每客购物平均品项数 5. 售出品种的商品平均单价 6. 未完成销售预算的商品部门
AM09：00～10：00	1. 开门营业状况检查	1. 各部门人员，商品，促销等就绪 2. 店门开启，地面清洁，灯光照明等准备就绪
	2. 各部门作业计划重点确认	1. 促销计划 2. 商品计划 3. 出勤计划 4. 其他
AM 10：00～11：00	1. 营业问题点追踪	1. 营业未达预算的原因分析与改善 2. 电脑报表时段别商品销售状况分析，并指示有关商品部门限期改善
	2. 营业场所态势追踪	1. 缺品，欠品确认追踪 2. 重点商品，季节商品，商品展示与陈列确认 3. 时段别营业额确认
AM 11：00～12：30	1. 后场库存状况确认	仓库、冷库库存品种、数量及管理状况了解及指示
	2. 营业高峰态势掌握	1. 各部门商品表现及促销活动效果 2. 后场人员调度支援收银 3. 服务台加强促销活动广播
12：30—13：30	午餐	交代指定代管负责营业场所管理工作

续 表

时间	工作项目	工作重点
PM 13：30 ~ 15：30	1. 竞争店调查	同时段竞争店与本店营业状况的比较
	2. 部分会议	1. 各部门协调事项 2. 如何达到今日营业目标
	3. 教育训练	1. 新进人员的在职训练 2. 定期在职训练 3. 配合节假日之训练（如礼品包装）
	4. 文书作业及各种计划，报告撰写与准备	1. 人员流动、请假、训练、顾客意见等 2. 月、周计划、营业会议竞争对策等
PM 15：30 ~ 16：30	1. 时段别、部门别营业额确认	各部门人员、商品、促销等确认
	2. 全场态势巡视，检查与指示	营业场所，后场人员，商品清洁卫生，促销环境准备及改善指示
PM 16：30 ~ 18：30	营业问题追踪	1. 后勤人员调度职员营业场所工作 2. 收银台开台数，找零金确保正常状况 3. 商品齐全 4. 服务台配合促销广播 5. 人员交接班迅速且不影响对顾客的服务
PM 18：30 ~	指示代理负责人	交代晚间营业注意事项及关店事宜

摘自：台湾《超级市场经营管理实务手册》，台湾经济部商业司编印，1982. 6

表 10－3　　　　收银结账步骤表

步　骤	收银标准用语	配合的动作
1. 欢迎顾客	欢迎光临	1. 面带笑容，与顾客的目光接触 2. 等待顾客将购物车，或是购物篮中的商品放置收银台上 3. 将收银机的活动屏幕面向顾客
2. 商品登录	逐项念出每项商品的金额	1. 根据售货员开具的销售小票结算商品总金额 2. 以左手取拿商品，并确定该商品的售价及类别代号是否无误 3. 以右手按键，或扫描将商品的类别代号录入收银机，若是固定扫描器只需将商品的类别代码对准扫描器即可 4. 登录完的商品必须与未登录的商品分开放置，避免混淆 5. 检查购物车底或购物篮底是否还留有尚未结账的商品
3. 结算商品总金额，并告知顾客	唱票总共××元	1. 将空的购物篮从收银台上拿开，置放在一旁 2. 若无他人协助入袋工作时，收银员可以趁顾客拿钱时，先行将商品入袋（对于超市或货仓商场可由顾客自行装袋），但是在顾客拿现金付账时，应立即停止手边的工作
4. 收取顾客支付的现金	唱票收您××元	1. 确认顾客支付的金额，并检查是否是伪钞 2. 若顾客未付账，应礼貌性地重复一次，不可表现不耐烦的态度
5. 找钱给顾客	唱票找您××元	1. 找出正确零钱 2. 将大钞放下面，零钱放上面，双手将现金连同小票交给顾客的

续 表

步　骤	收银标准用语	配合的动作
6. 商品入袋		根据入袋原则，将商品依次放入购物袋内
7. 诚心感谢	谢谢！欢迎再次光临	1. 一手提着购物袋，另一手拖着购物袋底部。确定顾客拿稳后，才可将双手放开 2. 确定顾客没有遗忘的物品 3. 面带笑容，目送顾客离开

摘自：台湾《超级市场经营管理实务手册》，台湾经济部商业司编印，1982. 6

案例及分析

案例1

7-11便利店的清洁管理

“清洁”是7-11便利店日常管理的重要内容之一，为此，7-11便利店总部做出了十分细化的要求。规定如下：

各店铺每天清扫工作的内容有：店内地板的清扫、店门口的清扫、停车场的清扫、电灯的擦拭、厕所的清扫、复印机的擦拭、招牌的擦拭、柜台周围的清扫、垃圾袋的更换、垃圾箱的清扫、食品柜台的冲洗、店内设备的擦拭、公用电话的擦拭等，一天必须进行数次。除了对售货的店铺进行清扫外，店后临时存货间、临时货架等也都必须清扫。

最有意思的是，7-11不仅对清扫的内容有规定，而且对各项清扫活动用什么样的工具、用什么样的洗涤品、以什么方式清扫以及清扫的顺序都规定得非常详细。例如店内地板的清扫，7-11规定，必须先用拖把、再用抹布和清洗上光机清扫，清扫的时间在任务计划表上标明，一般上午11点用拖把清扫，然后用湿抹布擦拭，此后，下午2点半、5点、9点、11点，凌晨2点、早上6点，一昼夜共拖7次地，其中要用浸湿的抹布擦拭4次。每天用清洗上光机清扫2次，一次是下午2点半，另一次是凌晨2点半，而且用机器清扫后，必须用拖把再拖一次。当然，这个计划不是固定的，如果碰到雨天或下雪天，清扫的次数会更频繁。

为了使清扫的效果更好，7-11除了对店铺清扫活动作出严格规定外，还不断改进清扫用具。例如，1997年，7-11的所有店铺引进了新的抹布。原来的抹布是用100%的纯棉制成，纤维较粗，不仅浸湿后不易干，而且容易撕破，而新的抹布是从美国进口，采取棉与化纤混纺制成，纤维很细，不仅浸湿后容易干，而且不易撕破。此外，为了使抹布能不断保持干净，还用全自动洗衣机洗涤抹布。

（资料来源：超市周刊网站 http：//www.cszk.cn）

案例思考题

7－11 便利店为什么要对清洁作业进行严格的规定？对其他岗位的作业有何借鉴意义？

案 例 2

商店员工规定是否过分

目前，许多商店都对商场员工的作业制定了严格的作业规范，例如，在员工的打扮问题上就有许多细致的规定：不能戴耳环和戒指，不能围丝巾，不能留长指甲，不能涂有色指甲油，不能长发披肩，不能用蓝、黑、棕色以外的头饰扎头发，不能穿白色袜子，不能穿黑、棕色以外颜色的鞋，不能在夏天穿露脚趾的凉鞋……有一家商场提供的《员工服务手册》上明确规定：不准在工装上佩带任何饰物。女员工只能戴一枚 5g 以下的结婚戒指，不得戴项链，不得带手镯、耳环，不得化浓妆等。许多员工认为这些规定已经触犯了“个人生活自由”。

一些爱美的姑娘不得不辞职，有一家大型百货商店，一周内就有 30 多个新员工相继离去，她们不能忍受不把头发染黑就要罚款的事实。一个小姐本来非常希望到大商场工作，可是看到这么多的规定后，扔下一句话：“女孩子最爱漂亮。商场制定这么冷酷的规定，把我们弄得个个像祥林嫂，顾客真的喜欢这样吗？打扮这么难看，我不干就是了！”然后掉头离去。该小姐有着一头酒红色的披肩长发，按规定她必须把头发染回黑色，还不能再披肩，发带也只能用没有任何装饰的黑色。

一些商店管理人员解释说：商店对女职工着装的“素面朝天”严格规定是行规决定的。这样做，一是不希望营业员比顾客更漂亮，营业员装扮朴素，可以使顾客觉得亲切自然；二是员工精简化妆和饰物，是商店树立形象和规范管理的需要。

（资料来源：孙大维、刘红燕，《现代商场管理能力教程》，中国人民大学出版社 2003 年，第 109 页）

案例思考题

商店对女职工的这些着装规定是否过分？你将如何向女职工解释并说服

她们？

本章思考题

1. 商店店长的角色定位如何？其管理重点是什么？如何才能成为一名优秀店长？

2. 收银员的工作职责是什么？收银作业包括哪几个步骤？

3. 理货员的工作职责是什么？在理货过程中需要注意什么？

4. 导购员的角色定位是什么？需要具备什么方面的知识？

5. 员工培训的内容是什么？培训方式有哪些？

专业术语索引

1. 方便商品

方便商品大多属于人们日常生活用品，价值较低，需求弹性不大，顾客比较熟悉。购买这类商品时，顾客随意性强，大多希望方便快捷地成交，而不愿意花长时间进行比较挑选。

2. 选购商品

选购商品价值相对较高、需求弹性较大、挑选性强，顾客对商品信息掌握不够，如时装、电器等。购买这些商品，大多数顾客希望获得更多的选择机会，以便对其质量、功能、样式、色彩、价格等方面进行详细比较。

3. 特殊商品

特殊商品通常指有独特功能的商品或名贵商品，拥有特定的消费对象，如工艺品、高档名牌商品等。购买这类商品，顾客往往经过了周密考虑，购买目的性较强，品牌忠诚度较高，不会反复挑选。

4. 存货单位（Stock Keeping Unit，SKU）

是存货控制的最小单位，当指出某个存货单位时，营业员和管理者不会将其与任何其他商品相混淆，它是根据商品的尺寸、颜色、规格、价格、式样等来区分的，我们也称之为单品。

5. 商品广度

是指零售商店提供的商品线的数量，即具有相似的物理性质、相同用途的商品种类的数量，如化妆品类、食品类、服装类、家具类等。

6. 商品深度

是指同一种类商品可供选择的品种数量，即同一种类商品中，不同质量、不同尺寸、不同花色、不同品牌或产地等的数量。

7. 商品群

商店根据其经营观念，创意性地将某些相关的商品组合在一起，成为卖场之中的特定群落或单位。商品群是商品管理的基础，反映了一个商店的商品特色，它是一个非标准化的概念，可以有多种组合方式。

8. 品类管理

品类管理是现代零售商店商品管理的一个重要管理工具，它是零售商店与供应商充分合作，把所经营的商品分成不同品类，并把每一品类商品作为商店经营的基本战略单位进行管理的一系列相关活动，它通过强调向消费者提供超值的产品和服务实现商店每一品类的最佳经营效果。

9. **商圈**（Trading Area）

也称交易区域，是指以零售商店所在地为中心，沿着一定的方向和距离扩展，吸引顾客的辐射范围。简言之，就是零售商店吸引其顾客的地理区域，也就是来店购买商品和服务的顾客所居住的地理范围。

10. **主要商圈**（Primary Trading Area）

这是最接近商店并拥有高密度顾客群的区域，通常商店的55% –70%的顾客来自主要商圈。

11. **次要商圈**（Secondary Trading Area）

位于主要商圈之外、顾客密度较稀的区域，约包括门店15% ~25%的顾客。

12. **边际商圈**（Fringe Trading Area）

指位于次要商圈以外的区域，在此商圈内顾客分布最稀，商店吸引力较弱，规模较小的商店在此区域内几乎没有顾客。

13. **购买力指数**

是衡量一个地区购买潜力的指标。其计算公式为：

购买力指数 = A ×50% + B ×30% + C ×20%

其中：A：是商圈内可支配收入总和（收入中去除各种所得税、偿还的贷款、各种保险费和不动产消费等）；B：是商圈内零售总额；C：是具有购买力的人口数量。

14. **商圈饱和度**

是判断某个地区同类商业竞争激烈程度的一个指标，通过计算或测定某类商品销售的饱和指标，可以了解某个地区同行业是过多还是不足，以决定是否选择在此地开店。商圈饱和度指标（IRS）计算公式为：

$$IRS = \frac{(C) \times (RE)}{RF}$$

其中，IRS是某地区某类商品商业圈饱和指数；C是某地区购买某类商品的潜在顾客人数；RE是某地区每一顾客平均购买额；RF是某地区经营同类商品商店营业总面积。

15. **中心商业区**（Central Business District CBD）

这是一座城市商业网点最密集的购物区，吸引着来自整个市区的消费者，包括所有阶层的人。

16. 次级商业区（Secondary Business District，SBD）

这是分散在一座城市的多个繁华程度较低的购物区域，通常位于两条主要街道的交叉路口，至少有一家百货商店或大买场和几家专业店或专卖店，此外周围还聚集许多小商店，这一商业区主要面向城市的某一区域消费者，以销售家庭用品和日常用品居多。

17. 邻里商业区（Neighborhood Business District，NBD）

这是为了满足住宅区居民购物和服务方便而自发形成的一个小型商业区，主要由若干个小商店组成。

18. 分享客流

分享客流是指从邻近其他商店形成的客流中获得的，而不是本身产生的客流，这种客流往往在大型商店与小商店之间，或同类商店之间产生。如邻近大商店的小商店，顾客主要目的不是到小商店来选购商品，而是专程到大店购买，顺便进入邻近的小商店逛逛，这些客流是小商店的分享客流。

19. 派生客流

派生客流，是指顾客到某地并不是专程购买商品，而是因其他目的，顺路进店所形成的客流，如设在火车站旁的商店，顾客来此地的目的主要是乘坐火车，在候车时间顺便进店看看，还有设在交通枢纽附近及旅游点附近的商店，其大部分客流均是这种派生客流。

20. 本身客流

本身客流，是指专程到此商店来购买商品形成的客流，大中型商店的客流大部分均属本身客流，本身客流的形成和发展是零售企业获得经营成功的重要因素。

21. 格子式布局

格子式布局是商品陈列货架与顾客通道都呈长方形状分段安排，而且主通道与副通道宽度各保持一致，所有货架相互成并行或直角排列。超级市场一般采用这种卖场布局类型。

22. 岛屿式布局

岛屿式布局是在营业场所中间布置成各不相连的岛屿形式，在岛屿中间设置货架陈列商品。这种形式一般用于百货商店或专卖店。

23. 自由流动式布局

自由流动式布局是以方便顾客为出发点，它试图把商品既有变化又较有秩序地展示在顾客面前。自由流动式布局综合了上面两种布局的优点，根据商场具体地形和商品特点，有时采用格子形式，有时采用岛屿形式，是一种顾客通道呈不规则路线分布。

24. 分散采购

分散采购是指采购权分散到各个部门或各个分店，由零售商各商品部门或分店自行组织采购。这些部门或分店不仅负责本部的商品采购，还直接负责商品的销售，其特征是采购与销售合一。

25. 集中采购

集中采购又称为中央采购，是指采购权限高度集中于商店总部或连锁总部，由零售商店设置专门采购机构和人员统一采购商店的商品，商品分部或分店则专门负责销售，与采购脱离。这是一种采销分离的采购制度。

26. 定时补货

定时补货就是零售商店确定一个固定时间即补货周期，每隔一个补货周期就集中补进一批商品，此时补货数量以这段时间销售掉的商品为依据计算。

27. 缺货（Out - Of - Stock）

是指“货架上”或“存货区”无货可卖的情况，造成缺货的原因不外乎：销售超过预期，补货不及时；存货区的货暂时找不到；供应商暂时或长期缺货；供应商送货延迟。

28. ABC 分类管理法

是将各种商品按金额大小顺序排列，计算出各类商品的金额比重和品种比重（单项比重和累计比重），再将商品划分 A、B、C 三种类别。A 类商品是指获利高或占销售额比重大，而品种少的商品，一般金额比重为 70% ~80%，品种比重为 5% ~10%；C 类商品是指获利低或占销售比重小，而品种多的商品，一般金额比重为 5% ~10%，品种比重为 70% ~80%。B 类商品是处于 A 类和 C 类商品之间的商品，其金额比重为 10% ~20%。将商品划分成 A、B、C 三类后，再根据分类结果实施分类管理。

29. 定点补货

定点补货也称为补货点法，是指零售商店根据库存水平降到某一点来确定补货时间。

30. 持续补货

持续补货也称为自动补货，是指零售商店与供应商一体化运作，零售商店无须下定单，而是供应商根据信息系统掌握零售商店或连锁门店销售情况和库存情况随时向商店或配送中心供货，以保证商品持续供应并降低库存。

31. 定位储存

即每一项商品都有固定的储位，不同的商品按分类分区域管理的原则来存放，并用货架放置，勿在指定的场所外放置商品。该方式特点是易于管理，搬运时间少，但是需要较多的储存空间。

32. **随机储存**

即每一项商品的储位不是固定的，而是随机产生的。这种方法的优点在于共同使用储位，最大限度地提高了储区空间的利用率。但是，给商品的出入库存管理及盘点工作带来困难，特别是周转率高的商品可能置于离出入口较远的储位，增加了出入库的搬运距离。这种方法适用于空间有限以及商品品种少而体积小的情况。

33. **定位随机储存**

这种方法是每一类货物有固定的存放储区，但在各类的储区中，每个储位的指定是随机的。其优点在于吸收定位储存的部分优点，同时又可节省储位数量，提高储区利用率。

34. **委托配送**

这是指连锁商店不设自身所有的配送中心，而是将商店的配送业务委托或外包给其他专业化物流配送公司。

35. **共同配送**

这是指连锁商店与其他公司联合共同投资兴建配送中心，共同经营管理配送中心，并共享配送中心的服务。联合的对象一般有两类：一类是其他物流企业，共同利用其先进设施与设备，以及多功能的服务水平，取得规模效益；另一类是其他连锁商店，这里往往不止两家企业，也可能是多方合作，主要是受规模和资金限制没有能力自建配送中心的中小型连锁商店。

36. **自行配送**

这是指连锁商店根据自身门店规模和分布情况，选择适宜的地点自己投资兴建配送中心，主要为企业内连锁门店提供配送服务。配送中心作为连锁商店的一个分部或分公司进行管理，以连锁商店的综合利益为主，最大限度地满足各连锁门店的需求，使门店享受优质配送服务。

37. **储存型配送中心（简称 DC）**

这种配送中心是根据总部的决策预先将大量商品储存起来，再依据各门店的订货要求进行商品配送，这种配送中心具有很强的储存功能，一般拥有较大规模的仓储设施，其目的是把门店的商品储存时间和空间减至最低程度。

38. **流通型配送中心（简称 TC）**

是以暂存或随进随出的方式进行配货、送货，一般不具有长期储存商品的功能。通常情况下，配送中心是大批量进货，而后马上分装或组配，及时地分送到各客户货位或直接装载，商品在配送中心的储存时间一般不超过 24 小时，储存量很少。

39. **加工型配送中心（简称 PC）**

主要是对生鲜原材料进行解冻、清洗、整理、分割、加工、包装后，分送到各门店，保证其上市即可出售并消费。采用这种类型时，商品储存必须采取非常温储存，商品配送也必须采取非常温运输，所以鲜度管理是一个十分突出的问题。

40. **高/低价格政策**

高/低价格政策是指零售商制定的商品价格有时高于竞争对手，有时低于竞争对手，同一种商品价格经常变动，零售商会经常使用降价来进行促销。

41. **稳定价格政策**

稳定价格政策是指零售商基本上保持稳定的价格，不在价格促销上过分做文章。主要形式有：每日低价政策（EveryDay Low Pricing，EDLP）和每日公平价政策（EveryDay Fair Pricing，EDFP）。

42. **每日低价政策**

这是指零售商总是希望尽量保持商品低价，尽管有些商品价格也许不是市场上最低的，但给顾客的印象是所有商品价格均比较低廉。

43. **每日公平价政策**

这是零售商在商品进货成本上附加一个合理的加价，它并不刻意寻求价格方面的竞争优势，而是寻求丰富的花色品种、销售服务、卖场环境及其他方面的优势，给顾客的印象是零售商赚取合理的毛利，以弥补必要的经营费用和保持稳定的经营。

44. **成本导向定价法**

成本导向定价法又称为成本加成定价法、毛利率定价法、加额法或标高定价法。这是零售商店经常采用的一种定价方法。其计算方法是按商品的成本加上若干百分比的加成（预期毛利）。具体计算公式如下：

$$商品零售价格 = 商品进货成本 \times (1 + 毛利率)$$

45. **需求导向定价法**

需求导向定价法更多是考虑消费者需求对价格变动的反应，是零售商以最大利润为目标在充分考虑价格需求弹性对定价的影响基础上形成的定价方法。

46. **零售促销（Retail Promotion）**

零售促销是指零售企业为告知、劝说或提醒目标市场顾客关注有关企业任何方面的信息，使其接受并采取购买行为而进行的一切沟通联系活动。

47. POP 广告

POP 广告（Poing - Of - Purchase Advertising）称为店面广告、卖场广告或销售点广告。它是一个与商品有连带关系的广告，是商店或厂家在销售现场向顾客做的最后的广告。它的目的在于诱导顾客进店，使顾客容易选择商品，并提醒顾客注意促销商品，以促进销售。

48. 零售服务

零售服务是零售企业为顾客提供的、与其基本商品相连的、旨在增加顾客购物价值并从中获益的一系列无形的活动。

49. 损耗

损耗是店铺接收货物时的商品零售值与售出后获取的零售值之间的差额。损耗是零售业的“经营大敌”，如何降低损耗是每一个零售业者最重视的课题之一。

50. 突发事件

突发事件是指商店内部造成人身伤亡或物质损失的意外变故或灾害。它的发生常常是不以人们的意志为转移的。商店内部可能出现的违法犯罪活动，人们的疏忽大意或失职行为，及其他不能预见的自然原因引起的事故和事件等，这些隐患使我们有必要采取谨慎态度，认真预防和处置商店内的一切突发事件。

参考文献

1. ［美］迈克尔·利维，巴顿·韦茨．零售学精要．郭武文等，译．北京：机械工业出版社，2000

2. 零售创新案例．中国连锁经营协会．北京：中国商业出版社，2005

3. ［英］罗玛丽·瓦利，莫尔曼德·拉夫．零售管理教程．胡金有，译．北京：经济管理出版社，2005

4. ［美］巴里·伯曼，乔尔·R·埃文斯．零售管理．吕一林等，译．北京：中国人民大学出版社，2002

5. ［英］罗玛丽·瓦利，莫尔曼德·拉夫．零售管理教程．胡金有，译．北京：经济管理出版社，2005

6. ［英］彼得 J. 麦戈德瑞克．零售营销．裴亮等，译．北京：机械工业出版社，2004

7. ［英］乔纳森·雷诺兹，克里斯廷·卡思伯森．制胜零售业．王慧敏，译．北京：电子工业出版社，2005

8. ［美］托尼·肯特，欧基尼·奥马尔．什么是零售．爱丁，译．北京：电子工业出版社，2004

9. ［美］迈克尔·利维，巴顿·韦茨．零售管理．俞利军等，译．北京：人民邮电出版社，2004

10. ［美］大卫·E. 贝尔，沃尔特·J. 萨蒙．零售学．孙晓梅、高鹏，译．大连：东北财经大学出版社，2006

11. ［美］帕科·昂德希尔．顾客为什么购买．刘尚焱、李艳，译．北京：中信出版社，2004

12. ［美］菲利普·科特勒．市场营销管理（亚洲版上、下）．洪瑞云、梁绍明、陈振忠，译．北京：中国人民大学出版社，1998

13. ［美］瓦拉瑞尔·A·泽丝曼尔，玛丽·乔·比特纳．服务营销．张金成、白长虹，译．北京：机械工业出版社，2002

14. 顾国建．超级市场营销管理．上海：立信会计出版社，2000

15. ［美］霍罗威茨．服务战略．雷华，译．昆明：云南大学出版社，2002

16. 王利平．连锁商店经营与发展．北京：中国人民大学出版社，1999

17. 徐印州．零售连锁经营．广州：广东经济出版社，2004

18. 马大力．视觉营销．北京：中国纺织出版社，2003

19. 超级市场经营管理实务手册．台湾经济部商业司编印．1982.6

20. 连锁店经营管理实务．台湾经济部商业司编印．1985.5

21. 孙大维，刘红燕．现代商场管理能力教程．北京：中国人民大学出版社，2003

22. ［美］谢利菲尔德．零售与批发行业指南．王强等，译．北京：中国商务出版社，2005

23. 肖怡．零售学．北京：高等教育出版社，2003

24. 肖怡．企业连锁经营与管理．大连：东北财经大学出版社，2006

25. 肖怡，刘宁．现代商店经营管理实务．广州：广东经济出版社，2003